U0536756

人文社科

高校学术研究论著丛刊

基于跨文化交际的复合型英语翻译人才培养研究

张烨 张园园 著

中国书籍出版社
China Book Press

图书在版编目(CIP)数据

基于跨文化交际的复合型英语翻译人才培养研究 / 张烨，张园园著. --北京：中国书籍出版社，2019.11

ISBN 978-7-5068-7574-5

Ⅰ. ①基… Ⅱ. ①张… ②张… Ⅲ. ①英语－翻译－人才培养－教学研究 Ⅳ. ①H315.9

中国版本图书馆 CIP 数据核字(2019)第 276247 号

基于跨文化交际的复合型英语翻译人才培养研究

张 烨 张园园 著

丛书策划 谭 鹏 武 斌
责任编辑 杨铠瑞
责任印制 孙马飞 马 芝
封面设计 东方美迪
出版发行 中国书籍出版社
地　　址 北京市丰台区三路居路 97 号(邮编：100073)
电　　话 (010)52257143(总编室) (010)52257140(发行部)
电子邮箱 eo@chinabp.com.cn
经　　销 全国新华书店
印　　刷 三河市铭浩彩色印装有限公司
开　　本 710 毫米×1000 毫米 1/16
印　　张 15.75
字　　数 280 千字
版　　次 2021 年 4 月第 1 版 2021 年 4 月第 1 次印刷
书　　号 ISBN 978-7-5068-7574-5
定　　价 76.00 元

目　录

第一章　文化综述

当今时代，“文化”一词已经渗透社会的每一个角落。文化是人类社会所特有的一种现象。世界上不同的国家、民族在一定的历史过程中形成了具备独有特征的文化。本章主要介绍文化的基础知识，包括文化的定义、分类、特征、功能，并分析文化与语言的关系。

第一节　文化的定义与分类

什么是文化？文化有哪些分类？对这两个问题进行深入分析，可以帮助我们对文化有一个充分、全面的了解。为此，本节就对这两个问题展开讨论。

一、文化的定义

文化是一个包罗万象的概念，不同的人从不同角度对其所进行的解释也不同。有人认为文化即文明，有人认为文化是人与人之间的一种动态建构，还有人将文化视为一种交际或跨文化的交际等。

文化作为独立的概念于 17 世纪由德国法学家普芬多夫提出，这位学者给文化下了明确的定义：“文化是人的活动所创造的东西和依赖人和社会而存在的东西的总和。”[①]此后，很多学者都对文化的界定做出了描述与解释。

为了对文化的定义有一个全面的把握，下面从文化概念的演变、文化的要素、与文化相关的术语三个方面来阐述什么是文化。

（一）文化概念的演变

1. 汉语中文化概念的演变

“文化”一词的含义经过了漫长的历史演变，它在古汉语和现代汉语中

---

① 王祥云．中西方传统文化比较[M]．郑州：河南人民出版社，2006：2.

有着截然不同的含义。“文化”一词的首次出现是在汉代《说苑·指武》中，来自“文化不改，然后加诛。”这句话，这里的“文化”对应于“武务”，表达的是一种治理社会的方法和主张。

南齐王融《三月三日曲水诗序》中记载：“设神理以景信，敷文化以柔远。”在此处，“文化”是指用诗书礼乐等感化、教育人。

《辞海》指出，广义的文化是将人类在劳动实践过程中所创造的物质文明和精神文明相加以后的结果；狭义的文化是指社会上主流的感观思想以及相对应的制度、机构。①

张岱年和程宜山认为，人类生存于世，就需要处理与自己、他人和事物之间的关系，在这个过程中人类就启用了一定的思维方式和行为，这就是文化。②

金惠康指出，文化是生产方式、生活方式、价值观念以及社会准则等构成的复合体。③

2. 英语中文化概念的演变

英语中的 culture 一词来源于拉丁文 cultura，表示“耕种、居住、保护和崇拜”的含义。它的含义由“犁”进化而来，表示一种过程和动作，后来又转变为“培养人的技能、品质”，然后到了 18 世纪，该词的含义又进一步转变，表示“整个社会里知识发展的普遍状态”“心灵的普遍状态和习惯”和“各种艺术的普遍状态”。

首次给“文化”一词下定义的学者，是英国人类学家爱德华·泰勒(Edward Burnett Tylor)。学术界普遍认为，他对文化所下的定义，是一种经典性的定义。泰勒在 19 世纪 70 年代出版的《原始文化》一书中强调，在民族学的框架内，文化是由知识、信仰、艺术、道德、法律、习俗以及作为一个社会成员的人所习得的其他一切能力和习惯组成的一个整体。④

萨姆瓦(Larry A. Samovar)等人是研究有关交际问题的学者，他们强调，许多前辈不断在研究上投入更多的精力和心血，因此使得更多的知识、信念等精神元素以及一些物质元素展现在世人面前，这些统统可以称为文化。⑤

---

① 严明．跨文化交际理论研究[M]．哈尔滨：黑龙江大学出版社，2009：2.

② 闫文培．全球化语境下的中西文化及语言对比[M]．北京：科学出版社，2007：27.

③ 金惠康．跨文化交际翻译续编[M]．北京：中国对外翻译出版公司，2003：35.

④ 严明．跨文化交际理论研究[M]．哈尔滨：黑龙江大学出版社，2009：2.

⑤ 闫文培．全球化语境下的中西文化及语言对比[M]．北京：科学出版社，2007：26.

美国社会学家伊恩·罗伯逊(Ian Robertson)对社会学进行了颇多思考,他认为在社会学的范围内文化就是供人们使用的物质和非物质产品。

莫兰(Moran,2004)指出,时代在变,社会环境在变,人类的价值观和生活方式也在变,这就是文化所导致的结果。文化包括物质方面,也包括精神方面。①

美国学者阿尔弗雷德·路易·克罗伯与克莱德·克拉克洪(Alfred Louis Kroeber & Clyde Kluckhohn,1952)在《文化:关于概念和定义的评述》一书中,归结了文化的164种定义,同时对这些定义进行了梳理:文化由两层行为模式构成:一种是内隐行为模式,一种是外显行为模式。这两种模式以象征符号来进行传递;传统观念是文化的核心,由传统观念带来的价值最为突出;文化体系有两种意义:一是可以被视为行为活动的产物,二是对下一步行为活动具有决定作用。

美国学者戴维·波普(David Popenoe)对文化的定义比较全面,他认为文化应该由三个主要元素构成:"符号意义和价值观——这些都用来解释现实和确定好坏,正误标准;规范准则——对在一个特定的社会中人们怎样思维、感觉和行动的解释;物质文化——实际的和人造的物体,它反映了非物质的文化意义。"②

语言学家林奈尔·戴维斯(Linell Davis,2004)指出,"文化是一个集合体,它集风俗、信仰、行为、价值、文化构式等为一体,在这一集合体中,人们可以进行相互学习和分享。"③

联合国教科文组织在2000年发表的《世界文化多样性宣言》(*Universal Declaration on Cultural Diversity*)中使用的文化的解释为:文化是某个社会或社会群体特有的精神、物质、智力与情感等方面一系列特质之综合;除了艺术和文学之外,还包括生活方式、共同生活准则、价值观体系、传统和信仰。本书所探讨的文化的内涵基本与这一文化解释等同。

(二)文化的要素

文化由各种各样的材料构成,这些材料即为文化的要素。具体而言,文化的要素涉及以下几个方面。

---

① 侯贺英,陈曦.文化体验理论对文化教学的启发[J].时代经贸,2012,(2):16.

② 白靖宇.文化与翻译[M].北京:中国社会科学出版社,2010:3.

③ Davis, Linell. *Doing Culture—Cross-Cultural Communication in Action*[M]. Beijing: Foreign Language Teaching and Research Press, 2004: 24.

1. 语言和非语言符号

在人类的社会生活中，人们的交往和沟通均是通过语言符号与非语言符号实现的，并在此基础上创造文化。此外，语言和非语言符号是文化积淀和储存的手段，各个文化要素需要借助语言和非语言符号体现出来，并传承下去。

2. 地理环境

自然地理环境对文化的形成发挥着重要的作用。环境极大地限制了人们的生活，而"任何一种环境在一定程度上总要迫使人们接受一种生活方式"。①

例如，就古希腊、古罗马而言，它们处于西方文化的源头，濒临海洋，土地较为贫瘠、稀少，物种类型较少，缺乏生活资料，大多依靠从海外换取。这就促使其航海事业较为发达，由此成了商业文化的策源地。受这样的生产方式影响，人们逐渐形成了独立思考、崇尚个性、追求变化与斗争的性格特征。

就中国而言，中国是一个典型的大陆型国家，地理环境较为封闭，多数地区都处于温带，气候适宜，多样化的山脉与河谷、平原环境提供了相当丰富的生活资料，这样的地理环境使中国很早就形成了较为稳定的农业社会结构，与此相适应，中国民族性格主要是勤劳、本分、热爱和平。

3. 认知体系

认知(cognition)是由人类个体的内在心理活动形成的，具体指"主体赖以获取知识与解决问题的能力"(孙英春，2008)。人类通过认知而对客观世界有所认识，对周围世界的信息进行有选择的收集，同时就客观世界中的刺激做出相应的反应。

认知体系主要包括感知、思维方式、世界观、人生观、价值观等要素。从很大程度上来看，认知系统可被看作一个一个文化群体的成员评价行为和事物的标准。这一标准存在于人的内心，同时通过人的态度与行为得以体现。

认知体系是跨文化传播学重点关注的文化要素之一。对于不同社会文化或民族群体中的人而言，受生活环境与生活经验的影响，其认知也有所不同。

---

① [英]雷蒙德弗·思著，费孝通译．人文类型[M]．北京：华夏出版社，2002：33.

4. 历史

历史是理解文化的中介。历史可以作为文化价值、文化理想及文化行为的起源。

历史主要是人类活动的过程与记录，文化是历史的一个重要组成部分，文化特性均能在历史事实中找到答案。

进一步说，文化的现实是历史的延续，现实中的文化要素均可在历史中找到其嬗变的轨迹。所以，要对某一文化现象有所理解，既要关注其所涉及的内容，还要对其所形成的历史过程有所理解。

在文化与传播研究领域，“文化”与“历史”两个词一般是可以互换的，其原因在于历史是隐藏在文化深层结构中的要素，各文化都有其各自的历史。

5. 规范体系

规范(norms)是历史上形成和固定的人们参与社会活动的共同标准，涉及习俗、道德、法律、制度等。规范对不同文化群体成员的活动方向、方法和式样进行了明确的规定。此外，各种规范之间互相联系、互相渗透、互为补充，对人们的各种社会关系和社会交往活动起着调整的作用。

6. 社会组织与家庭

社会组织是实现社会关系的实体，要确保各种社会关系得以实现和运行，每一种文化必须要构建一些社会组织。具体而言，保证各种社会关系运行的实体包括家庭、生产组织、教育组织、政治组织、娱乐组织等。其中，家庭(family)是在婚姻、血缘关系或收养关系基础上而形成的亲属间的社会组织。

家庭是最古老、最基本的一种社会组织。家庭帮助了文化，告诉我们世界的样子及我们在世界中的位置：家庭将一个个生物机体转化为社会人，从孩童起传授人最基本的态度、价值观以及行为方式。人与人的一切社会关系与社会交往，均是基于家庭而形成与发展的。

7. 物质产品

文化的物质产品是经过人类干涉或改造的自然环境与创造出来的所有物品。建筑、计算机、汽车等都属于文化的物质产品，它们能体现出文化的价值观、需要、目标和关注所在。

物质产品与其他文化要素息息相关。在物质产品中，“凝聚着人们的观念、智慧、需求和能力，也为人们建立和开展各种社会文化交往，维系各种社会关系的结构、功能和秩序提供了基本的物质依托”。①

在中国文化中,“四大发明”就是重要的物质产品。它们传入欧洲后,为文艺复兴运动和新航路的发现做好了物质与技术层面的准备,而且在一定程度上推动了世界文明和历史的发展进程。

(三)与文化相关的术语

1. 文化冲突

在这个包罗万象的大社会,文化冲突和碰撞早已引起了学术界的广泛关注。不同阶级之间以及富人和穷人之间都会产生冲突,但是在这个新世界,最尖锐、最突出的冲突是不同文化实体中的人民之间的冲突。

顾名思义,文化冲突是因为文化而引起的冲突。在世界上的不同国家、地域,在不同的社会历史条件下生长着不同的文化。国家民族地位的改变和社会经济发展的需要,使得对外文化交往成为必要之举,也因此导致了文化冲突。简言之,文化冲突就是某种文化自身在新旧交替的过程中以及与外来文化的交流中产生的摩擦与矛盾。

文化冲突的分类方法不止一种。从不同的角度,可以将文化冲突分为不同的类型。从宏观的角度来看,文化冲突表现为本土文化和外来文化的冲突以及传统文化和现代文化的冲突。

(1)本土文化和外来文化的冲突。中华民族具有五千年的历史,因此中国传统文化具有深厚的历史底蕴,可以说是一种古老的文化,而西方文化是一种年轻的文化,中西方文化具有明显的差异性。因此,在中西方文化交流的过程中,文化冲突就必然出现。在不同的历史时期,中西文化交流表现出不同的特点,因此也呈现出不同的文化冲突。

(2)传统文化和现代文化的冲突。中国传统文化是以儒家文化为核心要素的,而中国特色社会主义文化是以马克思主义为核心的,在前者向后者过渡的过程中就产生了文化冲突。中国传统文化在向现代文化过渡的过程中,不得不思考文化继承和文化创新的问题。成长在计划经济体制下的中国传统文化与生长在市场经济体制下的现代文化存在诸多矛盾,如传统文化中具有较深的等级观念、伦理道德观念,而现代文化中的平等观念和开放观念比较强,二者之间的矛盾不可能在短时间内消除殆尽。

当今世界是信息时代,科技的日新月异已经彻底颠覆了这个世界,信息技术已经渗透人类生活的方方面面。自从网络出现以来,人们对它的优越

---

① 孙英春．跨文化传播学导论[M]．北京:北京大学出版社,2008:17.

性的利用趋之若骛，进而不断通过网络技术来改造自己的生活方式。网络的应用从学术研究领域延伸到通信、娱乐、政企管理等领域，可以说发挥了它巨大的带动作用。在政治上，网络促进了信息的透明化和双向化，简化了政府机构的办公手续，提高了政府服务效率。在经济上，依靠网络的电子商务模式对传统商务模式造成了巨大的冲击，让商务关系更便捷。在文化上，网络带来了无纸化阅读方式，人们可以借助网络在电脑和手机上阅读任何作品，还可以便捷地观看影视剧作品。

(1)文化群体交叉。在网络这个广阔的平台上，文化的传播和交流变得异常高效。文化群体可以跨越时间和空间的限制，自由地沟通。因此，网络环境中的文化群体可以接触的异质文化就更多，学习的空间就更大。文化群体之间相互批判、相互继承，因此文化群体的属性表现出交叉的现象。

(2)文化冲突显著。网络可谓通古今、知中西，无论是多少年前的事情以及久远区域内发生的事情，人们都可以在网络上查询到。各种文化冲突在网络中相遇，网络环境成了文化冲突发生的阵地。网络诞生之前，时间和地理空间上的距离，让文化冲突有了一些喘息的机会，而现今的网络环境正式给文化冲突打开了畅通的渠道，一切思想都在这块平台上涌流，文化冲突的发生频率显然更高。每个人都可以自愿地进行文化讨论，从而成为信息的发送者和接受者，所以说网络时代下的文化冲突也更加开放。

(3)文化冲突强烈。网络是虚拟的，这也是它神秘的地方。每个用户都躲在网络的背后，他们可以伪装成任何身份与其他人对话和交流，可以就任何文化表明直接的立场。正是因为网络可以掩盖人们的身份，所以网络用户比较容易发出激烈的言辞，做出夸张的结论，甚至使事态演变得非常恶劣。

2. 文化共生

为了应对文化发展遭遇的众多障碍，不得不走“文化共生”这一条路。在全球化的范围内，为了使得各国家、民族的文化共同发展，需要遵守平等、互相尊重的原则，一种文化不以另一种文化的弱化和消亡为发展目的，彼此之间和平相处，这就是文化共生。

就中国而言，不仅面临着中国传统文化中的一些腐朽部分，还面临着西方资本主义文化的侵袭，生存现状非常复杂。为了应对本土文化与外来文化的冲突以及传统文化与现代文化的冲突，我们必须坚定不移地维护我们的本土文化不动摇，本土文化是我们的文化根基，一个放弃文化根基的国家无法在文化世界中占有一席之地，但是另一方面，我们也需要从外来文化的精华部分里吸取营养，以此来建设中国特色社会主义文化。我国的传统文化是源头，现代文化是融合了时代发展要求的新文化，二者都占有十分重要的地位，相互地有机结合才能共同构筑中国特色社会主义文化。

在正确处理好国内已有文化之间的关系的同时，还要处理好文化"推出去"与"引进来"的问题。由于某些历史原因，很多国家和民族认为中国一直是专制、落后、迷信与封闭的，这是他们对于中国的刻板印象。如今，中外交流日益频繁，这也让外界不断认识到中国文化的改变。我们也愿意向世界各民族推广中国特色社会主义文化。中国特色社会主义文化是民族的，也是世界的。"山寨"不再是中国的代名词，中国文化正焕发出新的生机。另外，网络技术的发展也为中国文化"推出去"提供了更为宽广的渠道。主流媒体与政府文化管理部门可以利用资源在网络平台上宣传中国文化，并与其他国家之间展开官方交流与沟通，树立良好的中国文化形象，这是"推出去"的问题。对于"引进来"的问题，我们不能过度推崇国外文化，也不能一味地抵制国外文化。任何文化中都有进步的、优秀的成分，对于这些成分我们应该加以吸收。同时，不仅要考虑引进文化的质量，还要注意引进文化的适应性。在本土引进外来文化，容易导致水土不服的问题。

二、文化的分类

（一）从文化结构解剖的视角

1. 二分法

文化和交际总是被放到一起来讨论，文化在交际中有着无可替代的地位，并对交际的影响最大，因此有学者将文化分为交际文化和知识文化。

那些对跨文化交际直接起作用的文化信息就是交际文化，而那些对跨文化交际没有直接作用的文化就是知识文化，包括文化实物、艺术品、文物古迹等物质形式的文化。

学者们常常将关注点放在交际文化上，而对知识文化的研究较少。交际文化又分为外显交际文化和内隐交际文化。外显交际文化主要是关于衣、食、住、行的文化，是表现出来的；内隐交际文化是关于思维和价值观的文化，不易察觉。

2. 三分法

三分法是将文化分为物质文化、制度文化和精神文化的分类方法。

人从出生开始就离不开物质的支撑，物质是满足人类基本生存需要的必需品。物质文化就是人类在社会实践中创造的有关文化的物质产品。物质文化是用来满足人类的生存需要的，只是为了让人类更好地在当前的环境中生存下去，是文化的基础部分。

人是高级动物，会在生存的环境中通过合作和竞争来建立一个社会组织，这也是人与动物的区别之一。人类创建制度，归根到底还是为自己服务的，但同时也对自己有所约束。一个社会必然有着与社会性质相适应的制度，制度包含着各种规则、法律等，制度文化就是与此相关的文化。

人与动物的另一个本质区别就是人的思想性。人有大脑，会思考，有意识。精神文化就是有关意识的文化，是一种无形的东西，构成了文化的精神内核。精神文化是人类在认识世界和改造世界的过程中挖掘出的一套思想理论，包括价值观、文学、哲学、道德、伦理、习俗、艺术、宗教信仰等，因此也称为观念文化。

（二）从人类学的视角

人类文化相当于一个金字塔，金字塔的底部是大众文化，金字塔的中间是深层文化，金字塔的顶部是高层文化。

大众文化是普通大众在共同的生活环境中创造出来的一种生活方式、交际风格等。

深层文化是不外现的，是内隐的，对大众文化有着指导作用，包括思维和价值观等。

所谓高层文化，又称“精英文化”，它是指相对来说较为高雅的文化内涵，如哲学、历史、文学、艺术等。

（三）从支配地位的视角

文化一旦产生，就对生活在其中的人有着一定的规范作用和约束力，这是一种约定俗成的力量。一个社会中通常有多种文化，人们最终会按照哪一种文化规范来生活，就要看文化的支配地位了。因此，有人从文化的支配地位的视角，将文化分为主文化与亚文化。

所谓主文化，是在社会上占主导地位的，并被认为应该为人们所普遍接受的文化。主文化在共同体内被认为具有最充分的合理性和合法性。主文化具有三个属性：一是在权力支配关系中占主导地位，得到了权利的捍卫；二是在文化整体中是主要元素，这是在社会的更迭中形成的；三是对某个时期产生主要影响、代表时代主要趋势，这是时代的思想潮流决定的。

相对应的，亚文化是在社会中占附属地位的文化，它仅为社会上一部分成员所接受，或为某一社会群体所特有。亚文化也有两个属性：一是在文化权力关系中处于从属地位；二是在文化整体中占据次要的部分。虽然亚文化是与主文化相对应的一种文化，但是二者不是竞争和对抗的关系。值得注意的是，当一种亚文化在性质上发展到与主文化对立的时候，它就成了一种反文化。在一定条件下，文化与反文化还可以相互转化。文化不一定是积极的，反文化也不一定是消极的。

（四）从语用学的视角

语用学研究的是语言在一定语境中的具体意义。语境是理解语言的重要元素。因为文化和语言分不开，因此文化和语境也是相互联系的。语言依赖于语境，同样的，文化也对语境有一定程度上的依赖。但是，不同的文化对语境的依赖程度是不尽相同的。在不同的文化中，人们通过语境进行交际的方式及程度就存在着差异，而这种差异制约着交际的顺利进行。

按照文化对语境依赖程度的不同，可以将文化分为低语境文化和高语境文化。低语境文化是指对语境的依赖程度较低、主要借助语言符号进行交际的文化。高语境文化是指对语境的依赖程度较高、主要借助非语言符号进行交际的文化。西方国家通常是低语境文化，一些亚洲国家通常是高语境文化。

在低语境文化中进行交际时，人们大都是通过符号来传递交际信息的。而在高语境的文化中，交际环境和交际者的思维携带着大部分的交际信息。由此可见，语言信息在低语境文化内显得更为重要。他们在进行交际时，要求或期待对方的语言表达要尽可能清晰、明确，否则他们就会因信息模棱两可而产生困惑。而在高语境文化中，人们往往认为事实胜于雄辩，沉默也是一种语言。因此，低语境文化与高语境文化的成员在交际时易发生冲突。

虽然按照不同的视角，文化的分类不同，但有一点需要明确，那就是文化无优劣、高下之分。世界相当于一个村落，其中的任何民族和国家都享有平等的权利，其中的成员在人格上都是平等的，不应该因为文化的不同而被区别对待。例如，中国人习惯用筷子，西方人习惯用刀叉，有人说使用筷子有利于人脑发展，也有人说使用刀叉简单。因此，文化不是用来比较和评价的，而是用来促进交际的。

第二节　文化的特征与功能

文化在自身的演变过程中形成了鲜明的特征，并具有一定的功能。一些学者从哲学的角度解析文化的特征，认为文化既有共性，也有个性。由于人类共同享有一个客观的大自然系统，对于整个大局的认识大致相同，因此这体现了文化的共性。文化的个性则是因为世界上每个民族所处的具体自然环境和社会环境各不相同，所以形成了各不相同的民族文化。本节主要阐述文化的特征与功能这两个方面的内容。

一、文化的特征

（一）进化性

文化会随着社会与时代的发展而不断发生变化，这就决定了文化的稳定性具有暂时性，而其发展性则是持续存在的。当前，经济全球化的趋势越来越明显，这种变化促进着不同民族之间的沟通与交流，进而引起了不同文化之间逐渐进行融合与碰撞，在这一过程中，世界上的不同文化便遇到了新的发展契机。

有的学者经过研究后认为，文化碰撞现象之所以出现，其根源就在于文化霸权主义的存在。西方很多经济发达国家将自己的文化、信仰灌输到其他国家和地区，从而方便其开展全球战略计划，由此带来了不同国家、民族之间各种文化层面的矛盾与冲突。

随着社会环境、时代特征变得跟以前不同，人们为了求得生存，不得不创造不同的文化，因为文化终究只是人们满足自身生存需求的手段之一。每一个时代都有与之前的时代不一样的地方，因此文化始终是在变的，就像人不可能经过同一条河流。文化又像一个洋葱，剥开外面那一层，还有里面那一层。所以，文化分为外层文化和内层文化。外层文化是人们表现在行为举止上的文化，内层文化是思想上的文化，是外层文化的内在根源。

国家、民族之间具有越来越多的交往，这其中必定包含着不同文化之间的交流。文化交流可能使得文化内部要素发生“量”的变化，“量”的变化也可能促使“质”的变化。外层文化要比内层文化更容易发生变化，也就是说，发生在衣、食、住、行等方面的变化要比信仰、价值观等方面的变化更加明显。

（二）表现性

文化具有外层和内层之分。人们的内层文化通过外层文化表现出来。因此，文化具有表现性。人是一种表现的动物。在创造文化的过程中，人类将认识世界的精神成果转化为外显有形的行为方式，因而这些行为方式就构成了文化的表象，从而指导着人们的生活方向。人们一方面必须接受这些法则的规范和引导，另一方面又在这种文化中展现人生的意义和价值。

正是因为文化具有表现性，所以文化和交际常常被放到一起去讨论。我们常常讨论的交际冲突，很多都是由文化误解引起的。在交际中，误解是常见的一种现象，要想尽力避免误解的产生而使交际顺利进行，就需要交际双方对同一行为表现具有一致或相近的解释。在交际过程中隐藏着一种潜在的危险，那就是差异，交际的顺利进行要求交际双方共享一套社会规范或行为准则。

（三）民族性

文化具有民族性特征。人类学家克利福德·格尔茨(Clifford Geertz)这样说道："人们的思想、价值、行动，甚至情感，如同他们的神经系统一样，都是文化的产物，即它们确实都是由人们与生俱来的能力、欲望等创造出来的。"①

这就是说，文化是特定群体和社会的所有成员共同接受和共享的，一般会以民族形式出现，具体通过一个民族使用共同的语言、遵守共同的风俗习惯，其所有成员具有共同的心理素质和性格体现出来。

文化植根于人类社会，而人类社会以聚居集中的民族为区分单位，因此文化也是植根于民族的机体。文化是一个由多种要素构成的复杂整体，在这个整体中，各要素互相补充、互相融合，共同塑造着民族性格。文化的疆界一般和民族的疆界一致。一个民族包含着不同的区域，在民族文化的大范围内，多种区域性文化常常同时并存。一个社会往往也包含众多民族，这些民族之间不可能保持文化的一致，因此在大的民族文化之下必定包括一些互有差异的亚文化。以下将中国文化作为例子，说明文化的民族性。

1. 以伦理人情为中心

在中国人的思维和行为方式中有一个突出的特点，那就是乡土情怀。文化植根于人类社会，而人类社会以聚居集中的民族为区分单位，因此文化也植根于民族的机体中，乡土情怀已经成为整个中华民族的特质。文化植根于人类社会，而人类社会以聚居集中的民族为区分单位，因此文化也是植根于民族的机体。乡土情怀又是以伦理人情为中心的，所以中国人倾向于以伦理人情为中轴来处理人际关系。

中国文化以伦理人情为中心，首先体现在宗法制度上。中国文化产生于大河流域的内陆农耕生产模式，农耕的生产模式决定了人际的合作模式

---

① 克利福德·格尔茨著，韩莉译．文化的解释[M]．上海：上海译林出版社，1999:63.

大多以家族为主。文化的这一特点导致了群体或民族中心主义，这是人类在交际过程中的普遍现象，人们会无意识地以自己的文化作为解释和评价别人行为的标准，显然，群体或民族中心主义会导致交际失误，达到一定程度时会带来文化冲突。家族以血缘来维系人群关系，从而也决定了社会集结模式是以家族及家族体系为主导的，也继而决定了社会制度不自觉选择一种伦理中轴的宗法制度。

封建社会将氏族社会体系带上了历史舞台，由于地主阶级发育得不成熟、不完整，因此继承了氏族社会的家族体系。正是在氏族社会体系的强大影响之下，中国文化中的宗法制度才成为主宰社会的最大命令。此外，它还体现在中国人很讲究道德感和责任感方面。古代先贤就教育人们要修身，要当君子，要为国家作贡献，这些也可以成为我们现代社会的道德准则。在中国传统社会中，道德是天然的评判尺度，违反了道德就会遭到社会的唾弃。

2. 凝聚力强

在世界文化体系中，中国传统文化是唯一一个从未隔断的连续的文化体系，这足以说明中国文化具有很强的内在逻辑性。在漫长的历史长河中，中国文化体系以其独特的物质文化和精神文化绵延传承下来，成为中国民族持续发展、进化的主要营养。中国文化具有顽强的生命力，不是没有原因的。中国文化是包容的，是开放的，更是融合的，虽然历经各民族的入侵，但是最终都向核心文化聚合。因此，我们可以看到每逢盛大的中国传统节日，海外同胞、海外侨胞要么回国，要么就在国外庆祝节日，他们都有着强烈的家国情怀。

（四）统摄性

每一种文化都具有一个或几个“文化内核”，这些内核具有极强的向心力，可以统摄其他各种亚文化。文化的这种统摄作用，可以使得文化在外界环境的巨变中仍然保持着自身的特色。例如，在中国的传统文化中，融自然哲学、政治哲学和伦理哲学为一体的“天人合一”世界观，以及“经国济世”等精神元素，作为中国文化的“内核”，一直发挥着“整合”作用。由于不同文化有着不同的“内核”，因此必然导致在价值观念、认知模式、生活形态上的差异，如果交际双方不能理解对方的文化，就会导致交际冲突。

（五）传承性

文化具有传承性，是人类进化过程中衍生和创造的一种代代相传的习得行为，对个体和社会的生存、适应和发展具有促进意义。也就是说，文化并非人类生来就有的，而是在社会化过程中逐渐习得的，每一个社会人只有依靠特定文化的力量才能生存与发展。

文化作为人的生存方式，具有个人与群体生活的基本职能。在某种意义上，“文化是为人类生命过程提供解释系统、帮助他们对付生存困境的一种集体努力”。①

人类对自身生存行为所做的解释，使共同价值体系得以形成。这种共同价值体系的制度化反过来对人们的生存行为起着规范作用，决定他们与自然界进行物质交换的方式，同时对他们在此生存活动中的相互关系进行调整。

（六）整合性

文化是各种要素构成的一个整合体系，体系的各部分在结构层面是互相联结，功能上是互相依存的。爱德华·霍尔曾借用信息论和系统论的基本思想，根据人类活动的领域将文化分为十大“信息系统”：互动、联合、生存、两性、领土、时间、学习、消遣、防卫和利用，每个系统既为其他文化系统所反映，自身也反映其他系统。此外，他指出，这些系统相互作用、相互影响，所以文化研究者可以将任意一个信息系统作为起点，最后均能呈现一幅完整的文化图景。

（七）变化性

文化既是稳定的，又是发展变化的。一般而言，人类的每一种文化都具有保持内部稳定的文化结构，体现在相对稳定的习俗、道德、世界观、价值观等方面，在面对外部文化冲击时，能确保自身结构保持稳定与平衡。同时，文化又是发展变化的。生产力的发展，新的发明创造、新的观念的出现，政治上的突变，经济的全球化趋势，均能在某种程度上推动文化的发展变化。

（八）碰撞性

随着我国改革开放的逐步深入，经济发展的水平越来越高，与国外的沟通、交流也越来越频繁，这种趋势促使中国文化出现了多个向度的融合与碰撞，如激进与保守、中国化与西方化、现代文化与传统文化等，由此引起了学界对文化这一体系的更进一步研究。在这场争论中，文化激进主义占了上

① 孙英春．跨文化传播学导论[M]．北京：北京大学出版社，2008：3.

风，他们提倡彻底重建国内文化，以“西体中用”为核心。

（九）多样性

文化是世代传承的，一切文化创造都来自文化积淀的借鉴与启发。文化都是具体的、特殊的，无论从纵向历史的角度看，还是从横向空间的角度看，世界各个时期、各个地域和民族的文化都是不同的。人类学家和社会学家记载了世界各地大量的特殊文化，充分说明文化的多样性。不承认文化的多样性，就会走向种族中心主义，并总用自己民族的价值标准判断别的民族中发生的事件和现象。种族中心主义发展到极端就会产生民族沙文主义，认为自己的民族是优等民族，鄙视和仇恨别的民族。文化的共同性是寓于特殊性和多样性之中的，是客观存在的。虽然在具体形式上有区别，但这些原则在不同民族文化之间是共同的。由于文化具有共性，所以世界各种文化之间才可以交流，才能沟通，才能促进本民族文化的发展。

（十）动态性

文化就其本质而言是不断变化的，是动态的而非静态的。研究进化论的学者认为，人类文化是由低级向高级、由简单向复杂不断进化的。也就是说，在进行文化研究时要注意文化的历时性和共时性，要用历史的、动态的、发展的眼光去看待它，文化是相互影响、相互渗透的，人际交流的过程其实也是文化交流的过程。

二、文化的功能

文化的功能是指文化在满足人类生存需要方面所表现出来的价值和作用。人类之所以创造文化和发展文化，是因为文化这一习得行为具有满足人类生存的独特功能，人类社会的存在和发展也因为文化功能的发挥而维系和延续。

（一）化人功能

文化具有精神属性，这也是区别人与动物的重要方式，文化的这种属性也决定了文化的化人功能，具体体现为两个方面。首先，文化是积极的、先进的，通过文化人们可以愉悦身心、启蒙心智，获得精神上的满足感和幸福感。其次，文化具有理论指导力、舆论向导力等，这些能有效满足人类的需求，成为人类的精神力量，推动着人类不断走向光明。

(二)满足功能

作为个体的人既具有生物性,也具有社会性,因而人既有生物性需要,也有社会性需要,即生理的和心理的需要。美国心理学家马斯洛在1943年出版的《人类动机的理论》一书中提出过著名的“层次需要论”,即把健康人的生理和心理需要概括成由低到高的五个层次:第一层,生理的需要,包括食物、氧气、水、睡眠、性欲、活动力等;第二层,安全的需要,包括在社会生活中有稳定感和秩序感,有身体和生活的安全保障等;第三层,归属和爱的需要,包括社会人际交往的需要、情感归属的需要以及渴望关爱的需要;第四层,尊重的需要,包括自尊、自重、威信和成功等;第五层,自我实现的需要,包括自我理想实现、个人潜能和个人才赋的充分发挥等。马斯洛关于人的生理和心理的需要,呈由低到高的阶梯状。他认为一个理想的社会除了能够满足人的生理性需要以外,还应使一般人的较高层次的需要得到满足,而且应当鼓励每个人去追求自我的实现。

事实上,人类的需要无论是生理上的还是心理上的,得不到满足都会有不同层次和不同程度的痛苦和不满足感。而要减少痛苦、降低不满足感,就要依赖文化手段来解决。可见,正是为了满足人类自身不同层次的需要,人类才创造并发展了文化。显然,文化的一个极其重要的功能就是满足人类生理和心理的各种需要。从文化结构的相互关系可以较好地反观出文化的这种满足人类需要的功能。人们从事社会生产实践,首先是以满足衣、食、住、行等自身生存需要为目标的,但人的社会生产实践又是一种社会活动,只有结成一定的社会关系才能进行。因此,人们在社会生产实践中创造了各种社会制度和社会规范,以处理人与人之间的关系。同时,人们在社会生产实践中,尤其是在人际交往中形成约定俗成的民风民俗,以满足日常生活、人际交往等需要。此外,人们在长期的社会生产实践和意识活动中孕育并形成深层的心态文化,从价值观念、思维模式等角度来满足人的各种需要。

显然,以上各个层面的文化构成一个相互关联的整体,共同承担着满足人类生理需要、安全需要、社交需要、尊重需要以及自我价值实现需要等各种功能。一般而言,人类社会文化基本能够满足生理、安全等较低层次的需要,而社交、尊重及自我价值的实现等较高层次的需要比较不容易满足,从而成为人们孜孜以求的目标。即便是同一层次的需要,其标准也是随着时代的变化而不断提高的。可见,人类对满足各个层次需要的欲望是无止境的。

正因为文化具有满足人类需要的功能,而人类各个层次的需要又是永无止境的，可推动着人类不断创新和发展文化，从而满足自身不同层次以及同一层次不同程度的多种需要，并日益感受和享受到文化的进步所带来的满足感和舒适感。

（三）育人功能

文化具有知识属性，文化代表着学习知识，文化人代表着知识人，可以说文化就是知识，是知识不断积累的过程。文化的知识属性也决定了文化的育人功能。

育人并非指教育人，而是指改变人、培育人和提高人的水平。首先，文化促进人不断进化，借助文化，人们从愚昧走向了文明，走向了博学。其次，文化可以塑造人，人们总是在不断地学习各种文化知识，从而塑造自己的人格。最后，文化可以提升人的能力，通过学习各种知识，人的创造能力会有所提升，就会从体力劳动者转变为脑力劳动者。

（四）凝聚功能

文化的凝聚功能在国家公民群体和民族群体中体现得最为突出和明显。一个国家的全体公民或一个民族的全体成员由于受同一个主流文化熏陶，形成了大致相同的思维模式或价值取向，体现出相似的文化模式，进而具有强烈的认同感和归属感。例如，自强不息、坚韧耐劳、恋土归根、崇尚礼节充分体现了中华民族文化的强大凝聚力。再如，世界民族解放运动的开展及其所取得的成就，也充分体现了民族文化的凝聚力。

文化的凝聚功能还体现在某个阶级、阶层或某个社会群体等各个亚文化层面。相对一个国家、一个民族的主文化而言，不同的阶级具有不同的甚至是相互对立的亚文化，它对不同阶级各自起着不同的凝聚作用。例如，中国封建社会的地主阶级与农民阶级由于阶级利益的尖锐对立构成两大对抗阶级，二者具有不同的价值观念、思维模式以及行为习惯等不同的阶级文化。

农民阶级的文化观念促使农民阶级团结起来反抗地主阶级的压迫，而地主阶级利用其政治上、经济上的统治地位及其相应的占统治地位的思想和文化，不仅凝聚起本阶级的力量，而且对农民阶级起着迷惑和瓦解的作用。文化的凝聚功能还体现在不同地域和不同的社会群体之间。例如，各种同乡会以及众多的海外华人社团等无不体现了地缘文化的凝聚功能。又如，人们会因有着相同的兴趣爱好、生活习俗等聚集在一起，更有一些人因具有共同的人生追求和价值观等而成为“志同道合”的朋友。所谓“物以类聚、人以群分”，即体现了文化在社群中的凝聚功能。

第三节　文化与语言的关系

人生活在语言的世界里，语言赋予世界以“意义”。人可以通过语言来完成某些行为，而不必事必躬亲。语言存在于人类具体使用语言的过程中，这一过程就表现为交际行为。简言之，语言是伴随着具体的交际行为出现在我们的面前的，语言是完成某种特定行为的语言，只有意识到这一点，人们才能真正意识到语言自身所具有的价值。借助于语言，人类构建了一个超出其生存环境的符号世界，正是在这个世界中，人类获得了空前的自由，从而不再受制于环境的束缚。

语言的功能有很多，但是交际功能是所有功能中最基本的功能。人类社会中的每个人都生活在一定的客观社会条件中，人与人的交际是社会生活中的重要组成成分。人们往往用语言来交际，但是除了语言，还可以有很多种，如文字、灯光语、旗语、身势语等。文字的工具主要在于对语言加以记录，是基于语言的一种辅助交际工具，因此其与语言在历时和共时上都不能相比。灯光语、旗语是基于语言与文字而产生的辅助交际工具，因此也不能和语言相比。身势语是流传很广的交际语言，但是受各种条件的限制，往往会产生某些误会，因此也不能和语言相比。

通过分析可知，语言是所有交际工具中最重要的一种。对于语言是交际工具，这在前面已经论述，但是这里所强调的是“人类独有”，其可以从两个层面来理解。

第一，动物所谓的“语言”与人类的语言有根本区别。“人有人言，兽有兽语。”动物与动物也存在交际，他们采用的交际方式也有很多，可以是有声的，也可以是无声的。但是，动物与动物之间这些所谓的“语言”与人类的语言是无法比拟的。

人类语言具有社会性、心理性与物理性。社会性是人类语言的根本属性，因为人类的语言是来源于人类集体劳动的交际需要。运用语言，人们才能够适应自然、改造自然。相比之下，动物的“语言”只是为了适应自然。

人类的语言具有单位明晰性。人类语言是一种音义结合的词汇系统与语法系统，音形义各个要素都可以再分解成明确的单位。相比之下，动物的“语言”是无法分析出来的。

人类语言具有任意性。语言是一种规则系统，人们使用语言对自己的言语加以规范。但是，语言系统本身的语素和词、用什么音对意义加以表达等从本质上说是任意的。相比之下，动物的“语言”在表达情绪和欲望时并无多大区别。

人类语言具有能产性。人类的语言虽然是一套相对固定的系统，各个结构成分是有限的，但是人们能够运用这一有限的成分产生无限的句子，传递出无限的信息。相比之下，动物的“语言”是无法达到这一效果的。

第二，动物学不会人类语言。动物能否学会人类的语言？对于这一问题，显然是不能。如果能学会，那就不能说语言是“人类独有”的交际工具了。很多人说，鹦鹉等能够模仿人的声音，但是这也不能说他们掌握了人类的语言，因为他们只是模仿，只能学会只言片语。也就是说，这些动物不能像人类一样运用语言产生无限多的句子，也不能写出无限多的文章。因此，语言是动物不可逾越的鸿沟，能否掌握语言，也是人与动物的根本区别之一。

语言与文化有着复杂的关系，仅从单一的角度进行分析难免有失偏颇，下面就从辩证的角度对二者的关系进行分析。

一、文化与语言相互依存

语言是文化传承的载体，文化反过来又是语言发展的主要动力。语言的变化发展推动着文化各个组成部分，如政治、法律、教育、风俗习惯、宇宙观、艺术创造、思维方式等的变化和发展。相反，只有文化得到了发展，语言才会发展。

语言也属于一种文化，并且是最初始的文化，是文化的一个部分或一个方面，是精神文化的基础。但是语言，包括语言的使用方式在内，都不可以超越文化而存在，不可脱离一个民族所流传下来的决定这个民族生活面貌和风俗习惯的信念体系而孤立存在。与此同时，文化又制约着语言的形式，它是语言赖以存在的基础，它不断将自己的精髓注入语言中，是语言新陈代谢的生命源泉，成为语言的文化内涵，成为语言表现的基本内容，因而文化的发展将会促进语言的发展；同样，语言的丰富和发达也是文化发展的必要前提。

二、语言与文化相互包容

语言是文化的重要组成部分，在这个意义上，它是文化大系统内的一个子系统，然而这个子系统又有其特殊性，即它在结构上清晰地表达出文化上的定点，它提供了决定说话者概念世界的分类系统，一句话，它是该文化系统的一种典型形式，它对整体的文化系统能够产生决定性的影响，它包容文化的一切，涵盖文化的一切。

由于语言与人类社会行为融为一体，语言是文化产生、发展、传承、获得的必由之路，因此语言能够巨细无遗地从整体上反映一个民族的全部历史、文化，各种游戏、娱乐，各种信仰、偏见。文化上的接触总是导致“语言货物”的交换。十字军东征时在巴勒斯坦的烈日下脱下原来穿的金属盔甲，而换上了阿拉伯人穿的一种棉布服装。于是这种服装传到了欧洲，出现了意大利语的 giubba、西班牙语的 aljuba、德语的 Joppe 等同出一源的指称男用服装的词。

语言如水银泻地般的文化渗透力（culture penetration）还使它在文化的历史发展中获得一种特定历史层面的心智氛围（the mental atmosphere），从而成为特定时代特定社会人类思想的典型标志。英国文学批评家 L. P. 史密斯指出，如果我们得到一份声称是中世纪手稿的抄本，而其中发现有 enlightenment（启蒙）、scepticism（怀疑主义）这样的字眼儿，我们将毫不迟疑地宣称，这是一份明显荒谬的伪造品；如果在一部假称是伊丽莎白时代（Queen Elizabethan，1558—1603）的剧本中，却看到 exciting event（激动人心的事件）、interesting personality（有趣的人格）这样的短语，或是发现剧中的角色在谈论着他们的 feelings（感情），我们也将即刻抛弃它；如果在假设由培根嵌入到莎翁和他自己作品中的著名暗记里，我们读到 secret interviews（秘密会见）、tragedies of great interest（重大悲剧）、disagreeable insinuations（令人不快的暗讽），我们开始怀疑培根对这些短语的著作权。

汉字的象形性征直接制约着中国人认识世界的方式，它使人在使用这种文字时几乎不需要了解它的读音，直接从形体上就可以把握这个符号所标识的概念意义，并在一定程度上了解它所隐含的深层意念。人们在学习汉语汉字从而认识周围世界时，完整地接受了这样一种世界构图和致思途径，以语言文字之象通世界之象，最终在语言文字的基础上形成“目击道存”的思维方式，并以这种方式熔铸了全部华夏文化。语言的文化功能（cultural function）就这样把文化各个领域统一了起来。

语言统一文化各领域的功能，使语言问题在现代化进程中日益凸显出来，因为现代化的问题归根到底是人的现代化（modernization）问题。这就不能不与人及整个民族和社会的文化意识（culture consciousness）、文化素质（culture quality）、文化传统（culture tradition）、文化氛围（culture atmosphere）、文化构成（culture formulation）、文化功能（culture function）、文化发展（culture development）的态势等发生关系。因此，现代人无疑应该具有一种崭新的文化含义（culture meaning）、文化形象（culture image）和文化精神（culture spirit），这就必然需要在其思维方式（mode of thinking）、心理意识(mental consciousness)和审美情态等方面有一个较为深刻的革命，这一革命的必要条件就是语言的解读和更新。

语言的解读本质上是对传统的理解和阐释，人类生活在语言中，而能够保存传统的是语言，因而人类已生活在传统中，就在人接受并理解语言的同时，传统已通过语言进入了他的生活与存在。人之所以成为理性的和现实的人，就是因为他无可选择地接受某一文化传统的语言，并由语言来理解和解释传统。

语言的更新是思维方式革命和文化观念更新的必然要求。过去人们总是过多地强调思维而较少地谈论语言，并且往往在阐发语言和思维(形式和内容)的关系时，把语言放在一种从属的和被动的位置，从而使语言的实际作用遭到忽略，事实上语言对于人类思维的发展和社会形态的形成有着不可低估的作用。

从思维方式(mode of thinking)来说，人们想方设法追寻的各种现代意识，都必须建立在一个新的现代语言形态基础上。换句话说，一个完备的现代语言形态的产生，才是现代意识确立的实际标志。从社会形态来说，语言结构同社会结构有着极为微妙的协同性和结构对应的函变关系。社会语言学家就曾经揭示:黑人英语是一个组织得很好的语言系统(language system)，它与标准英语有着系统的分歧。

语言结构与社会结构的同构使社会的变革往往从语言变革入手。一般说来，语言结构同任何结构系统一样具有整体性和封闭性的特点。例如，汉语的文言系统就曾经是一个超稳态的语言结构，它与中国封建社会数千年的超稳态思维结构和社会结构同构。然而，语言结构系统也会发生调节、转换和突破。就如洪堡特所说，语言不是已经完成的产物，而是一种正在进行的活动，是某种持续的、每时每刻都在向前发展的东西。语言中的形式必须在人们心灵中不断地被重新创造，因而语言本质上是一种创造性(creativity)的精神活动，语言运用具有无限量的个人创造行为，语言形式具有永恒不变的生成原则。语言结构系统的创造和生成如何才能发展到打破恒定的稳态平衡，建立新的结构系统，这往往需要以一种自觉的文化意识进行语言革命。由于语言具有统一文化各领域的无可替代的文化功能，所以语言的解读和更新成为人类现代化的两个重要课题。

第二章　跨文化交际综述

全球化发展已经成为当今世界的一个重要趋势，也促使世界各国人民的交流和往来日益频繁。现在，语言已经不再是阻碍不同国家和民族人们交往的障碍，能否理解并接受异族文化成了影响各国有效交往的重要因素，具备跨文化交际能力和视野成为众望所归。本章将对跨文化交际的相关内容进行综述。

第一节　什么是交际

人们每时每刻都在进行着交际，只要有人生存的地方，就有交际发生。本节将对交际这一活动进行具体探讨。

一、交际的定义

通常来讲，交际指的是人们相互交往和交流信息的过程。

汉语中关于“交际”的论述自古有之。《辞源》记载：“际，接也。交际谓人以礼仪币帛相交接也。”在古时，“交际”一词指的是人与人的接触往来。

《孟子·万章下》中也说道：“敢问交际，何心也？”朱熹为之做释道：“际，接也。交际，谓人以礼仪币帛相交接也。”可见，古人崇尚的交际是人与人之间的“礼尚往来”。

《现代汉语词典》中对交际一词的定义为：“社会上人与人的交际往来。”

英语中与“交际”一词相对应的表达是 communication，其词根 commonis 的意思是“共同”。关于 communication 的翻译，国际政治界将其译为“交流”，交通、通信界将其译为“交通”“沟通”“通信”，新闻界将其译为“传播”。

《朗文当代英语辞典》对 communication 的解释是：“Communication is the process by which people exchange information or express their thoughts and feelings.”（交际是人们交流信息或表达彼此思想感情的过程。）

二、交际的分类

交际作为人类活动的一种基本形式，是以人为中心进行的，其大致包含两种类型：一种是人际交际，另一种是非人际交际。人际交际中信息的发出者与接收者都是具体的人。非人际交际又分为两种类型：第一种是交际一方为人，另一方为广义的自然界；第二种是交际双方都不是具体的人，而是社会某组织或机构与视听众群体之间进行的交际。

但无论是哪一种类型的交际，交际的媒介都不外乎语言和非语言两种。因此，交际形式可用图 2-1 来表示。

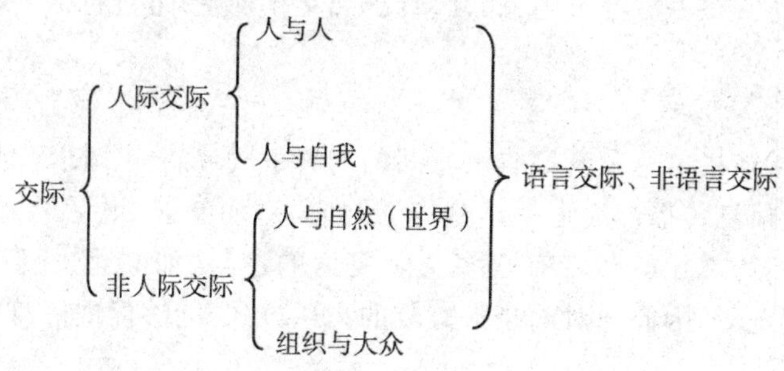

图 2-1　交际形式

（资料来源：陈桂琴，2014）

三、交际的构成要素

简单来说，交际的过程就是信息传播的过程。这个过程具有动态性，是由多个要素构成的完整系统。具体而言，交际包含以下几个构成要素。

（一）传播要素

1. 传播者

传播者指的是具有交际意向和需求的个体，也就是信息的发出者。交际意向指的是传播者想要和他人分享自己的信息。交际需求指的是通过分享，传播者想要得到他人认可的个人需求，以及改变他人态度、行为的社会需求。

2. 信息

信息是编码的结果，是交际者的内心所思所想的具体写照。在面对面的交谈中，信息包括语码、非语言信息以及交际环境信息等。信息具有独特性和唯一性，当接收的信息方式以及发生的情景不同时，即使同一个信息，其表达的意思也会有所不同。

3. 编码

编码指的是语言的组合，是传播者在社会、文化、交际规则的影响下，通过借助语言中的词法、句法进行语言选择、组合、信息创造的过程。

编码过程的必要性体现在人思想的复杂性，需要借助一定的符号进行思想传播。从这个角度上说，编码也是个体心理活动的过程。

在跨文化语言交际中，传播者的编码需要使用一定的语言符号，并且其编码过程需要在一定的规则（如社会规则、文化规则）下进行。

4. 通道

通道指连接信息及其接收者之间的物理手段或媒介。随着科学技术的不断发展，信息传播的通道越来越丰富，如面对面交谈、电话沟通、短信、邮件等。由于跨文化交际带有众多交际要素的参与，如文化、交际者生活环境、交际环境等，因此面对面是最有效的沟通方式，能够促进信息的传达。

（二）接收要素

1. 接收者

接收者和传播者相对，指的是信息的接收方。接收者对信息的获取是在主观作用下进行的，也就是接收者有目的地等待或者有意识地察觉信息源，从而做出反应，建立与传播者之间的语言联系。但是，有意识的信息接收并不是绝对的，接收者进行信息的获取也可能是在无意识或者偶然的条件下进行。

无论是何种情况，接收者都是通过听觉或者视觉渠道刺激进行信息接收的。在跨文化交际过程中，信息的传播者和接收者属于不同的文化背景，因此信息接收的途径较同文化沟通更加复杂。

2. 解码

解码是当信息接收者将言语或非言语的符号转化为可理解的意义的过程。跨文化交际中的解码指的是接收者对信息进行翻译并对传播者语言行为进行观察，从而在此基础上理解语言符号以及语言背后的文化信息。跨文化交际中的传播者和接受者来自不同的文化背景，因此解码过程需要进行文化过滤。也就是说，接收者需要利用自身的文化代码系统处理接收的文化信息。如果接收者不了解信息传播者的文化和语言，就容易导致交际失误的产生。

施拉姆提出的交际模式形象地表示了信息传播者与信息接收者在交际时编码和解码的过程，如图 2-2 所示。

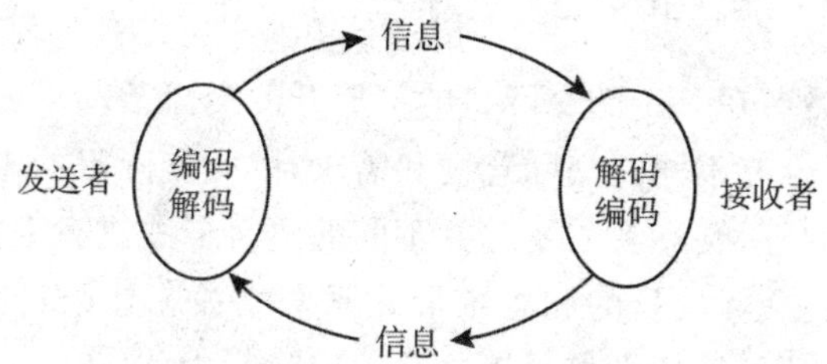

图 2-2 施拉姆的交际模式

（资料来源：陈俊森、樊葳葳、钟华，2006）

3. 反馈

反馈指接收者在接收信息之后做出的反应。反馈行为可以通过不同方式展现，如回答、评论、回应、质疑等。反馈反映着交际的成功与否，也是判断交际有效性的重要标准。交际者可以通过反馈来了解自己是否有效传达了信息，也能依据反馈来调整自己的行为。当接收者对传播者的语言信息有所反应并符合传播者预期时，这个交际行为就是有效的，反之则无效。

4. 语境

交际发生的情景和场所就是语境。通过交际语境，人们可以对交际的内容和形式有一个更深层次的理解。如果人们了解了交际即将发生的语境，就能在一定程度上预测将要发生的交际。

四、交际的特点

交际是一个十分复杂的过程，了解交际的特点可以更加深入地了解这一过程。具体而言，交际具有以下几个特点。

（一）交际具有符号性

符号指的是人们用来标记指称对象的形式，是人们进行交流和沟通的重要媒介。在人类的交际过程中，基础的交际符号指的是语言。交际的符号性是其最基本的特征，这主要是因为交际的进行需要依赖于一定的符号载体。符号可以是语言的，也可以是非语言的，它可以是任何一个有代表意义的词语、物体和行为。每一种文化中的人们都使用符号，却赋予符号不同的含义，这就使得符号的使用具有主观性，而且符号与它所代表的含义之间的关系具有任意性。

（二）交际具有目的性

交际是传播者在一定的交际目的下展开的交流活动。在人类的交往和生活过程中，人会有不同的交际意向和需求，因此交际目的也多种多样。在交际目的的影响下，交际者需要选择不同的语言形式进行表达，从而力图促进交际的进行。交际的目的和思维形式紧密相关。在语言交际之前，交际目的便作用于交际者，从而作用于之后的交际行为。

（三）交际具有双向性

交际的双向性指的是交际主体之间的相互作用关系，这种双向性的存在使得交际和一般传播活动相区别。例如，个体进行电视、广播活动都是一种单向信息传播方式，有着明确的传播主体和传播客体。

在具体的交际过程中，交际者需要不断传播信息与接收信息，因此交际的主客体角色不断转变。参与交际的个体都可以是交际主体，也可以是交际客体。

（四）交际具有不可逆转性

交际信息只要发出，就会被信息接收者接收并赋予意义，从而不可逆转，无法收回，只能加以修改。因此，在交际中，交际者要注意自己无意识的言行，以免对交际产生负面影响。

（五）交际具有系统性

交际是在庞大的系统中进行的，这一系统包括交际发生的场景、场所、场合、时间以及参与的人数。

交际一定会发生在特定的场景中，人们的言行以及符号所代表的意义都受场景的影响。

交际的场所对人的交际行为做出了规定，在不同的场所，人们的交际行为有着不同的特点。

交际场合也影响交际者的行为，每一种场合都有其相适应的行为模式，但在不同文化中，所规定的行为模式又各不相同。

任何交际都发生在一定的时间区间，如一般的谈话和演讲所持续的时间长度会不同。因为时间对于交际的影响作用并不明显，所以常常被忽略。

交际参与的人数对交际过程也会产生一定的影响。面对一个人和面对一群人讲话时，感受和行为是有所不同的。

（六）交际具有社会性

社会性是交际的本质特征。具体来说，交际社会性体现在以下两个方面。

第一，交际的社会性体现在交际者是社会中的一员，主体能够在思维的作用下，辨认、理解、使用语言符号，从而达成自身的交际目的。跨文化交际中，交际主体的文化背景不同，因此其社会性特征体现得更加明显。

第二，交际活动的进行对于社会的发展与进步也有着重要影响，从而使得不同的组织群体出现。社会的发展是从初级向高级不断前进的，人们的生活范围也从居住地向全球范围内扩展。这些变化和交际活动的进行有着密切关系。从这个意义上说，交际活动能够促进社会发展，跨文化交际更是如此。

第二节　什么是跨文化交际

简单来讲，跨文化交际是指具有不同的文化背景的人通过语言、信号、文字形式进行的思想、信息交流。跨文化交际是一种重要的社会现象，在时代的影响下发挥着重要的影响作用。本节将对跨文化交际进行具体论述。

一、跨文化交际的定义

“跨文化交际”的英文表达是 intercultural communication 或 cross-cultural communication。这两个词都是由跨文化交际学的奠基人、美国人类学家霍尔在其著作《无声的语言》（*The Silent Language*）中提出的。有的学者对这两个术语进行了区分，认为 intercultural 强调“文化比较”，而 cross-cultural 更加注重“交往”，前者相当于“跨文化交际研究”，后者则相当于“跨文化交际活动”，但大部分学者不做这种区分，目前使用 intercultural communication 较多。

《朗文语言教学及应用语言学辞典》解释道：“（跨文化交际是）指不同文化背景的人之间的思想、信息等的交流。跨文化交际中出现的问题一般要比相同文化背景的人之间的交际中出现的问题多。每个参与者都根据自己的文化习俗和预见理解别人的话语。如果说话者的文化习俗迥异,就很容易引起误解,甚至导致交际的完全失败。”①

美国学者拉里(Larry)将跨文化交际定义为:来自不同文化背景的人相互之间交流的一种情境。其区分度在于文化的不同;不同的人交流着固有的背景、经历和假定的差异,这往往会使得交流非常困难,严重时可能会无法继续。②

古迪康斯特认为,跨文化交际是不同群体之间的交往形式之一,换句话说它是不同社会群体成员之间的交往。③

胡文仲认为,跨文化交际是人之间的交际,参与交际的人必须来自不同的背景。④

吴伪善、叶慧仙认为,跨文化交际的概念可以这样界定:在特定的交际情景中,具有不同的文化背景的人使用同一种语言进行的口语交际。这一概念主要包含以下几个要点:第一,交际双方必须是不同的文化背景中的人;第二,交际双方必须使用相同的语言来交际,这种语言既可以是母语,也可以是正在学习或掌握的目的语;第三,交际双方进行的是用口语进行的直接的交际。⑤

丁允珠认为,跨文化交际是指两个不同文化的成员进行符号互动的过程,在此过程中他们通过商谈来建立共享的意义。⑥

总结而言,跨文化交际是指具有不同文化背景的人员从事交际的过程,是文化认识和符号系统不同的人员之间的交际。它涉及方方面面的交往,如不同社群之间的交往、不同族群之间的交往、不同文化之间的交往、不同国家之间的交往。其具体包含以下几个要点。

(1)交际双方的文化背景不同,具体涉及来自不同的文化圈;来自带有文化差异的同一文化圈内部。

---

① Jack C. Richards, John Platl, Heidi Piatt. *Longman Dictionary of Language Teaching &Applied Linguistics*[M]. Beijing:Foreign Language Teaching and Research Press,2000:115-116.

② 祖晓梅.跨文化交际[M].北京:外语教学与研究出版社,2015:27.

③ W. B. Gudykunst. *Intercultural Communication: Introduction in W. B. Gudykunst Locations*[M]. New York:Mc Graw-Hill Higher Education,2003:163.

④ 胡文仲.跨文化交际学概论[M].北京:外语教学与研究出版社,1999:7.

⑤ 吴伪善,叶慧仙.跨文化交际学概论[M].北京:商务印书馆,2010:21.

⑥ S. Tingtoomey. *Communicating across Cultures*[M]. New York:The Guilford Press,1999:16-17.

(2)交际双方使用同一种语言进行交际,这种语言可以是一个交际者的母语、另一个交际者的第二语言。

(3)交际双方进行交际的方式多样,如利用语言符号进行交际;利用非语言符号(如演出、画报、影像等)进行交际;进行单向交际,如广播、广告、电视等;进行双向交际;书面交际;口头交际等。

跨文化交际发挥着重要的作用,它推动了人类文明的进步和社会的变迁。英国哲学家罗素(Bertrand Russell)曾指出,“不同文明之间的交流是人类文明发展的里程碑。希腊学习埃及,阿拉伯参照罗马帝国。中世纪的欧洲模仿阿拉伯,而文艺复兴时期的欧洲又模仿拜占庭帝国。”可见,跨文化交际使不同国家、不同民族联系在一起,促使整个人类社会协调发展。

二、跨文化交际的模式

跨文化交际是一个十分复杂的过程,而且有着特殊的模式。中外学者对跨文化交际的模式进行了研究。

1948 年,美国著名政治学家拉斯维尔(Lasswell)提出了“5W”信息交际的传播模式,如图 2-3 所示。

图 2-3 拉斯维尔传播模式

(资料来源:付岳梅、刘强、应世潮,2011)

这一传播模式既有优点也有缺点,优点是直观、简洁,缺点是忽视了交际双方的信息反馈。

我国学者也对跨文化交际模式进行了研究,其中陈俊森、樊葳葳、钟华根据其他学者的研究,对跨文化交际模式进行总结,具体如图 2-4 所示。

图 2-4 中,生长于中国文化环境中的张三有着中国人的典型文化特征。张三作为信息的发送者,需要将信息编码成语言或其他符号。John 出生和生长于美国文化环境中,当 John 还听不懂汉语时,张三就需要借助英语这一符号体系同时辅助各种非语言信息,进而选择有效的发送渠道来传递信息,而信息接收者 John 要对张三所传递的各种信息进行解码并赋予意义。此时,John 会以美国文化为依据来解码,同时将带着美国思维的思想和情感进行编码,然后传递给张三,在这一过程中,John 所传递的信息以及所选择的渠道都会受美国文化的影响。

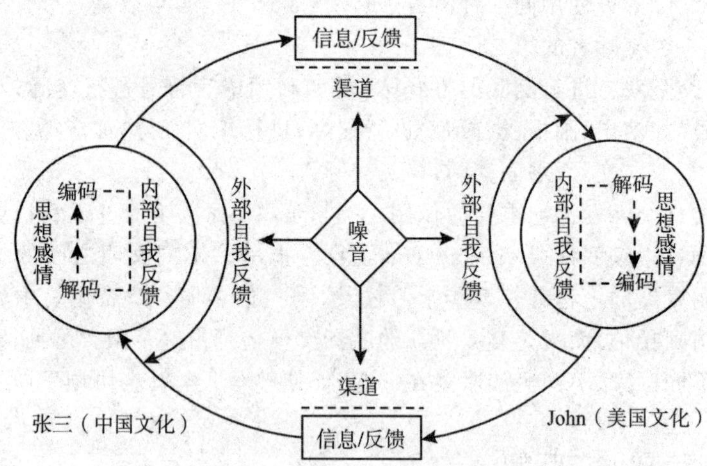

图 2-4　跨文化交际模式

（资料来源：陈俊森、樊葳葳、钟华，2006）

当张三接收到 John 的信息后，就会用已知的英语符号进行解码，但如果张三对美国文化了解不深，就很有可能产生误解。但如果张三的英语水平很高，而且对美国文化了解深入，交际就会循环进行。同样，John 的汉语语言能力越高和对汉语文化了解越深，对交际就会越有帮助。

此外，内部自我反馈、外部自我反馈以及噪音也是跨文化交际过程中的因素，也对跨文化交际产生重要影响。

关世杰基于施拉姆的交流模式，对跨文化交际过程进行了描述，形成了自己的跨文化交际模式，如图 2-5 所示。他将跨文化交际分为三个过程：编码、通过渠道传递和解码。

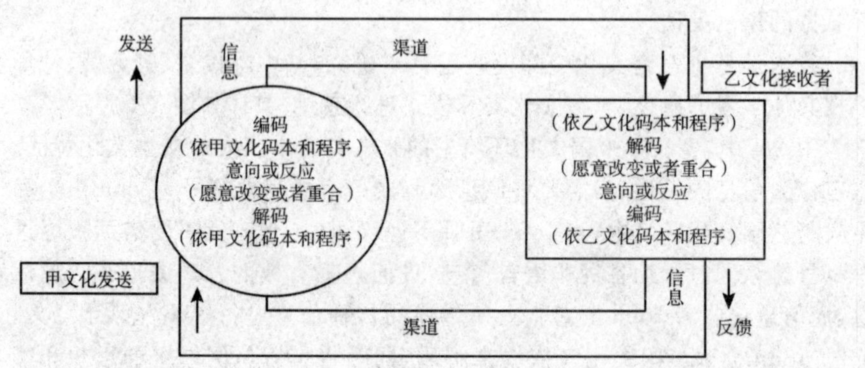

图 2-5　关世杰的跨文化交际过程模式

（资料来源：付岳梅、刘强、应世潮，2011）

由图 2-5 可知,跨文化交际是一个不断循环的过程,信息发送者与接收者的角色处于不断互换中。

多德(Dodd)也对跨文化交际的过程与模式进行了分析,如图 2-6 所示。

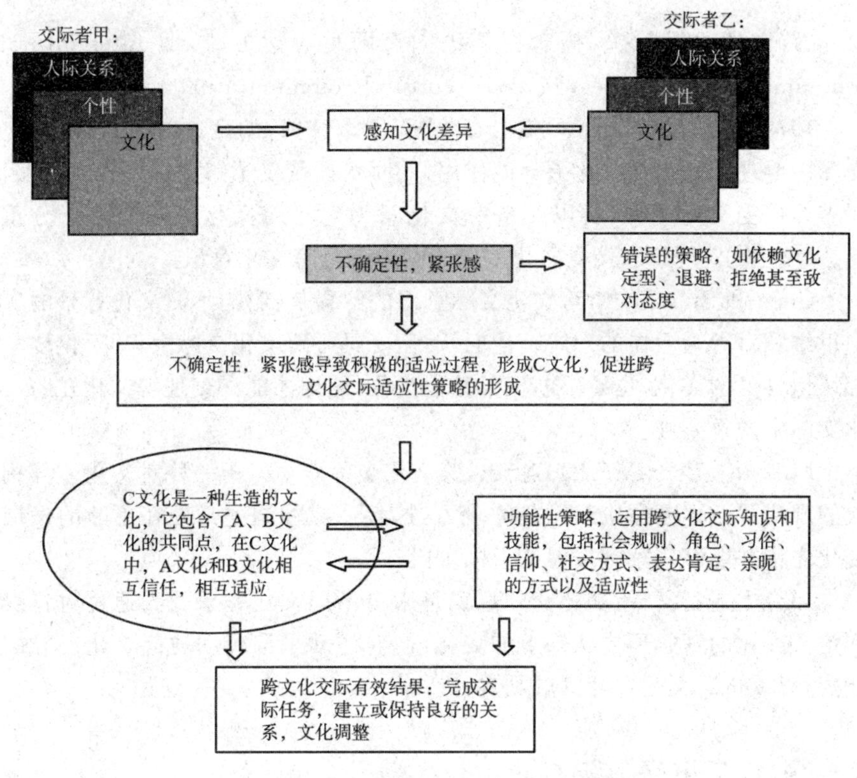

图 2-6 多德的跨文化交际模式

(资料来源:付岳梅、刘强、应世潮,2011)

根据上述模式,交际差异的来源不仅仅限于文化。人际关系与性格对“感知文化差异”也会产生影响。在跨文化交际中,除了要对交际者的文化共性进行关注,还要考虑个别差异。由于存在“感知文化差异”,交际过程中出现不确定性与紧张感的情况经常发生。如果交际者太依赖文化定型,或采取退避、拒绝甚至敌对的态度对待其他文化背景的交际者,交际活动可能会失败。如果交际者以包容的态度对待不同文化背景下的交际者,并选用恰当的交际策略,就能建立一种包含交际双方文化共同性的第三种文化,即C文化。基于C文化,交际双方能够运用恰当的交际方式、交际技巧进行交际,可促进交际有效地进行。而良好的交际又会对C文化产生良好影响,可拓展C文化的范围，使交际双方可以在更加广阔的领域中进行良好的互动。

三、跨文化交际意识

“跨文化意识”这一概念在英语中有两种表达方式，即 Intercultural communication awareness 或 Cross-cultural communication awareness。

1979年，汉维(Hanvey)提出有关“跨文化意识”的理论，认为在跨文化交际中要理解和承认文化差异的作用，同时指出仅仅了解文化差异还不够，还需要接受文化差异，所以具备跨文化意识对于跨文化交际而言十分重要。① 他指出，理解和接受文化差异的能力就是跨文化意识。

Chen 和 Stacosta 对跨文化交际意识的解释是：影响不同文化背景的人们思维和对行为习惯的理解。他们认为，要具备跨文化交际意识，不仅要充分认识自己的文化，也要不断探索其他文化，这样才能深刻理解文化在跨文化交际中的重要性。②

Milton J. Bennett(1993)指出，跨文化交际意识是指一种对文化差异构成的现实状况不断适应和调整的能力，这种适应和调整是处在不断的发展变化之中并能够观察到发展的不同阶段。③

综合上述定义，跨文化交际意识是来自不同文化背景的人通过对自身和他人文化的理解形成认知上的变化，同时主动采取行动适应文化差异的能力，以促进跨文化交际的顺利进行。

四、跨文化交际能力

跨文化交际能力(intercultural communicative competence)是有效进行交际的基础和应具备的素质，它是跨文化交际领域中重要的研究课题。

西方学者认为，交际能力具备两个核心概念，即“有效性”(effectiveness)和“适应性”(appropriateness)。“有效性”是指交际者使自己的交际行为达

① Hanvey, Robert G. *Cross-cultural Awareness*[M]. Hunan Education Press, 1998:10-20.

② Samovar, L. et al. *Communication Between Cultures*. 3rd ed. [M]. Wadsworth, 1998:35-37.

③ Bennett, Milton J. *Basic Concepts of Intercultural Communication: Selected Readings*[M]. Boston, Intercultural Press, 1998:1-35.

到预期的目的的能力。"适应性"是指交际者使自己的交际行为符合交际情景的能力。很多学者认为,跨文化交际能力不仅仅包含这两个要素,还包含其他很多要素,但至今没有统一观点和看法。

施皮茨贝格(Brain H. Spitzberg,1994)认为,跨文化交际能力是遵循(语言)对环境和关系的适应性规则,并且能使交际目的得以实现的能力。

陈国明指出,跨文化交际能力是指在特定环境中有效进行交际并获得预期回应的能力。陈国明和斯达罗斯特(1996)对跨文化交际能力模式进行研究和总结,具体如图 2-7 所示。

跨文化交际能力
- 情感(跨文化敏感度)
- 认识(跨文化意识)
- 行为(跨文化技能)

图 2-7 陈国明、斯达罗斯特的跨文化交际能力模式

(资料来源:陈俊森、樊葳葳、钟华,2006)

陈国明和斯达罗斯特的跨文化交际能力包含情感、认识和行为三大要素。就情感因素而言,具备跨文化交际能力的人在进行跨文化交际的整个过程中都能够表现出积极的情绪,而且他们承认文化差异的存在,并尊重文化差异,有着较高的文化敏感度。就认知因素而言,具备跨文化交际能力的人有着较强的跨文化意识,也就是通过对自身文化和他人文化的理解而形成的对周围世界认知上的变化。行为因素指的是人们进行有效的跨文化交际行为的各种能力,包括获取语言信息、运用语言信息等具体的跨文化技能,如获取语言信息和运用语言信息的能力,开始交谈、交谈中进行话语转换、结束交谈的技能,移情的能力等。

英国学者拜卢姆(M. Byrum)等人认为,跨文化交际能力包含态度(attitude)、知识(knowledge)和技能(skills)三方面的内容。态度是跨文化交际能力的重要组成部分,是指交际者对自身文化与目的语文化差异的态度。交际者应以开放的态度认识自身文化,同时以积极的态度对待目的语文化。知识包括本国文化知识和目的语国家的社会文化知识。技能包括理解、说明并建立两种文化间关系的技能,也包括发现信息和交际过程中使用的技能。

贾玉新(1997)指出,跨文化交际能力包含四个方面,即基本交际能力系统、情感和关系能力系统、情节能力系统和交际策略能力系统,如图 2-8 所示。

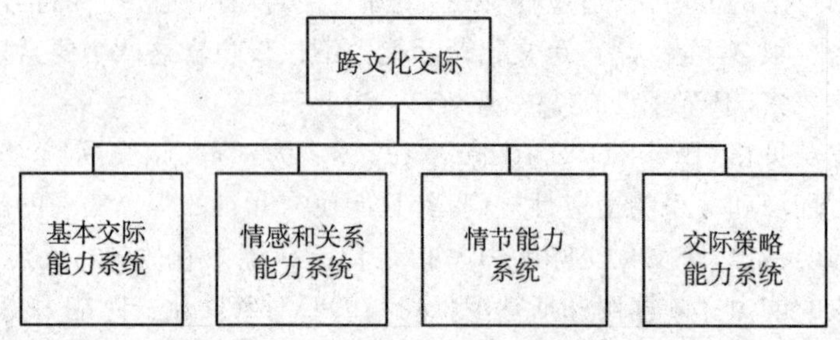

图 2-8 贾玉新的跨文化交际能力模式

(资料来源:贾玉新,1997)

上述基本交际能力系统又包括语言能力、文化能力、交往能力和认知能力,要是强调交际个体为达到有效交际所应掌握的能力。在情感能力系统中,移情是个很重要的能力,指设身处地地以别人的文化准则为标准来解释和评价别人行为的能力。情节能力是指在交际过程中,交际双方根据实际交际场景不断调节交际行为的能力。策略能力是指交际中所使用的各种方式方法,包括转换策略、近似语策略、非言语策略与合作策略等。

基于海姆斯的"交际能力"理论,文秋芳(1999)提出了自己的跨文化交际能力模式,如图 2-9 所示。

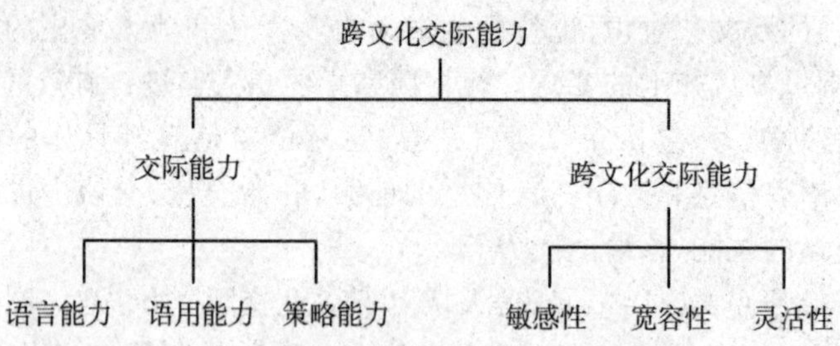

图 2-9 文秋芳的跨文化交际能力模式

(资料来源:文秋芳,1999)

文秋芳不仅指出了跨文化交际能力应包含的因素,还指出跨文化能力发展的原则,即要循序渐进地、由低到高的进行。首先,要提高学习者的文化意识,使他们具备文化差异敏感性;其次,端正他们的态度,使他们了解和尊重对方文化;最后,培养他们处理文化差异的技能。

胡文仲、高一虹(1997)从外语教学入手,将外语教学的目的分为三个层次:微观层面的"语言能力"、中观层面的"交际能力"和宏观层面的"社会文化能力",如图 2-10 所示。

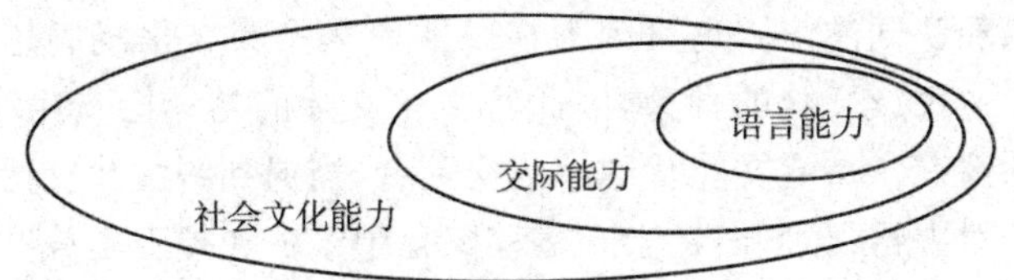

图 2-10　外语教学目的的层次

（资料来源：陈俊森、樊葳葳、钟华，2006）

微观层面的“语言能力”指的是语言单位各个层面的知识和技能，如语音、词汇、语法、听、说、读、写等。中观层面的“交际能力”主要是对语言交际能力的培养。“社会文化能力”是外语教学宏观层面的目标，指的是运用已有的知识及技能对社会文化信息进行有效加工的能力。社会文化能力具体包括语言能力、语用能力以及扬弃贯通能力，其中扬弃贯通能力又具体包括理解能力、评价能力和整合能力，如图 2-11 所示。

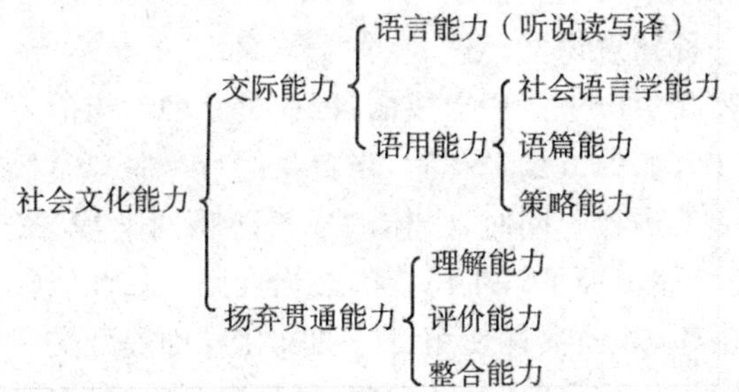

图 2-11　胡文仲、高一虹的社会文化能力模式

（资料来源：陈俊森、樊葳葳、钟华，2006）

胡文仲、高一虹对一般意义上的跨文化交际能力的概念进行了扩展和深化，把外在的跨文化交际能力延伸至人们通过对母语文化和异文化的理解、评价和吸收而达到内在人格的整合和完善。同时，将跨文化交际能力的提高与外语教育的目标和人的素质的培养机制结合在一起。

五、跨文化交际的特征

跨文化交际属于交际的范畴，因此具有交际的基本特征，在此基础上还具有自身的特点。

（一）文化的优越感

在跨文化交际过程中，交际者很容易形成本民族的优越感，表现在民族文化归属感和认同感上。这是因为在长期的本民族文化浸润过程中，人们已经适应了本民族文化的种种，因此跨文化交际的初期会产生不适应其他民族文化的情况。持有文化优越感的交际者，当遇到跨文化交流不畅时，会偏向于认为对方错误，同时还会在潜移默化中维护和捍卫本族文化。

每个民族都有自身优秀的民族文化，这是毋庸置疑的。但是，在跨文化交际过程中却不能狭隘地认为文化有高低之分。这种错误的文化倾向很容易产生民族文化中心的倾向，从而在跨文化交际中以自身的文化为一切交际的前提，从而轻易地评价其他民族文化与交际行为。更有甚者，会出现凡是符合本族文化的都是正确的，不符合本族文化的就都是劣等的、错误的等思想。

这些狭隘的民族文化优越感会阻碍跨文化交际的进行，影响交际的顺利展开。

（二）文化的无意识性

人们在长期的本民族生活中会逐渐形成民族认同感与优越感，因此跨文化交际带有一种无意识性。

文化是人类在生产生活中形成的，因此是一种后天的习得，需要文化环境作为保证。在人们的成长过程中，当自身的行为脱离本民族文化规约时，就可能影响生活的进行。同时，个体的成长还受到学校、家庭、社会等的文化灌输，从而使个体更加了解本民族的文化规则。长此以往，个体的言行举止会打上民族烙印，从而惯性使用自身的文化准则展开交际。

文化的无意识性提醒交际者在交际过程中要跨出自身的文化规则来客观、灵活地对待交际对方，从而更好地促进交际的顺利进行。

六、跨文化交际的现状

在全球化的影响下，跨文化交际愈加频繁，这不仅是科学技术发展的结果，同时也体现了世界经济、文化的重要变化。下面对跨文化交际的现状进行分析与说明。

(1)现在地球上的居民越来越多，20 世纪末世界总人口便已经超过了60 亿大关。而与人口数量的增长相对，地球资源却带有有限性，一些基本的生活资料日益减少。人们通过互相沟通与交换来使用地球上的有限资源，跨文化交际对世界资源的协调发展有着重要的媒介作用，这也是跨文化交际发展迅速的重要客观原因。

(2)地球政治文明是一个牵一发而动全身的有机整体，当世界某一地区出现争端时，总会对其他地区产生一定的影响。因此，不同的国家和地区开始使用跨文化交际的方式积极展开应援与沟通，从而处理不同的危机与争端。

(3)跨文化交际发展的条件十分便利。随着信息技术的发展，世界传播与运输方式得以向着更加即时、快捷的方向前进，提高了交际的效率。同时，世界经济的发展使得国际旅游活动的数量剧增，人们有更多的机会和条件来了解其他国家、民族、文化，促进了国家沟通与交流的进行。国际贸易也是跨文化交际出现与发展的重要契机，信息化时代的到来更是使得人们足不出户便可以进行国家之间的沟通与交际。

(4)在跨文化交际过程中，商业上的问题十分突出。由于全球化进程的加快，很多跨国企业都在积极开拓国际市场，使得世界竞争更加激烈。在这些大跨国公司中，员工来自五湖四海，因此员工之间的交流也是一种跨文化交际。

(5)在教育方面，跨文化交际也有着重要的影响作用。例如，现在很多高校都积极展开国际学习合作，如果一些学生无法和来自其他文化背景下的学生进行交流，就难以在学习上取得更高的进步。

七、跨文化交际的学科背景

(一)文化语言学

文化语言学从文化学的角度来研究语言。它将语言视为民族文化的一种模式以及构成民族文化的一种符号系统，其目的在于揭示隐藏于语言结构、语言形式、语言变化以及语言运用之中的文化意义。

文化语言学认为，人类的文化世界也就是语言世界，语言与文化之间是密切相关的，要想了解语言的文化内涵，就必须要弄清语言与文化的关系问题。因此，文化语言学研究的焦点问题就是语言与文化的关系问题，这也是文化语言学研究的对象。

根据时间来划分，文化可分为历史文化和现时文化两部分。历史文化是指人们以往的一些文化活动；现时文化是指今时今日的一些文化活动。但是文化属于形态的范畴，而这一范畴是代代延续的，因此历史文化与现时文化之间也是相关联的。历史文化是现时文化的渊源，现时文化是历史文化的映射。任何民族的文化发展都摆脱不了历史文化传统的影响，而且还要以对历史文化遗产的批判继承为根据。总之，从古至今各个阶段中连绵不断的文化成分就构成了整个民族的文化传统。

语言是人类心智活动的成果，也是民族文化的表现形式，是一种精神的产品，因此与人类的其他文化具有相似的地方，即具有继承性和延续性。但是语言也是变化发展的，因此也造就了古今语言的明显差异。文化语言学不仅对现代语言与现时文化的关系进行阐述，还对古代语言与历史文化的关系进行阐述；不仅对现代语言与历史文化的关系进行阐述，还对语言与文化的变化关系进行阐述。值得一提的是，文化语言学研究的层面主要是为了建设新时期、新文化的需要。

跨文化交际研究中对于民族文化的论述，尤其是民族语言与民族文化的关系问题，大多都是来自于文化语言学的研究成果。但是值得注意的一点是，文化语言学的研究主要侧重于某一种特定语言与文化之间的关系，而不注重跨语言与跨文化的关系研究，而这正是跨文化交际研究的范畴。

（二）社会语言学

社会语言学是研究语言与社会的关系的一门新兴学科。它是从社会学、心理学、民族学、人类学、历史学、地理学等社会科学的角度来考察语言，目的是研究不同社会条件下产生的语言变体。

社会是人类生活的共同体，这一共同体是以共同的物质生产活动作为基础的，是人们进行交互的产物，这一定义揭示了社会的本质属性。但是从社会语言学的角度来说，社会是指为了达到特定目的的人结合成的群体。这个定义涵盖面很广，而且很实用。这是因为对于政治学家、历史学家、社会学家来说，他们更多的关注点在于社会的本质属性；但是对于语言学家来说，关注的则是社会的集团性和团体性。

简单而言，语言是某些社会成员说的话。但这一定义并不完整，语言并不是为人类世界已经存在的某些事物来设定名称或者属性的。在整个人类社会中，每一个社会集团都是不同的，而这种内部的差异性不仅反映在它们各自的语言系统中，也反映在其文化组成成分中。一般情况下，社会不仅仅只有一种语言，它是多语的，许多人会使用不止一种语言，而某个人也会根据环境的变化随时调整语言。

由此可见，语言和社会并不能独立存在，二者是相辅相成、辩证统一的关系。语言是伴随着特定的历史环境产生的，它既起源于人类的进化以及生命史，又起源于物种的个体发生，也起源于社会交际行为。另外，语言是人们通过交际来应付社会、应付世界，因此对于语言与社会的关系问题还需要继续探讨。

在跨文化交际中，对于社会关系的论述，尤其是社会角色与言语行为的关系问题，在很大程度上都受到社会语言学的影响。不过值得注意的是，社会语言学的研究领域是某种特定语言与社会形态之间的关系，而不着重于跨语言与跨社会之间的关系研究，而这个领域恰好是跨文化交际研究的范畴。

（三）言语交际学

言语交际学主要研究的是言语交际现象以及规律，以语言的使用作为出发点和落脚点，研究语言应用的动态形式，从而揭示出语言应用的规律。可见，言语交际学从一开始就是站在语言科学的角度来研究言语交际行为的。

语言学界已经达成这样一个共识：人们用来互通消息、交流思想的语言，是人类社会所独有的一种特殊社会现象。① 这种社会现象的特殊性就在于专门用于交际，这是语言存在的价值以及生命力。如果脱离了人们的社会交际行为，语言也就不能产生，更不能继续存在与发展。可以说，语言是人类最重要的交际工具。这一定义主要着眼于语言的社会本质，从交际功能的角度所做的科学阐述。其中语言的交际功能实际是一种社会功能，这是最基本的功能，其他功能都是由此派生出来的。

言语交际学正是在语言这一特殊社会现象的基础上，从交际的角度来研究语言的。这并不是把语言之外的其他因素列为研究的对象，即使之中也会涉及相关的社会要素，但是也主要考察这些因素对言语交际的影响，尤其是语言进入交际之后在功能和结构上产生的影响。

在跨文化交际研究中对于交际规范的论述，尤其是语用规则与语境因素关系的论述，主要是受到言语交际学研究成果的影响。但是，言语交际学通常是研究某种特定语言系统与语用规则的关系，并没有注重研究跨语言与跨语用规则的关系，这主要是跨文化交际研究的范畴。

第三节　跨文化交际的影响因素

跨文化交际的正常进行受到多种因素的影响，下面主要对交际中涉及较多的体态语、客体语、副语言、时间信息、空间信息进行总结分析。

一、体态语

体态语，又称“身势语”或“身体语言”，是人类交往的最初形式，通常包括手势、面部表情、头部动作、目光以及其他任何可以传递信息的肢体动作，

---

① 吴为善，严慧仙．跨文化交际概论[M]．北京：商务印书馆，2009：26.

是一种信息量最大、最直观,也最为人们所熟悉一种非语言交际行为。

著名身势学家埃克曼(Ekman)和弗里森(Friesen)以功能为标准,将体态语划分为以下五类(陈俊森、樊葳葳、钟华,2006)。

(一)象征性体态语

象征性体态语(symbolic body language)有着特定的语言符号与其对应。当有些话能说但又不想说出时,就可使用象征性体态语。

例如,当某些交际无法实现时(如潜水或对足球比赛进行场边指导时),也可以用体态语来替代要表述的语言,从而使交际顺利进行。再如,在电影院看电影时发现了坐在邻近座位上的一个朋友,就可以用一个象征性的动作打招呼。同样,当急于去某地的途中碰见了一个同事时,为了避免因过多的交谈而耽误时间,就可使用象征性体态语。

由此可见,象征性体态语具有极强的独立性,它不仅可以独立存在,而且能够脱离其他的肢体动作而进行较为明确和完整的表达。此外,象征性动作通常被单独地应用于谈话中,而不成串地使用。

手势是一种重要的象征性体态语。例如,在交际中人们常用V字形和OK形的手势。但需要特别说明的是,相同的手势在不同的国家可能代表不同的含义,同时,在表达相同的含义时,不同的国家也可能使用不同的手势。

例如,美国人习惯竖起食指来表示数字"1",中国人也是如此,但在欧洲的许多国家,人们习惯竖拇指来表示"1"。可见,非语言交际符号与其代表含义之间存在任意性。

(二)说明性体态语

说明性体态语(indicative body language),是指与说话直接相关,帮助进一步表达语言意思的肢体动作。说明性体态语需要每时每刻都与语言行为联系起来,这是它与象征性体态语的区别。换句话说,只有在说话者谈话或重复谈话内容时说明性体态语才会出现。

(三)适应性体态语

适应性体态语(adaptive body language),是指交际者为了消除内心某种情绪而对自身身体或身旁物品发出的非言语行为,如拨弄头发、揉衣角、咬嘴唇、摸索书包带子、搓手等。

适应性体态语一般都是发出者无意识的行为,故不表示任何含义,但它们却常常被细心的接受者理解为"窘迫""紧张""不安"等,具有一定的掩饰内心真实世界的功能。

例如，改变发型来改变自己的外表形象不是适应性行为，只有当手对头发的动作不起美容作用的时候，才属于适应性行为。再如，脱衣服不是适应性行为，而摆弄纽扣却是。可见，适应性体态语与其他体态语的最大不同，就是它是一种修饰性行为。

（四）情感性体态语

可以显露交际者内心情感与情绪的非言语行为就是情感性体态语（affective body language）。按照伊扎德（Ezard）的看法，人的主要情感包括9类，即激动、震惊、反感、欣喜、愤怒、痛苦、屈辱、鄙夷、害怕。

面部表情是对外传播内心感觉和感情的主要途径，因而也是情感性体态语的主要表现形式。例如，非语言交际中的目光交流因受到文化的影响，在不同国家有不同的情况。中国人为了表示礼貌、尊敬或服从而避免长时间直视对方，常常眼睛朝下看。

但是在英美人的眼中，缺乏目光交流就是缺乏诚意、为人不诚实或者逃避推托，也可能表示羞怯，因此，英语国家的人比中国人目光交流的时间长而且更为频繁。可见，在跨文化交际中要对面部表情的影响有所认识。

（五）调节性体态语

顾名思义，调节性体态语（regulatory body language）就是调节语言交际和保证对话流畅进行的动作。调节性体态语主要包括：调节话轮转接和缓冲动作两种。

二、客体语

第一印象在交际过程中的重要作用是不言而喻的。初次见面时，对方的衣着、长相、体态、打扮以及一些随身物品都决定着对方对其的第一印象，从而决定交际能否最终成功。从交际角度上看，虽然“以貌取人”一直都不被提倡，但不可否认的是外表的确可以传递出很多信息。具体来说，化妆品、修饰物、服装、饰品、家具以及其他耐用物品等既有实用性又有交际性，这些信息就属于客体语。

三、副语言

副语言又称“辅助语言”，是指伴随话语发生或对话语有影响的有声现象，是一些超出语言特征的附加现象，如说话时的音高、语调、音质等都属于此范畴。此外，诸如喊、叫、哭、笑、叹气、咳嗽、沉默等也可以看作副语言现象。①

例如，声音沙哑表示说话人没有休息好，说话时声音发抖表示说话人有些紧张，说话尖刻表示讽刺，语气酸溜溜的表示嫉妒，刻意放慢语速表示强调或暗示，说话时略带鼻音可能说明有些生气，压低声音谈话表示内容较为机密，说话时结巴表示说话人比较紧张或是正在说谎等。副语言本身带有一定的含义，但是这种含义并非通过词汇、语法、语音等表达出来而是伴随语言发生，对语言的表达产生一定的影响，因此，学习并掌握副语言现象对于精准理解说话者的意图具有十分重要的意义。

需要注意的是，副语言在不同文化中的含义可能有所不同。例如，沉默就是一种典型的副语言现象。中国人常说"沉默是金"，这是因为在中国、韩国、泰国等亚洲国家，沉默表示顺从、赞成、默许、敬畏等意思，被赋予了积极的含义，在某些情况下甚至被视为一种美德。但是，在英美国家的人看来，沉默一般带有负面的消极含义，常常用来表示反对、冷漠、藐视等含义，是一种不礼貌的行为，有时甚至会引人反感。因此，在与英美国家的人进行交谈时，应尽量避免使用沉默作答，否则可能造成对方的误解。

四、时间信息

时间信息就是人们通过对时间的理解和使用而传达出来的信息。它是人际交流过程中的一个重要因素，每时每刻都存在于物质世界中。罗伯特·莱温(Robert Levine)曾经做过一项调查，他通过观察和计时总结出不同国家的生活节奏情况，如表 2-1 所示。

表 2-1　生活节奏排名表

	国家	美国城市
最快	瑞士 爱尔兰 德国 日本 意大利	波士顿 布法罗 纽约 盐湖城 哥伦布

① 严明．跨文化交际理论研究[M]．哈尔滨：黑龙江大学出版社，2009：32-33.

（续表）

	国家	美国城市
最慢	叙利亚 萨尔瓦多 巴西 印度尼西亚 墨西哥	孟斐斯 圣何塞 什里夫波特 萨克拉曼多 洛杉矶

（资料来源：严明，2009）

通过上表我们可以看出，不同的国家对于时间的掌控各不相同，同一国家内不同地区的情况也不相同。

五、空间信息

空间信息是反映地理空间分布特征的信息，它与人口和文化有着十分密切的关系。爱德华·霍尔(Edward Hall)在《隐藏的空间》(*The Hidden Dimension*)一书中用“空间社会学”(proxemics)这个词来表示人类对空间的使用，即人们在谈话交流中与他人保持的空间距离，以及人们对家、办公室、社会团体里的空间的组织方式。同时，霍尔还使用“近体距离”这一概念来表示人和人之间的距离并将其分为以下四种类型。

（一）个人距离

个人距离的范围是 46cm～122cm。在这个距离内，人们的感觉最舒服、最放松、最自然，因此人们在非正式场合，如学习、工作或是聚会中习惯性地保持这一距离。在这一距离内，人们同样可以进行日常的非语言交际行为，如握手、牵手等。

破坏个人距离常常给交际带来不良影响。如果我们在与他人交谈时，过于增大个人距离会使对方感觉受到冷待或被拒绝。相反，如果将个人距离降至私密距离，很有可能会给他人带来紧迫感。

（二）私密距离

私密距离指从接触点到人之间 15cm 以内的距离。在私密距离的范围内，身体接触十分常见。由于人体的感官系统在私密距离内一般处于较兴奋状态，很容易被外界环境激发，因此处于不舒服状态的人很容易情绪不稳定，也很容易出现反抗、攻击等行为。

(三)公众距离

公众距离的范围是 1.2m～3.7m 或是更远，是以上所有距离中最为安全的一种。由于这种距离已经超出了个人所能参与的范围，因此，在这一距离内，人们通常不会发生谈论或是交流，如人们在安静的公园里读书时经常使用的就是公众距离。因此，如果在可以选择其他距离的情况下仍然选用公众距离，就示其无意进行交流活动。

中国文化属于聚拢型，讲究人与人之间关系亲近。欧美文化属于离散型，主张个人的独处。因此，在跨文化交际中要特别注意中西方空间信息上的差异。例如，欧美人在乘坐电梯时，如果空间允许，他们往往会与陌生人保持尽可能远的距离。但中国由于人口稠密，个人所能拥有的空间也是十分狭小的，这就使初到中国的西方人感到拥挤不堪，毫无空间。再如，在英美国家，人们在并肩同行时，通常会保持三四厘米的距离。在中国，异性同行时通常也会保持类似距离，但是同性之间则会更为亲近，近体距离也会更短。此外，在中国，家人、朋友、同事等在一起聚餐时，为了热闹，往往习惯性地挤坐在一起，有时还将桌子拼起来或加座。但是在英语国家中，在拥挤的车辆中、饭馆及其他公共场合，人们会避免挤坐在一起，即使是与家人挤坐在一起。可见，不同文化中的近体距离有所差异。

(四)社会距离

社会距离的范围是 3.7m 以上。粗略地说，社会距离保持在离他人一臂之长的地方，这个距离相对较为安全。人们在一些较为正式的场合一般保持这一距离，如谈论生意或是正式会面等。处于这一距离时，人们通常不会进行过于私密的交流。

第三章　翻译综述

一谈及翻译，很多人往往会联想到合同文件翻译、新闻报道翻译等日常翻译，很多人对翻译的理解仅限于语言转换的层面。事实上，翻译的范畴本身是非常广泛的，是一门精深的语言科学。要想更好地开展翻译，译者不仅需要具备高深的语言天赋，还需要经过长期的实践检验。因此，翻译不仅仅是一门普通的学科，更是一门艺术。本章从翻译的定义、分类、过程、标准及对复合型人才的素质要求这几个层面展开分析和论述。

第一节　翻译的定义与分类

翻译的概念是翻译理论的基础与原点。翻译理论的很多流派都对翻译进行过界定。人们的翻译活动已经有2000多年的历史了，对翻译概念的认知也随之发生了改变。除此之外，由于翻译概念的不同，翻译的划分也不同，并且形成了不同的分类标准。本节就来分析和探讨翻译的定义与分类。

一、翻译的定义

学者威尔斯说："一部翻译史事实上就是对'翻译'这个词的多义性进行的论战。"①从威尔斯的论述中可知，对翻译的理解需要从多个层面进行考量。

(一)认识层:感悟式—语文学式—文艺式—通论式

人们对翻译最初的认识是感悟式的，主要是通过隐喻或者比喻的方式来进行表达。

---

① 威尔斯著，祝珏、周智谟译．翻译学——问题与方法[M]．北京：中国对外翻译出版社，1988：19.

著名学者谭载喜(2006)通过对大量关于翻译的比喻说法进行总结,认为翻译主要是由作为行为或过程的翻译本身、作为结果的译文、作为主体的译者构成。① 从作为行为与过程的翻译本身来说,很多形象说法都对翻译的特点、性质等进行论述。

语文学式是对翻译的进一步认识,在这一层面上,人们往往通过一些简单的话语表达对翻译的看法,这些看法虽然构不成系统,但是也存在着一些真理,有些甚至对后世的翻译研究有着深远影响,如严复的"信达雅",至今仍被视为翻译工作的一大重要标准。

翻译可以被视作一种对问题进行解决的活动,因为源语中的某一元素可以采用目的语中的某个元素或者某几个元素来处理。② 之后,由于翻译活动多为文学作品的翻译,因此对于翻译概念的探究主要是从文学层面展开的,因此是文艺式的研究。这类研究强调文学作品的审美特征,并将文学翻译的本质特征揭示出来。文艺式的翻译主要是针对文学这一语体来说的,将那些非文学翻译活动排除在外,所以缺乏概括力。

进入 20 世纪中期,人们认识到无论是文学翻译还是非文学翻译,语言的转换是必需的,因此从语言学角度对翻译进行界定是最具有概括力的,能够将不同的翻译类型揭示出来,也开启了现代意义上的翻译研究,将传统对翻译的界定转向翻译的通论研究,将传统对文学翻译的研究转入翻译专论研究,这就是通论式阶段。从整体上说,通论式翻译研究对于翻译的普适性是非常注重的,因此其概念也更为大众化。

(二)维度层:语言维度到语言—文化维度

从普通意义上对翻译进行的界定有很多,但是并未形成一个统一的界定。通论式翻译概念的确立是从语言学角度来说的,并随着语言学研究的深入而不断完善与发展。

俄罗斯著名的学者费奥多罗夫(Fyodorov)从传统语言学角度出发,将翻译界定为"运用一种语言的多种手段,将另外一种语言的多种手段在形式、内容层面不可分割的统一体中所传达的东西,用完整、准确地语句表达出来的过程。"③

英国学者卡特福德(J. C. Catford)从普通语言学理论视角,将翻译定义

---

① 谭载喜. 翻译比喻中西探幽[J]. 外国语,2006,(4):73-80.

② 蔡新乐. 翻译哲学真的没用吗?——从皮姆的《哲学与翻译》看翻译的概念化及西方翻译思想史的重构[J]. 外语教学,2014,(6):103-107.

③ 杨仕章. 翻译界说新探[J]. 外语教学,2015,(6):101.

为:“将源语文本材料替换成等值的译语文本材料的过程。”①

英国学者纽马克(P. Newmark)认为,翻译形式是将一种语言/语言单位转换成另一个语言的过程。所谓的语言/语言单位,指的是整个文本或者文本一部分的含义。②

美国学者奈达与泰伯(E. A. Nida & C. R. Taber)指出:“翻译是用目的语创造一个与源语最接近的等值物,意义为首,风格为次。”③

从语言学角度对翻译进行界定是对翻译活动核心——语言转换的把握。通论式翻译概念对人们从宏观角度认识翻译有着巨大的帮助。但是,仅仅对语言角度进行强调并不全面,也很难将翻译的概念完全地揭示出来,翻译的概念还应该涉及文化部分。

许钧指出:“从语言学角度对翻译进行界定是将翻译活动限于语言转换层面,这样会容易遮盖翻译所囊括的广义内涵,并且容易忽视语际翻译的全过程及翻译中所承载的文化。”④

当然,这不是说从语言学角度对翻译进行界定的那些学者并未重视文化问题。例如,奈达就对文化因素非常看重。

科米萨罗夫(Komissarov)就指出:“翻译过程不是仅仅将一种语言替换成另外一种语言,其是不同个性、文化、思维等的碰撞。”⑤同时,科米萨罗夫还专门对翻译学中的社会学、文化学问题进行了研究。即便如此,他们下的定义还未能明确文化这一维度。

众所周知,语言与文化有着密切的关系,在两种语言进行转换的过程中,必须将文化问题加以解决。因为文化问题不解决,会给翻译带来巨大的困难。原作是从源语文化而来,对原作的正确解读也需要考虑原作所在的源语文化,这对译者是第一大困境;另外,如何将对原作解读的结果转化为译语文化而恰当进行表达,是译者的第二大困境。

从某种意义上说,翻译似乎正在向跨文化研究的领域转变,并成为当前翻译研究的一大趋势。如果说语言学派关注到翻译的文化问题,但是并未体现在定义中,那么文化学派则是将翻译的文化问题凸显。他们将翻译视

---

① Catford, J. C. *A Linguistic Theory of Translation*[M]. London: Oxford University Press, 1965: 20.

② Newmark, P. *About Translation*[M]. Beijing: Foreign Language Teaching and Research Press, 2006: 27.

③ Nida, E. A. & Taber, C. R. *The Theory and Practice of Translation*[M]. Shanghai: Shanghai Foreign Language Education Press, 2004: 12.

④ 许钧. 翻译概论[M]. 北京:外语教学与研究出版社, 2009: 29.

⑤ 杨仕章. 翻译界说新探[J]. 外语教学, 2015, (6): 101.

作对原作的改写。正如勒弗维尔(Lefevere)所说:“翻译是对原作的改写,而改写就是操控,因此翻译就是操控。”①

中性地说,文化学派的翻译研究揭示了在西方文化语境下,翻译沦为一种文化工具的情况。在我们眼中,翻译的文化工具并不能作为翻译研究的核心,因为其他如影视、文学等在内的文化活动也同样会成为文化工具。翻译理论的核心应该置于文本转换层面。当然,文化学派能够对实际翻译与理想翻译之间错位情况进行很好的阐释,也让人们意识到翻译中文化维度是不能缺少的。事实上,有些学者在给翻译下定义时考虑了这一点。

俄罗斯学者什维策尔提出在翻译中应该将两种语言、两种文化、两种情境体现出来,并分析二者的差别。在他看来,翻译可以定义如下两点。②

(1)翻译是一个单向的,由两个阶段构成的跨语言、跨文化过程,在这一过程中,往往需要对源语文本进行有目的的分析,然后创作出译语文本,对源语文本进行替代。

(2)翻译是一个对源语文本交际效果进行传达的过程,其目的则由于两种语言、文化、交际情境的差异性而逐渐改变。

显然,在什维策尔的定义中,文化因素被包含在内,并指出翻译是跨文化交际的过程,强调译本语境是另一种语言文化环境。

我国学者许钧认为,翻译具有五大特征,即符号转换性、社会性、创造性、文化性、历史性,并基于这五大特征,将翻译定义为“以符号转换作为手段,以意义再生作为任务的一项跨文化交际活动”。③

显然,当前的翻译已经从语言维度逐渐过渡到语言—文化维度。

(三)形式层:语言与思维的双重转换

恩格斯曾经说过,思维是人脑的机能。有科学家争论动物也有思维,他们通过实验发现,狗会算算术,黑猩猩可以借助工具获取食物,猫能够学会便后冲马桶,猴子可以借助石块砸开核桃,鸟类有自己的语言,海洋鱼类也能发出不同的声音信号,甚至还有人类无法用耳朵听见的超声信号,狼群狮群配合捕猎等,这些都是动物思维的表现。

通过思维而获得创造工具的能力是人类与动物共同的标志,只是人类较为高级一些。我们既然承认人类发源于动物界,那么就应当承认动物思

① Lefevere, A. *Translation, Rewriting, and the Manipulation of Literary Fame*[M]. London and New York: Rouledge, 1992: 7.

② 杨仕章. 翻译界说新探[J]. 外语教学, 2015, (6): 101.

③ 许钧. 翻译概论[M]. 北京:外语教学与研究出版社, 2009: 41.

维的存在,不过这只是最广义的思维范畴,从严格意义上来说,动物只具有低级的思维方式,而经过不断进化的人类的大脑才是高级思维的物质条件,是高级思维方式的基础。

同样,人类的语言也是从动物的这种广义范畴的低级语言逐渐进化到狭义范畴的高级语言的。或者说,人和动物思维的本质不同在于各自运用不同的语言思维方式。从生理学来看,思维也是人类与动物之间共通的,它是一种高级的生理活动,是大脑中的一种生化反应过程。人类除了睡觉之外,几乎每时每刻都在思考,思考人与自然界的关系,思考个人与他人的关系。通过思考,从现象深入事物的本质,发现事物的内在规律,使自身能够在客观世界中生活得更好。可见,人的思维是对客观世界的一种反映,是人类在认识客观事物时动脑筋进行比较、分析、综合等的过程。

当今网络世界成为越来越多人的第二种生活,人们可以在网络上做现实生活中的所有事情,衣、食、住、行、求学求职,甚至“结婚生子”,有人认为这种虚拟现实不再是客观世界,而人们在网络上的思考和行为就不再是对客观世界的反映,因此得出结论:思维可以脱离现实。其实,我们应当清醒地看到,网络世界也是客观世界的反映,虚拟现实中的种种都留有现实世界的影子。衣、食、住、行等行为都是客观世界里的客观发生,虚拟现实也是对客观世界的反映,因此对于网络虚拟思维,我们同样应当将其看作对客观世界的反映。

人类无时无刻不在用自己的大脑进行着思维,进行着创造,而人们却很少对自身的“思维”进行思考。在学校里,思维科学也很难成为一个独立的学科。虽然有脑科学、语言科学、逻辑学等相关学科,研究思维的物质基础、外在表现、各种形式等,但对于人类“思维”的整体研究却无法独立成科,这确实是一个遗憾,其关键原因就在于很难为思维定义。那么究竟怎样给思维一个准确的定义呢？人们会从哲学角度、心理学角度、语言学角度给出不同的定义。例如,按照“思维科学首批名词术语征求意见稿”中的定义:“人类个体反映、认识、改造世界的一种心理活动”,立刻会有人提出质疑,认为这样定义就把思维纳入了心理学的范畴。

思维科学的创始人钱学森教授高度重视思维科学的重要性,把思维科学提升为与自然科学等并驾齐驱的一类科学。他提出了现代科学的一个纵向分类法,把现代科学分为六大部类:自然科学、社会科学、数学科学、系统科学、人体科学、思维科学。

这样,我们就能够更加清晰地认识思维科学的位置,脑科学、语言科学、逻辑学、心理学等学科都可以统一在思维科学体系之下。科学家提出了一整套思维科学的体系架构及其友邻科学,我们可以做一参考。总之,要为思维定义，一定离不开三个要素，即人脑、客观事物、内在联系。

首先，思维是人脑特有的机能，是人的大脑中进行的一种“活动”和“过程”，是一种生化反应。

其次，思维是人脑对客观事物的反映。

最后，人类通过思维能够认识客观事物的内在联系，对客观事物形成间接地和概括性的反映。

人们的思维认知过程总是借助于视、听、嗅、触、说、思等手段来进行的，而人的眼视、耳听、鼻嗅、手触、口说、脑思等，又都毫无例外地通过语言来反映。思想不能脱离语言而存在，语言是思想的直接现实。语言与思维紧密相连，它们的关系辩证统一。语言有两个主要功能：思维功能和交际功能。它既是思维的产物，也给思维提供物质材料；而思维是语言的核心，它必须借助语言来进行工作。

思维的过程即人脑对外界信息的接受、加工和处理的过程。外界的语音、文字等信号通过听觉、视觉、触觉等方式被大脑接受后，便迅速进入了大脑的信息加工处理程序。语言信息的加工处理过程是在大脑中进行的，这点不必用语言学来推导。其他相关科学的实验、测试手段（如脑电图、磁共振）能更加直接地证实。最明显的是人们在说话时可以用脑电图测得脑电波，这样的脑电波测试可以重复成千上万次，结果都显示脑电波的存在。这就足以证明语言信息确实在物质大脑之中，语言信息的加工处理也在大脑中进行。

语言是逻辑思维的工具，当人们的大脑进行思考时，语言中枢就会对思考着的画面进行“解说”和编码，大脑会自动选择自己最熟悉的语言——母语来进行编码。对于同时说两种或多种语言的人来说，语言中枢也会根据不同的情景自然地做出选择。比如，人们常常会发现，双语儿童在和说中国话的妈妈说话时说中文，而和说英语的爸爸说话时自然地转换成英语交流，这就说明大脑会根据情境自动选择合适的语言来表达思维内容。

对于学习外语的人来说，无不把能够用外语进行思维作为学好这门外语的最高境界，能够熟练地像母语一样操控一门语言，我们的大脑就会在合适的情境中“毫无偏见”地采用这门语言作为它思考的工具。随着社会的发展和科学的进步，人们对语言、思维和现实的思考从更多角度展开。

（四）任务层：实现源语文本的再现

在多种翻译定义中，“意义”一词往往经常出现，其主要包含翻译的客体，即“翻译是什么？”应该说，“意义”相比费奥多罗夫的“所表达出的东西”，更具有术语性，用其解答什么是翻译的问题是翻译学界的一大进步。但是也不得不说，有时候运用“意义”对翻译进行界定会引起某些偏差，因为很多人在理解意义时往往会受到结构主义语言学的影响，认为语言是有固定的、明确的意义的。但就实际程度来说，语言的意义非常复杂。

20 世纪下半叶，结构主义学派的意义观受到了解释哲学、现象学等的挑战，在他们看来，语言的意义绝对不是像结构主义学派认为的是透明的、不变的。就意义的角度对翻译进行界定，有时候需要添加一些附加条件。例如，巴尔胡达罗夫在指出“应该保证内容(意义)的不变”的同时还指出：“这只是相对来说的，并不是绝对的。在语际转换的过程中，不可避免地出现损失，即存在有些在原作中所传达的意义无法表达的情况。”著名语言学家利奇(L. N. Leech)在指出意义的七大类型的同时，还指出“我不希望给人留下这样的印象，即这些就是所有意义的类型，能够将所传递的一切意义都表达出来。”①同时，利奇还使用 sense 来表达狭义层面的意义，而对于包含七大意义在内的广义层面的意义，利奇将其称为交际价值，这对于人们认识翻译有着十分重要的意义。也就是说，源语文本中的各种意义实质上都具有不同的价值，将这些价值进行结合就是所谓的总体价值。

虽然很多学者认为，如果不考虑原作的细节，就无法谈及原作的整体，但是原作并不是细节的叠加。这在文学文本中也是如此，因此从文本整体层面来考察翻译概念也是非常必要的。

王宏印在对翻译进行界定时指出：“翻译的客体是文本，并指出文本是语言活动的完整作品，其是稳定、独立的客观实体。”②但是，原作文本作为一个整体如何成为译本呢？笔者认为，美学中的“再现”恰好能解释这一过程。

在美学中，再现是对模仿的超越。在模仿说中，艺术家的地位不值一提，他们不过是现实之后的“奴仆”，他们的角色如同一面镜子，仅是被动的记录者，自己是一无所有的。也就是说，在模仿说中，艺术品、艺术表现力是不值得一提的，因为到头来要评定艺术品，看其是否与真实物相像。但是实际上，模仿说并未将艺术创作的真实情况反映出来，在看似被动的模仿过程中，也包含了很多艺术的创造与表现行为，其中蕴含了艺术家的个人风格与体验。同样，即便是不包含艺术性的信息类文本，其翻译活动也不是被动的模仿，而是译者的创造性表现。而对于富含艺术性的文学翻译，模仿说更是站不住脚的。最后，模仿说被再现替代。

再现论与美学思考的要求相符合，因为再现论更多地是关心作为再现

---

① 利奇著，李瑞华、王彤福、杨自俭、穆国豪译．语义学[M]．上海：上海外语教育出版社，1987：29.

② 王宏印．英汉翻译综合教程[M]．大连：辽宁师范大学出版社，2002：54.

形式的艺术是如何对外在世界进行表征的，以及如何展现其内在的美学规律的。因此，再现论并不是将艺术品判断视作一个相似或者相像的评价，而是一个审美层面的判断。同样，无论原作是否具有艺术性价值，译作都是对原作进行的再现，而不是一种复制或者模仿。正是基于这个意义，我们认为译本是原作的再现，翻译是为了对原作进行再现的过程。

用再现这一术语对翻译概念进行说明，可以明确地展现翻译的创造性，可以将译作的非依附性清楚地表现出来。这是因为，再现与被再现事物本身并不等同，而是一个创造性的艺术表现形式，同时再现还可以实现译作替代原作的功能。

（五）伦理层：要求准确、完整

众所周知，译者在翻译中扮演的语言中介者的角色，当然其不仅仅是进行翻译，也有可能是编译或者节译等。在具体的时间中，翻译与非翻译的边界是相对模糊的，文化学派甚至认为翻译就是改写，但是从理论层面来说，翻译的外延也是非常重要的。

费奥多罗夫提出的“准确、完整”对确定翻译是什么具有重要的意义。这里所说的“准确、完整”是与改编、复述与简述、各种各样改写有明显区别的纯翻译。当然，语言学派提出的绝对的准确、完整只是一种理想状态，这种等值是不存在的，在具体的实践中也是不可能的。文化学派也揭示出翻译不是在真空中进行，往往会受到多种因素的影响和制约，因此翻译会存在明显的不准确、不完整情况。但是，这不意味着翻译对译文的准确、完整没有任何要求，其作为一种文化行为，超越了纯粹的个人行为，其发生的前提必然是源语文本从整体上能够被译语文化接受。因此，从接受的角度来说，其为翻译准确、完整的实现奠定了基础。

“准确、完整”不仅是对译与非译进行区别的标记，还是通常人们所说的“好翻译”的标记。而所谓的“好翻译”即涉及翻译伦理问题。翻译伦理研究存在多种观点、多种角度，其中有些观点是基于对原作、对他者进行忠实、准确的再现。① 简单来说，要想对翻译的再现原理加以坚持与把握，译者就必须要对原作加以再现。当然，考虑到在具体的翻译实践中，要想实现绝对的准确、完整是非常困难的，而是应该尽可能地实现准确、完整。

---

① Williams, Jenny & Chesterman Andrew. *The Map: A Beginner's Guide to Doing Research in Translation Studies* [M]. Shanghai: Shanghai Foreign Language Education Press, 2004: 18.

(六)传播层:单向跨文化传播

不得不说,在翻译的定义中将翻译的文化性体现出来是一个很大的进步。但是,在将文化性体现出来的同时,很多学者习惯运用"跨文化交流"或"跨文化交际"这样的说法。

不可否认,翻译是跨文化交际活动,但是这样表述的话,大多是从历史角度对不同民族间的翻译活动历史成效进行的定性表述。

学者普罗瑟认为,跨文化交流活动需要的是双向互动,但是跨文化传播需要的则是单向互动。[①] 由于具体的翻译活动往往呈现的是单向过程,因此决定了翻译活动应该是一种传播活动。所以,如果确切地对翻译进行界定的话,可以将翻译定义为"一种跨文化传播活动"。

如果翻译的语言特征体现为不同语言之间的转换,那么翻译的文化特征体现的则是文化移植。当然,这种移植可以是引入,也可以是移出,由于源语文化与译语文化并不是对称的,同一种文化因素在引入与移出的过程中不可避免地会遇到不同的翻译策略。这样可以说明,无论是从语言转换的角度,还是从文化移植的角度而言,翻译都是单向性的。

二、翻译的分类

随着各行各业的发展,不同语言之间的沟通、信息传播与竞争也呈现增长的势头。翻译有着众多的种类,下面就从多个视角来分析和探讨。

(一)按照译文种类分类

根据译文的种类,翻译可以划分为以下五大类。

(1)全译,即逐词逐句对原作进行翻译,是最常见的翻译种类。

(2)摘译,即从出版部分、编辑人员、读者的要求出发,对原作的一部分进行翻译,其往往在一些报纸、杂志中比较适用。

(3)参译,即参考翻译,是一种自由的、特殊的翻译品种,可以是全译,也可以是摘译或者编译。

(4)编译,即将一篇原文或者几篇原文的内容进行串联的翻译,是一种特殊的翻译形式,其可以将原作松散的内容进行整合,还可以将多篇原作内

---

① 普罗瑟著,何道宽译. 文化对话:跨文化传播导论[M]. 北京:北京大学出版社,2013:3.

容进行串联，对译文进行丰富。

(5)写译，即译者将翻译作为主体的写作，是比编译更为宽松、自由的翻译形式。

(二)按照等值程度分类

根据等值程度，可以将翻译划分为如下四种。

(1)完全等值，即1∶1的等值，是对于一种原文，虽然译法有一种或者几种，但是效果需要与原作保持基本一致。

(2)部分等值，即1∶几或者几∶1的等值，其源自两种：一种是对某一原作，有几种译文；二是对于多种原作，仅有一种译文。无论是哪种，其都未达到完全等值，仅仅是部分等值。

(3)假性不等值，即是前面的完全等值或者部分等值。这种现象也非常常见。原作中的某个词、句子等，有时候译文初看与原作不等值，但是译语明明有完全等值的表达，译者就是不采用。这是为什么呢？因为译者如果采用了完全等值的表达，其在实际中的效果就不能实现等值，虽然他们在措辞上似乎是不等值的，但是在实际效果上是等值的。

(4)不等值，即1∶0或者0∶1的等值。

(三)按照翻译原作种类分类

根据翻译原作种类，可以将翻译划分为如下三种。

(1)一般语言材料翻译，即日常使用的语言，其包含一般报刊翻译与各类应用文翻译。这类翻译往往包含以下四个特点。

其一，杂。即内容上包罗万象，不仅有趣味的新闻，还有科普类文章，更有生活常识类文章等。

其二，浅。即语言上比较容易理解，不像文学作品那么深奥，也不像专业翻译那么专业化。

其三，活。即与一般科技类文章相比，行文上比较活泼。

其四，新。即语言上比较现代化，添加了很多新词、新语。

因此，在翻译此类文本时，译者需要对"忠顺"的矛盾加以灵活处理，采用一切方法对译文进行加工与修饰，追求行文的传神与活泼。

(2)文学翻译，其要比一般语言材料的翻译更困难，这是因为其具有如下几个特点。

其一，长。即跨度时间都比较长，因此要求译者具有扎实的基本功。

其二，突。即翻译时要凸显"忠顺"。

其三，高。即要求译者具有较高的译语基本功，尤其是对世界名著展开翻译时，要求译者的译语基本功更高。

其四，雅。即要求翻译时要雅，具有文学味道与作品气质。

其五，创。即要求翻译时译者要发挥自身的创造性，这一点要比其他两种翻译要求更多，因为文学翻译对传神达意的要求更高。

因此，在进行文学翻译时，译者需要对“忠顺”的矛盾进行灵活把握，解决二者的矛盾时需要考虑原作的特色、译作的目的以及译作的环境。

(3)专业翻译，即包含科技资料、商务信函、军事著作等在内的各种文本的翻译，这里仅就科技翻译来说明其特点。

其一，专业。即涉及大量的专业词汇与表达。

其二，重大。即具有重大的责任，因为如果其误译的话，可能会造成严重的后果。

其三，枯燥。这是其特殊性，因为其涉及的词汇、表达等有时非常的枯燥无味、晦涩难懂。

(四)按照翻译工作主体分类

根据翻译工作的主体，可以将翻译划分为如下两类。

(1)人工翻译。即传统的以译者作为主体的翻译形式，往往从多人到一人。

(2)机器翻译。即 20 世纪 70 年代后出现的将翻译机器作为主体的翻译形式，往往从简单型到智能型。

需要指出的是，机器翻译比较快，不怕重复，也不需要休息，但是它也存在着不足之处，即往往比较机械，离不开人，往往还需要译者进行核对、润色与定稿。因此，要想翻译准确，机器翻译也需要人工翻译的配合。

第二节 翻译的过程与标准

除了翻译的界定，对翻译的过程与标准的研究也是当今翻译学界研究和探讨的中心话题。只有明确了翻译的过程与标准，译者才能够在具体的翻译实践中有理可寻。

一、翻译的过程

在翻译过程中，要对原作进行正确的理解并创造性的用译语进行再现，需要有如下几个步骤。

(一)准备阶段

翻译工作非常复杂,因此进行适当的准备是非常重要的。在翻译之前,译者通过准备,可以保证自身的翻译工作顺利进行。当然,准备工作也包含很多,尤其要查询与之相关的资料,这样便于译者对原作有基础的了解。另外,译者还需要记住相关的工具书或辞典。具体来说,主要包含如下几个层面。

1. 了解作者的基本情况

在翻译之前,译者需要对原作作者的生平、时代、社会背景、写作风格等有基本的把握。对于这些信息,译者可以从多个途径获得,如百科全书、网络、自传等。

2. 了解作者的语言风格

作者的语言风格非常重要,译者可以对某些段落进行试读,分析其中的行文与修辞特点,对作者写作的特殊之处有初步的接触,从而为之后的深刻剖析奠定基础。

3. 了解作者的创作手法

在开展翻译之前,译者至少要阅读作者的两部著作,从中了解作者的写作风格、创作手法以及基本的思想取向等,尤其是作者的经典代表作,这样可以从中找到与所要翻译作品的某些相似之处,也可以使自己更深刻地理解所翻译的作品。

4. 准备工具书

如前所述,译者在进行翻译时需要借助工具书,常见的工具书有百科全书、双语词典等,如 *The Shorter Oxford English Dictionary*, *Longman Dictionary of Contemporary English* 等。

(二)理解阶段

所谓理解,即通过将事物间的联系进行揭露,并对新事物进行认知的过程。从字面意义上说,理解就是了解、懂、清楚的含义。但是从翻译的角度来说,理解就是译者在对原作进行了解的基础上,运用英汉两种语言的词汇、语法、修辞等知识,对原作的内容与风格进行明确的定位。一般来说,翻译中的理解可以从如下几点考虑。

1. 理解原作语言现象

所谓理解原作语言现象，即通过对原作语言现象的理解来明确原作的具体内容。这是因为，一篇文章的思想、内容往往是通过语言形式来展现的，如果译者弄懂了语言形式，那么其隐藏在语言形式下的思想、内容也就明确了。例如：

The young woman move a pace or two and the scent of his honest heat afflicted Steven's nostrils.

译文 1：这名年轻的妇女向前面走了两步，一股子热汗的味道冲进了斯蒂文的鼻孔里面。

译文 2：这名年轻的妇女向前面走进了一两步，她那毫无掩饰的怒气冲着斯蒂文扑面而来。

就原文来说，heat 一般会理解为"热汗"，但其还指代"激动"或"怒气"，如果翻译成"热汗"，honest 这一修饰语就无法让人理解，因此改成"怒气"更为恰当。

The custom had its spring in another country.

译文 1：这种风俗在其他国家也有它的春天。

译文 2：这种风俗源自其他国家。

一般情况下，spring 的含义为"春天"，但是如果组成 have its spring，其含义则为"源自；起源……"，因此译文 2 的理解更为准确。

2. 理解原作逻辑关系

译者在进行翻译时，往往会遇到句子理解层面的问题，这就是所谓的逻辑问题。由于很多原作都非常复杂，逻辑关系也多变，要想准确理解难度非常大，因此译者需要对原作进行深层次分析，有时候甚至需要根据上下文来判断，经过上下文的推敲以及实际情况来辨别。对逻辑关系理解好，才能帮助人们理解根据原作语法关系不能够理解的地方，或者译作中译者容易出错的地方。例如：

To transplant her to a Beat town, to keep, in some little flat or rooms, one who belonged so wholly to nature the poet in her shrank from it.

译文 1：把她弄到大城市中，在一套或者几间房子里安置一位大自然的人，她虽然具有诗人的气质，却不敢这样设想。

译文 2：把她调到大城市中，居住在狭小的公寓里面，像她这样一位完全属于大自然的人，尤其是一位诗人，她宁愿不去。

将原作中的 transplant her 翻译成"把她弄到"是很不文雅的，翻译为

“调到”更为恰当。同时，英语中有很多从句，原作使用了长的定语从句，将其分开翻译更符合汉语的表达习惯。而 shrink from 应理解为“不愿意做某事”，因此翻译为“不愿意去”大城市生活显得更为符合她诗人的气质。

As it happens, a razor that is safe in Europe is unlikely to electrocute Americans.

译文 1：碰巧，在欧洲运用安全的剃须刀不太可能让美国人触电死亡。

译文 2：事实上，在欧洲运用安全的剃须刀不太可能使美国人触电死亡。

一般情况下，as it happens 解释为“碰巧、偶然”，但是这样译的话在译文 1 中读起来并不顺畅，而其还可以理解为“事实上、实际上”，这样翻译出来更为准确。

3. 理解原作风格色彩

在对原作进行理解时，还需要重视原作的风格色彩，其一般在语言形式中有明确的表现。例如：

There you are the dog in the manger! You won't let him discuss you affairs, and you are annoyed when he talks about his own.

译文 1：你狗占马槽！你不让他谈论你的事情，可是他讲述他自己的事情你又气恼了。

译文 2：你不干还不让别人干！你不让他谈论你的事情，可是他讲述他自己的事情你又气恼了。

原作中的 the dog in the manger 翻译为“狗占马槽”似乎非常不合适，而翻译为“你不干还不让别人干”更为恰当，这样不仅保留了原作的风格，还使译作更为传神。

Quite clearly, the third world has changed much since the 1950s and their old cliché-ridden image of the period can hardly apply to them now.

译文 1：很显然，20 世纪 50 年代以来的第三世界发生了巨大变化；第三世界国家当年那种陈腐不堪的旧形象与他们的现实情况已经难以对上号了。

译文 2：很显然，20 世纪 50 年代以来的第三世界发生了巨大变化；第三世界国家当年那种陈腐不堪的旧形象与他们现实的情况不可同日而语了。

显然，译文 1 翻译的 hardly apply to them now 为“难以对上号了”，过于口语化，显然原作为一篇公文体，因此从原作风格色彩来理解的话，翻译为“不可同日而语”更为恰当。

综上所述，要想搞好翻译，必须提升对原作语言形象、逻辑关系、风格色彩的理解，这样才能避免出现错误。

（三）表达阶段

所谓表达，即用译文语言将原作思想、风格等准确地再现出来。这一阶段似乎与上一阶段的理解画不出恰当的分界线。在理解中，表达也是存在的，而通过表达，也加深了译者对原作的理解。也就是说，表达是理解的基础，而表达得是否完美，取决于译者理解的深度。但是，理解的深浅，也决定了译者采用的表达手段的多少。

表达是综合因素与艺术因素二者的结合，因此表达具有较高的创造性，译者在进行翻译实践时，一定要从原作中跳出，摆脱原作的形式束缚，要发挥出译语的长处，将对原作的表层与深层意义的理解确切地表达出来，将原作化成一个整体来再现。例如：

Tall, thin, elegant, with the air of thoroughbred, he stuck Mr. Pearson as a curious mixture of a condottiere and Machiavelli.

译文1：他身材修长、温文尔雅、风度翩翩。皮尔逊先生从他身上得到的印象是：他是雇佣兵和马其雅维里的奇妙的混合物。

译文2：他身材修长、温文尔雅、风度翩翩。皮尔逊先生从他身上得到的印象是：此人居然集雇佣兵与权谋术士的特点于一身。

对Machiavelli进行分析可知，其是意大利著名的历史学家兼政治家，他为了实现政治目的不择手段。汉语读者理解“马其雅维里”是非常困难的，而翻译为“权谋术士”就容易理解了。

All that evening this thought kept coming back; but, as is not unusual, each time with less poignancy, till it seemed almost a matter of course to be a scoundrel.

译文1：那天晚上，他翻来覆去想这个问题：但是正如同常情况下那样，强烈的程度逐渐减低，末了，坏蛋几乎是做定了。

译文2：那天晚上，这种想法不断地涌现在他的脑海里，但是和往常一样，每次这样想时痛悔的感觉会愈来愈淡，直到最后似乎觉得做坏蛋也是理所当然的了。

原作中的poignancy理解为“强烈的程度逐渐减低”很难让人理解，而翻译为“遗憾的、伤心的”更让读者理解，读起来也更通顺。

（四）修改与审校阶段

所谓修改，即对译作进行加工润色与修正，其包含两个层面：一是对译文进行全面的修正；二是对译文词句进行修正，可以划分为两步。

(1)与原作对照,逐句逐段修改,具体展开如下。

其一,确定原作思想、内容是否准确传达。

其二,确定有无错译、漏译等情况。

其三,确定译文是否通顺。

其四,确定译文的风格色彩是否与原作相符。

(2)脱离原作之后,对译文进行反复的阅读,如有错误,进行修改,具体展开如下。

其一,译文用词是否规范、恰当。

其二,上下文是否衔接恰当。

其三,译文前后是否矛盾与重复。

其四,译文是否存在逻辑不通的情况。

所谓审校,是最后一个步骤,是对译文做最后查验,具体展开如下。

(1)审校译文的词汇、句子、段落是否存在错漏的地方。

(2)审校译文中的方位、人名、地名、数字等情况是否存在错漏的地方。

(3)审校译文中的术语是否存在不一致的地方。

(4)审校译文中的标点是否有错误的地方。

(5)审校译文中注释是否有不妥当的地方。

二、翻译的标准

随着不同学者对翻译研究的深入,形成了很多翻译思想,而在这些思想中也蕴含着很多的翻译标准,如严复的信达雅说、鲁迅的信顺说、泰特勒的翻译三原则、奈达的“读者反应论”等。下面就针对一些重要翻译标准展开论述。

(一)中国较具代表的翻译标准

1. 严复的“信达雅”

严复的“信达雅”理论在翻译界非常著名,并有着深远的影响。虽然其理论独占鳌头,但是对其的理论也争论不休。这是因为,信达雅三个字非常简约,并没有给予严格的界定与论证,因此给人们留下了广阔的阐释空间。赞成者认为,“信达雅”理论对翻译实践起着很好的指导意义;一些部分赞成者认为“信”或者“信达”可以作为翻译标准,但是“雅”不能作为翻译标准;不赞成者认为,“信达雅”非常空洞,对翻译实践起不到指导性作用。

当然,如果将严复的“信达雅”视作一个抽象的逻辑命题,从脱离时空的角度对其进行评论，那么得出的结论必然是非常偏颇的。笔者这里将“信达雅”回归历史本位，从语言文化环境出发，对其进行考察，或许就会发现不一样的天地，也就是说这里主要从文化翻译的角度对“信达雅”理论进行阐释。

要想弄清其文化含义，需要分析“信达雅”的本质含义。对于这一理论，严复非常明确地给予了三者的关系，即“信”位于首位，认为翻译首先应该做到“信”，即对原作的思想内容进行忠实的传达。其次是“达”，即如果不“达”，那么就不能谈及翻译了。最后是“雅”，对于这一个字，评论非常多。有人认为严复的“雅”指的是汉朝之前的字法、句法，因此是过时的，不能用于现代的翻译标准。笔者认为这样理解有失偏颇，并没有从历史的角度对严复的“雅”进行准确的把握。学者陈福康认为，严复的“雅”从上下文来说，显然指的是译作要注意修辞，要有文采，这样才能流传。这样对严复“雅”的理解是全面的、准确的，与严复的本义是相契合的。

在严复当时的语言文化环境中，汉朝之前的字法、句法被认为是“雅洁”文字，而要想将外国思想著作的精妙表达出来，就必须用到“雅洁”文字，这样才会显得非常高雅、严肃，才能被读者看重。如果采用的是“利俗”的文字，那么会被读者鄙视。严复的这一“雅洁”的表达方式是经过深入考察而做出的翻译抉择，他的翻译目的是引介西方思想，吸引当时士大夫的注意，从而实现改革。

事实证明，严复的这一翻译策略是正确的，其译作也得到了知识分子的响应，引发了中国现实社会的思考，促进了社会的变革。可见，严复的“信达雅”中涉及了丰富的文化翻译思想，对翻译实践意义巨大。

2. 鲁迅的“易解、风姿”双标准论

鲁迅提出的“易解、风姿”翻译标准，是鲁迅翻译理论的核心内容。鲁迅曾经这样说：在动笔之前，要先解决一个问题，是要归化翻译，还是尽量保留洋气。日本译者上田进君主张采用归化翻译，他认为讽刺作品的翻译应该首先保证易懂。笔者认为应该是两样都需要的，如果仅要求易懂，还不如创作或者改作，将事情化为中国的事情，将人物化为中国人。如果是翻译，首要的目的应该对外国的作品进行博览，不仅仅要移情，还要益智，至少要知道什么时候发生了这件事，这就是所谓的洋气。实际上，世界上并不存在完全归化的译文，如果有，从严格意义上说不算是翻译。只要是翻译，就需要兼顾两个层面：一是易解，二是保留原作风姿，但是二者往往是矛盾的。从长期的翻译实践中，鲁迅创立了自己的理论，其翻译思想的理论价值在于，“易解、风姿”要比严复的“信达雅”具有更强大的涵盖力，使得“信达雅”得到进一步的丰富与深化。

3. 林语堂的“忠实”与“美”

作为一位作家和翻译家，林语堂在国际国内文坛上享有极高的知名度，曾经被美国文化界列为“20世纪智慧人物”之一。他在国内最早提出“翻译是一门艺术”，是中国译学史上最明确地将现代语言学和心理学作为翻译立论的第一人。林语堂的系统性翻译思想在近一万字的长篇论文《论翻译》中得到充分体现，对众多翻译研究者产生了巨大影响。

(1)“忠实”。在翻译标准上，林语堂提出了三个原则：忠实、通顺、美，这三个标准与严复的“信达雅”可以相媲美。同时，他从三个问题与三重责任的角度对这三个原则加以论述。

三个问题：

其一，译者对待原作的问题

其二，译者对中文层面的问题。

其三，翻译与艺术层面的问题。

三重责任：

其一，译者对原作者的责任。

其二，译者对中国读者的责任。

其三，译者对艺术的责任。

林语堂的这三大原则虽然是从英汉翻译角度考虑的，但实际上也适用于汉英翻译。在这三大原则中，林语堂用大量的笔墨来描述忠实原则，这是因为当时翻译界有一场关于翻译的论战：直译与意译。五四运动以来，关于直译与意译的争论问题就没有停止过。

面对这场论战，林语堂提出自己的主张，他在《论翻译》一文中，认为对原作的忠实程度可以划分为四个等级：一是直译，二是死译，三是意译，四是胡译。他认为，死译是直译的极端形式，可以称为直译的“过激党”；而胡译是意译的极端形式，是意译的“过激党”，因此在对这一问题进行论述时，林语堂先生将死译与胡译刨除，而单单探讨直译与意译。

对于直译与意译，林语堂先生首先指出的是这两个名称本身是不恰当的，认为虽然便于使用，但是实在不中肯，其不仅不能表达出译法的程序，也容易让人误会。在这里，林语堂先生所说的容易让人误会指的是直译与死译、意译与胡译之间的界限并不明确，使得翻译时往往两重标准是同时使用的。当然，这一问题在今天的翻译界仍旧是存在的。但是林语堂先生对名称的否定也是有些偏颇的，因为直译与意译作为两种不同的翻译策略，至今仍旧被翻译界广泛使用。

由于林语堂先生对直译与意译概念的质疑，他提出了句译与字译的说法,他认为根据译者对文字的解法与译法,往往存在两种形式:以字为主或者以句为主,前者就是字译,后者就是句译。换句话说,字译就是字字对应,句译就是将句子视作一个整体,把单字的意思进行结合构成“总意义”。对于二者,林语堂先生明确表达句译是对的,字译不对。因为字的意义是活的,随时随地会发生改变,是与上下文融会贯通的,如果仅仅是用字来解释字,这样不免会出现断章取义、咬文嚼字的现象。因此,他主张用句译来展开翻译。

对于忠实问题,林语堂先生指出字典是不可靠的,依据的应该是句译,字的意义是根据用法来确定的,因此译者需要具备深厚的语文基础,而不是抱着字典来翻译。

另外,对于忠实的翻译,林语堂先生还指出要传神,认为译者不仅要达到意思的准确,还应该做到传神。语言的用处并不是在对意象的表现,而是互通情感的,如果仅求得意思的明确传达,则很难使读者获得相同的情感。

林语堂先生在强调忠实原则之后,还客观地指出:绝对的忠实是不存在的,因为译者在翻译时要同时兼顾音、形、神、意等各个层面是不可能的,也是不现实的。

林语堂所提出的句译和字译概念是基于直译与意译而言,是对其进行的全面总结与思考。因此,对于翻译研究与实践来说意义巨大。但从另一个层面来说,林语堂对直译与意译的否定源自他对这两个概念的解读,这相对于人们的普遍认知而言,显得过于片面与主观。这两对概念之间不仅有区别,也有关联,因此句译与字译并不能取代直译与意译这两个概念。虽然两组概念都是对翻译的语言与接受效果的强调,但是句译与字译更突显的是翻译理解与翻译单位,而直译与意译更突显的是翻译手段与翻译效果。因此,两者在概念上是存在交叉点的,而林语堂先生所提倡的句译很多情况下属于直译,有些情况下可能属于意译。这两组概念之间的区别还在于林语堂所提倡的句译和字译是对立的关系,“倘是字译的方法对,就句译的方法不对,(反之亦然,)两者绝不能兼容并立”。相反,直译和意译两者分属翻译的两种不同的手段和策略,在多数情况下,两者并不是取此舍彼的关系,而是相互关联与融合的,共同对翻译起作用。

(2)“美”。在对翻译问题的研究中,审美问题也是林语堂关心的一个重要问题。翻译除了要忠实与通顺外,还需要注重审美。对于翻译审美问题,他认为主要包含三个层面。

其一,翻译是一门艺术。译者在对小说、散文等文学作品进行翻译时,除了要关注忠实顺达外,还需要关注原作的美以及译作美的展现。

其二，艺术文翻译应该注意的问题主要包含以下层面。

首先，将原作的风格看得同内容一样，都是非常重要的。林语堂认为，一部作品之所以说是优秀的，主要是原作的风格更吸引读者的注意，因此对于译者而言，必须明确原作的风格，然后进行模仿。在将原文风格进行体现的层面上，林语堂还通过间接的方式表达出要对原作的风格进行忠实的传达，作为审美主体，译者必须具有与原作者同等的知识背景、气质性格与鉴赏能力。

再次，考虑文字体裁的问题，并分别对内外体裁进行了描述。文字体裁一般分为外的体裁与内的体裁。外的体裁问题包含句子的长短问题、诗作的体格问题等；内的体裁问题包含作者的风度文体、作者的个性等，一般来说，外的体裁是文本的语言外在形式，对于译者是较为容易把握和了解的。相比之下，内的体裁则是语言之外的神韵与风格等抽象化的东西，因此对于译者有着较高的要求。林语堂首先强调了译者要体现原文的内在体裁应具备的条件，同时也客观地预见了其难度，所以他大胆而又有创造性地提出了"不译亦是一法"，这在今天仍然具有其现实的实践意义与理论意义，同时，这个观点也必然对他自己的翻译活动产生一定的影响。

其三，翻译即创作。他引用了克罗齐(Croce)"翻译即创作"的说法，表达了自己对这个问题的态度与主张。

(二)西方较具代表的翻译标准

1. 泰特勒的翻译三原则

英国学者、翻译理论家泰特勒(Alexander Fraser Tytler)在其《翻译的原则》(*Essay on the Principles of Translation*，1791)一书中提出关于翻译的三条基本原则，具体内容如下。①

(1)译文应完整地再现原作思想。

(2)译文无论在风格上还是笔调上，都应与原作性质保持一致。

(3)译文应和原作一样自然流畅。

泰特勒主张译文与原文在风格、思想、行文等层面的一致，而不是仅强调原作的语言特征，只有做到了与原作内容、原作文风、原作表达等层面的忠实，才能保证译文在神韵、内容、形式上与原作一致。

---

① 杨贤玉．英汉翻译概论[M]．武汉：中国地质大学出版社，2010：18-19.

2. 奈达的翻译四原则

奈达认为，在翻译过程中应该遵循四大原则。

(1)相较于词语一致，保证上下文一致更为重要。对于单词的含义来说，其中涉及的不是语义点，而是语义域，即一个词往往会具备多层含义。在不同的语言中，相应词的语义域并不是完全相同的，因此译者在翻译时需要选择正确的词语对原作进行恰当翻译，考虑选择的词语是否上下文一致，而不应该仅限于某个单词的一致。

(2)相较于形式对应，动态对等或功能对等更为重要。从读者的角度而言，奈达认为译作应该关注是否能够被目的语读者理解。当然，其中的理解并不是目的语读者对某些词语的理解，也不是对句子规范的理解，而是对译作做出怎样的反应。当然，这种反应要求是基本一致，不可能完全一致，因为源语与译语的历史、文化等存在明显差异。

(3)相较于书面形式，口头形式更为重要。无论是何种语言，书面形式与口头形式并不是等同的，有的语言书面形式较为优美，但是如果放在口头上就很难让人理解。因此，译者在进行翻译时需要注意如下几点。

其一，翻译时尽量避免使用令人误解或者模糊的词语。

其二，翻译时尽量不要使用让人误解的语序及发音。

其三，翻译时尽量不要使用粗俗的词语。

其四，翻译时尽量不要使内容超载，保证简洁最好。

(4)相较于传统的语言形式，译者的需要更为重要。这就是说要照顾读者群体的需要，将大众语言反映出来，而不应该仅限于传统语言形式。

3. 奈达的“读者反应”

奈达把译文读者的反应作为翻译的重点，同时主张将原文读者对原文可能产生的反应与译文读者对译文的反应进行对比分析。此外，他认为，再现信息是翻译的实质所在。他认为，应以译文的服务对象作为判断译作是否译得正确的标准。他还提出，衡量翻译质量应以译文读者对译文的反应作为标准，而不仅仅限于所翻译的词语是否被理解，句子是否符合语法规范。因此，奈达提倡译出多种译文，以供读者选择，并检验译文是否明白易懂，所以一名好的译者总是要考虑将同一句话或一段文章用不同的翻译方法译出。

奈达把读者因素纳入翻译原则中，对翻译原则的研究影响重大。

第三节　翻译对复合型人才的素质要求

翻译是一种复杂的语言转换任务,因此对译者有着多层面的要求。换句话讲,译者要具备一定的素质和角色认知,才能胜任翻译这一复杂的任务。

一、职业素质

(一)客观公正

翻译说到底还是一种跨文化交际活动。众所周知,外国和中国在文化的诸多方面存在很大的差异,同样的汉语材料在中国人眼中和外国人眼中携带着不一样的信息,因此翻译工作者就扮演着原作与译文读者之间的中介者的角色。这种角色要求翻译工作者必须尊重客观事实,公正地对待中外双方,不偏不倚,做到立场中立。

就生态翻译学的角度来看,翻译的终极目标在于最大限度地保护原文与译文之间的交际生态。具体来说,翻译工作者需要在超越时空的前提下,既要与原文作者进行平等的交流,维持原文作者的基本思想,又要考虑译文读者的理解和接受状态,将信息完整地传递给译文读者,进而在原作与译文读者之间寻求一个平衡点,在原文与译文读者的语言、文化、交际三者之间构建一个健康、有序、和谐的生态循环,这样原作与译作才能够永久共存。

(二)精益求精

如果说译者因为翻译水平的限制而无法创造出令人满意的译作,那还情有可原,这是客观的缺陷。毕竟翻译水平的提高不是一朝一夕的事,而是一个漫长的过程。译者只要不断虚心请教和学习,最后一定可以交出理想的译作。最可怕的现象是译者的心和力都用得不到位,这就是主观态度和客观能力的双重缺陷了。译者一定要具备精雕细琢的工匠精神,才能在翻译这条路上走得更远。例如:

请勿疲劳驾驶。

译文 1:Don’t drive tiredly.

译文 2:Drive alert,arrive alive.

译文 3:Drowsy driving is dangerous.

在上述例子中，很显然，译文 1 虽然语义通顺，但是没有完全再现原文的信息和意义，按照交通法规的术语译为译文 2 和译文 3 的形式要比译文 1 能达到更好的表达效果。

在当今这个信息化时代，世界各国的政治、经济发展很快，知识的更新速度也非常快，数量庞大的新词不断涌现，其中，有些词语被人们沿袭了下来，有的在语言的历史长河中消失了。没有什么知识是一劳永逸的，不可能用同一种知识解决过去、现在和未来的所有问题。因此，翻译工作者要广泛查阅各种资料、工具书，运用一切可以使用的资源，多方查证，这样才能获得对翻译对象更全面的认识和理解，才能创造出更加贴切、达意、完善的译文。

二、语言素质

语言素质是翻译的核心素养。语言素质包含语言知识、语言技能、文化素质和语用能力四个方面。

语言知识涉及词汇、句子、语篇和修辞等方面。译者可以根据不同的专业需求，进行专业知识的延伸，了解各个专业领域的语言知识。语言技能包含写、听、说、读四种。语言无法脱离文化而存在，因此语言素质还包括文化素质。文化素质包含三个方面：一是情感态度与价值观，二是自己所具备的文化立场，三是文化认同感和文化鉴别能力。翻译也是一种对语言的运用过程，因此，译者还需要具备一定的语用知识。语言的意义说到底是语境中的特定意义，所以译者需要结合语境推断源语的真正意义。语境(context)是语用学研究中的重要概念，它有狭义和广义之分，狭义的语境指话语使用的上下文，广义的语境指的是和语言使用相关的一切因素，包括语言内和语言外的情境。既然原文的意义取决于语境，那么译者必须抓住语境这一线索来理解原文，从而在最大程度上再现原文的信息。

具体来说，译者需要做到如下两点。

(一)对双语能力进行掌控

双语能力，即对母语与目的语两种语言的掌握能力，这是译者开展翻译工作首先需要具备的条件。也就是说，并不是说一个人懂英语，就能说他一定能够做翻译工作。译者进行翻译的第一步：必须从原作中对作者加以理解，从作者写作时的文化背景出发对作者意图加以把握，对自我进行克制，做到忠实，这样才能完成翻译。

同时，对于读者来说，译作是一个再创作的输出产品，如果译者的汉语知识不扎实，很难将源语的艺术效果表达出来。“好的翻译等同于创作”，这是郭沫若说的，也恰好说出了翻译的关键。

这就是说，译者需要在两种语言中进行穿梭，把握两种语言的转换，这样才能避免错译、误译。

（二）对译文恰当权衡

文本不同，特点也不同，因此译者需要对原作的用词、表现手法进行斟酌，不能所有文本都使用一种翻译手法。

例如，如果译者翻译的是一本旅游文本，就需要考虑该文本的信息，不能拘泥于汉语词句，要从旅游文本的特点出发，对译作进行增补与改译。同时，还需要考虑目的语读者的接受情况，避免误解的发生。如果译者翻译的是一本法律合同文本，那么就需要考虑法律文本的严肃性与权威性，严格按照法律文本的格式，保证规范、准确。一般来说，合同往往会以 … made and signed by and between… 等开头。因此，这些都需要译者长期的实践积累。

三、转换能力

（一）适应能力

既然翻译是一种跨文化交际活动，那么翻译工作者还必须具备一定的适应能力。

1. 对语言因素的适应

在翻译中，文化差异是显而易见的，但是语言因素本身就成为翻译的拦路虎。跨文化交际就是根据意义选择语言、根据语言推敲意义的过程。从这个角度来说，对语言的适应其实是指对意义的适应。翻译工作者要适应的语言意义主要有形式意义、言外意义、文化社会意义、联想意义等。

（1）形式意义。刘宓庆认为，形式意义是指语言形式所承载的意义，包括语音、词汇、句法及修辞等。尤金·奈达曾经指出，语言形式是有意义的，在翻译时需要考虑形式，否则原文的风格就消失了。语言的独特性在于自身的语言规则和语言结构。有时候，在翻译中要再现原文信息内容，就必须调整语言形式。也就是说，翻译中很难做到形式对等，最多就是形式相似罢了。英语和汉语是区别很大的两个语言系统，英语是形合语言，汉语是意合语言。在进行翻译时，译者应该适应文本的语言形式，充分认识到英语和汉语在语言形式上的差异，在必要时要对语言结构和形式进行调整。例如：

中国政府将发展同非洲国家“平等相待、真诚友好、团结合作、共同发展”的兄弟关系。

The Chinese Government will develop its fraternal relations with African countries of treating each other as equals, sincerity and friendship, unity and cooperation, and common development.

在本例中，译者在翻译“平等相待、真诚友好、团结合作、共同发展”这四个四字短语时，就没有跳出原文语言形式的框框，这就限制了原文意义的传达，因此没有将这几个四字短语的真正内涵再现出来，并且意义不明确，表达也没有层次感。

(2)言外意义。要想顺利地进行交际，不能满足于对字面意义的了解，还要深度挖掘对方话语中隐含的真正意义，也就是言外之意。翻译工作者既要适应原文的言外之意，又要适应译文的言外之意，这样才能实现文化传播的目的。言外之意源于哲学家奥斯汀(J. L. Austin)创立的言语行为理论(speech act theory)。他提出了言语行为三分说，包括“言之发”(以言指事，locutionary act)、“示言外之力”(以言行事，illocutionary act)、“收言后之果”(以言成事，perlocutionary act)。言外之意具有不可分离性、可取消性、语境依赖性、可推导性、非规约性和不确定性。第一，不可分离性是指即使在话语信息的形式或结构发生变化的情况下，含意也不变。第二，可取消性指言外之意随着交际语境的变化而变化。第三，语境依赖性是指含意的产生与理解离不开特定的语境条件。第四，可推导性指的是话语所隐含的信息是可以推导出来的。第五，非规约性是指言外之意随语境的变化而变化，不是恒定的、规约性的意义。第六，不确定性指某一单一意义的话语在不同的语境中可能会出现不同的含意。

在翻译言语行为时，译者需要注意以下两点。

第一，彰显源语语用功能。在翻译中，译文与原文在语言表层意义的一致性是译者需要重视的，除此之外，译文与原文语用功能的对等更应该被译者关注，译者要通过语境推导源语语用含意，在保持源语深层内涵的基础上，使译文再现源语的语用功能，从而实现交际目的。

第二，译文应遵循话语轮换中的客观规律及其严密的逻辑思维，结合言语行为，通过语境的再创造呈现原作的韵味。

(3)文化社会意义。语言是文化的一部分，对语言的理解不能脱离其所属的文化和社会语境。文化之间互相尊重、共同发展，应该是不同文化之间相处的正确之道。在翻译中，译者属于原文的文化语境，因此更需要适应的是译语文化语境。因此，译者需要在准确传达原文意义的前提下，考虑译语文化的接受水平。例如：

孔雀(象征着吉祥、美好) Peacock(带有炫耀、骄傲的意义)

五羊摩托车 Five Rams Motorcycle

在上面两个例子中,显然汉语中的“孔雀”和英语中的 Peacock 的内涵意义是不对等的。“五羊摩托车”的产地是广州,之所以这样命名,是因为广州市又称作“五羊市”,并且“五羊”本身还与一个美丽的传说有关。因为外国读者不了解这样一个文化语境,所以例中的译文必定会令外国读者费解。

(4)联想意义。联想意义是语言符号给人们带来的暗示性的意义。同一个事物在不同的语言里可能有着不同的联想意义,这也体现了文化语境的特点。例如:

原文:芳芳爽身粉

译文:Fangfang Powder

在本例中,“芳芳爽身粉”中“芳”的译文是 fang,fang 和 fung 语音相近,这很容易使外国读者将二者联系起来,而 fung 是指动物锋利的牙齿,可见原文和译文在信息和风格上也是不对等的。这些例子表明,在特定的语境中,字面意义相同的事物有时候是不能互译的。

2. 对非语言因素的适应

在当代西方文化研究的滚滚浪潮之下,翻译研究学派具有越来越强烈的文化意识,并且多元系统理论在翻译学中不断强力渗透,翻译学文化转向就得以问世。翻译学文化转向真正被大众认识并接受,是从巴斯奈特和勒弗维尔出版论文集——《翻译、历史与文化》开始的。该论文集包括许多个案研究,角度全面,对翻译学的“文化转向”给予了详细的论述。就巴斯奈特和勒弗维尔两位创始人而言,其实是后者在学理上发展了翻译学文化转向,从而使得翻译学的文化转向走上了一个新的台阶。因为勒弗维尔的论文《西方翻译谱系考》对西方翻译活动的考察已广泛涉及“赞助人”“诗学观”“意识形态”等因素,由此为其日后全面提出“赞助人、诗学观、意识形态”学说埋下了伏笔。

在翻译中,译者最需要适应的非语言因素是认知语境、翻译目的、目标语文化占统治地位的意识形态等。

(1)认知语境。从 20 世纪 80 年代开始,认知语境就走入了人们的视线。“认知语境”是影响语言使用的知识图式。认知语境包括语言使用的情景知识、语言上下文知识和背景知识。从交际的角度来看,翻译是原文作者、译者和译文读者三者之间的交际,三者处于一定的认知环境中;而从认知的角度来看,翻译还是一个复杂的认知过程。交际的顺利与否取决于译者是否了解原文作者与译文读者在认知环境上的相似程度。译者要对原文进行准确的理解，就需要在认知语境中推断原文作者的真正意图。

语境对话语表达和理解所产生的影响，可以从其对发话人和受话人的影响两个角度进行分析。

第一，从发话人的角度而言，语境首先可以帮助发话人根据交际目的确定发话内容。其次，还可以帮助发话人根据交际条件确定交际渠道。交际渠道包括口语和书面语两种。口语既可以采用即席演讲的方式，又可以采用有准备的电视讲话；书面语既可以采用书信形式，又可以采用论文形式。另外，还可以帮助发话人根据交际场合确定说话方式。交际双方的物理距离、心理距离对发话的声音、语气、风格有很大影响。交际双方越亲近，说话就会越直接、越简洁；交际场合越正式，双方讲话就越正式。

第二，从受话人的角度看，语境首先可以帮助受话人确定指称对象。其次，语境可以帮助受话人消除歧义，离开特定语境的某些话语可以从多种角度来理解，因此语义往往是不确定的。另外，语境帮助受话人充实语义。

(2)翻译目的。依据功能翻译理论，翻译是一种照顾读者和客户要求的有目的的交际活动。目的论并不在乎译文与原文是否对等，而是强调译文在译语文化环境中所要实现的交际功能。有了一定的翻译目的，译者才能更自然地选择翻译策略。译者必须首先明确翻译的目的和功能，并使其指导着自己的翻译实践。翻译的目的是多维度的，不同的阶段有着不同的目的。译者确定了翻译的目的，才能将理论和翻译实践相联系。

(3)目标语文化占统治地位的意识形态。从意识形态的角度来研究翻译，是近年来才兴起的一种趋势，体现了翻译研究的一大进步。意识形态是决定人们如何看待世界以及指导行为的观念体系。翻译所涉及的意识形态是由个人、群体或一种文化支持形成的一种价值体系，它表达着世界的运转规律。翻译不是在真空的环境下进行的，而是译者在特定的环境中所进行的操纵。因此，意识形态制约了翻译的最终结果。换句话说，意识形态不仅制约着翻译的产生，而且还产生于翻译活动之中。因此，意识形态和翻译之间存在一种相互产生和制约的关系。译者主体性作为近年来研究的热门话题，就是译者超越意识形态的结果，也就是译者脱离了强加在自己身上的权利话语的束缚，最终顺从了自己的创造性和内心的呼声。在翻译中，译者要想产出受译语读者认可的译文，必须适应目的语文化占统治地位的意识形态。当材料中的某些内容违背了译语读者的大众意识形态时，译者需要以译语读者的接受程度为翻译准则。处于强势文化中的读者一般不太愿意接受外来文化，所以译者选择顺从译语读者，有利于读者克服自身意识形态上的障碍。

(二)选择能力

1. 翻译文体的选择

王佐良先生认为,原文和译文之间真正的对等还必须包括文体的对等。梁晓声指出,翻译文体是译者创造的一种语言形式,要考虑原文语言的优势和译文语言的特点,是原文语言和译文语言的结合。可见,翻译文体的选择非常重要。翻译工作者要依据不同的传播渠道,将原文翻译成相适应的文体。当材料是通过声音的途径来传播时,译者就必须使译文适合听,这就要求译者了解广播文体的要求,做到语言简洁、重点内容突出。

2. 翻译方法的选择

译者不仅要把外国的先进文化引入中国,也要把中国的先进文化传播到外国去。中国文化走向世界,为的是丰富世界文化。要维护文化的多样性,使世界文化之水不断流动,使社会良性发展,甚至于维护世界和平,需要译者在翻译活动中保持包容的态度。

传统的翻译方法就是直译法和意译法,前者是向原文作者靠拢,后者是向译语读者靠拢。为了宣传中国文化,应该在翻译中尽量保留中国文化特色,因此可以采用直译法、直译加注法、意译法、替译法、音译法等。

(三)综合意识

1. 角色认知

谈到翻译者的角色,第一个要提的就是中介者。精通两种语言和文化的译者,成为不同语言和文化的桥梁,沟通着彼此。译者作为中介者,最基本的行为就是传达,在被许可的范围内将原文用目的语再现出来,以便两种文化相互了解。

译者第二个角色就是颠覆者。因为翻译是用另外一种语言再现原文,字词或语篇势必有和原文不同的地方,这些扭曲是有原因的,也是不可避免的。

译者第三个角色是揭露者和掩盖者。之所以说揭露,是因为用目的语表达原文内容时,会产生预料之外的效果,这也是原文的潜能。此处的掩盖,是指用另一种语言表达原文,势必会出现扭曲的现象,译者需要认真思考如何掩盖这种扭曲。

另外,译者还承担了重置者与替换者的角色。对于重置,是指译者将原文用另外一种语言和文化重现。置于替换，译文替换了原文，成为译语读者了解原作思想的唯一通道。

2. 全球意识

在新的历史时期，精神文明被提到了更突出的位置。译者作为文化传播的桥梁，在全球化的今天，应该拥有清醒的文化意识。经济全球化和文化全球化相当于一个人的两条腿，我们应该用两条腿走路，否则就不是一个健全的人。西方文化中的流弊，需要通过学习中国文化来克服，这也是西方有志之士转而向中国文化寻求智慧的动机所在。不同民族语言文化之间的交流是一种需要，任何一个民族想发展，必须走出封闭的自我，只有在和其他文化相互碰撞、相互融合的过程中自身才能得到发展。而在这样一个过程中，翻译始终起着重要的作用。

3. 主体意识

在传统的翻译理论中，译者似乎就是服务于作者和读者的仆人，只需要将源语文本的意义进行一种再现就可以，是一种隐性的存在。但是，随着翻译研究的深入进行，学者们逐渐开始怀疑起译者的仆人身份，并认为译者才是翻译活动中的主体。学者之所以提出这种观点，主要基于以下几种理由。首先，翻译是译者需要发挥其主观能动性的实践活动。其次，译者不仅是原文和译文的中介者，而且是原文作者与译文读者的中介者，同时又在翻译过程中架起了两种语言和文化之间沟通的桥梁。可见，译者处于翻译的核心地位。最后，解构主义学派和后现代主义都宣扬译者的主体性。

国内外很多学者都坚持翻译主体的唯一性，即认为翻译的唯一主体就是译者。例如，安托瓦纳·贝尔曼(Antonio Berman)认为，译者之所以成为翻译活动中的主体，是因为译者有着一定的翻译动机、翻译目的和翻译方案等，译者是翻译活动中最积极的因素。我国学者陈大亮、袁莉都指出，只有参与了翻译认识和翻译实践的人才能成为主体，原文作者和读者并没有直接介入翻译活动，因此只有从事翻译实践的译者才是翻译主体。译者只有认识了自己的主体性，才能在翻译活动中实现一定的创造性，才能赋予翻译作品生命。值得注意的是，译者在具有主体意识的同时，也要防止因自身过度膨胀而导致的随心所欲的翻译。只有在原作者、译者和译文读者等主体之间，建立一种对话式互动关系，才能建立一个健康有序的翻译系统。

4. 读者意识

在中国翻译的历史实践中，翻译工作者早就注意到了读者意识的重要性。

东晋高僧慧远曾经在谈到如何针对佛经翻译进行文本选择时，指出“以文应质则疑者众，以质应文则悦者寡”，意思是如果用华丽的文体翻译质朴的原文，持怀疑态度的读者就较多，如果用质朴的文体去翻译华丽的原文，那么不喜欢译文的读者就较多。我们先不探究这个结论的科学与否，至少他在翻译时考虑了读者对译文的态度。

清末学者马建忠提出“善译”的标准是“使阅者所得之益与观原文无异”，也就是根据读者的反应来判断译文的优劣。

奈达曾经也强调，原作者是在自己兴趣的推动下从事创作的，而译者需要明白译文是给读者看的。

郭天一将读者意识进行了更为细致的划分，包括读者是谁、读者有何需求以及如何满足读者需求。

从接受美学的角度来看，文本是一个多维度的开放式结构，不同的人可以做出不同的解释，相同的人在不同的地点也可以做出不同的解释。可见，在翻译中，原文文本是稳定不变的，但是接受者是动态变化的。读者根据自己的认知来认识译作文本内涵，填补意义空缺，并对未定性的内容实现具体化，最终实现译作的意义。

在译者的意识中，读者应该是摆在第一位的。在进行翻译之前，译者就要考虑译文读者的心理需求，并据此选择不同的翻译方法和策略。读者不同的心理需求促成了不同译文的产生。图里(Toury)曾经强调，一切翻译都位于一条线的中点，中点的一端是源语规范，另一端是目的语规范。

因此，为了实现翻译的目的，译者需要想尽一切办法来满足译文读者的心理需求。译文读者对译作内容的心理需求是影响译作传播效果的重要因素。译文读者对译作内容需求强烈，则阅读的动机指向性越强，译作的传播效果越好；反之，如果译文读者对译作内容的需求不强烈，阅读的指向性就会越低，译作的传播效果就越差。另外，在翻译过程中，如果能够引起译文读者情感上的共鸣，使其产生良好的情绪体验，那么翻译工作就相当于成功了一半，反之，如果无法使译文读者的情感状态处于最佳水平，翻译工作的成效就有待加强。译文读者是译作信息的接收者，是拥有独特的心理特征和丰富感情的个体。译者在翻译过程中应该时刻以满足目标读者的需求为目的，最大程度上使读者与原文的视野相融合。

5. 多元文化意识

“多元文化”是由“多元性”和“文化”这两个概念组成的。“文化”的概念在前面已经有过论述，此处就不再解释。

文化多元性是从生物多样性的概念中延伸出来的，生物多样性包括基因、物种和生态系统的多样性，是生态系统不断变得复杂的产物。文化多样性说明人类已经在环境问题上有了较多的认识，提倡对所有历史和文化的尊重。人类物种的进化和文化的发展都依赖于多样性，因为不同的族群在不同的自然环境中发展出了不同的文化。生物多样性和特化现象是相对应的概念。特化作为生物进化过程中的一种重要现象，是生物对环境的特异适应，有利于某些方面的发展却减弱了其他方面的适应性。当环境发生变化时，高度特化的生物类型就会因为适应性低而灭绝。文化发展中也有特化现象，它也可以称为文化单一性，和文化多样性是相对应的概念，它主要是指以美国为主的西方文化扩散到其他文化中，使全球文化变得单一并呈现出标准化趋势，影响着不同文化的传承与发展，以及各个社会的稳定乃至社会制度的演变。虽然不能肯定这种标准化趋势是否会消除有的文化差异，但毫无疑问的是，相似性肯定会增加。当今世界需要克服的难题是文化单一性，因此应该大力提倡文化多元性。

民族、国家、地域、社群、阶级、性别乃至个体等都是文化多样性的不同单元。每一种文化都是生而平等的，并以其他文化作为相对于自身的多样性。每一种文化想要保持自身的吸引力，保护自身的价值，并且维护国家利益乃至为世界的稳定贡献力量，都必须肯定其他文化的多元性。当文化的多样性消失时，自身文化也失去了发展的动力。另外，肯定其他文化的价值，也是维护社会和平和达成国际理解的必然要求。人类是相互依存的，每一种文化都属于人类文化大家族中的一员，为整个文化有机体作贡献，也依赖于整体的福祉，同时也具有自己的规定性。

文化多样性不仅为人类文化的融合提供了条件，也有助于提高每一种文化的辨识度及存在的价值。每一种文化是具有多样性的生活方式，有的部分是从祖先那里继承的，有的部分是在劳动实践中得来的，有的部分是依据风土演化而来的，总之有着深刻的特色。人类在应付各种复杂情况时可以从多样性的文化上寻找可靠的支撑条件，多样性的文化是人类共同财产，为人类文化的发展提供了源源不断的动力。不同文化之间只要不相互抵制，就能使整个文化世界充满勃勃的生机。无论是从当代还是从子孙后代的利益考虑，文化的多样性都应该被肯定。为了人类共同的利益，各个文化都应秉持文化多样性的观念，为人类的生存和发展提供一个新的平台。在这个全球化时代，才能建立理想意义上的文化多元性。只有经受了全球化时代洗礼的多样性才是最值得憧憬的。

第四章　基于跨文化交际的复合型英语翻译人才培养综述

翻译是两种语言之间的转换活动，所以要形成翻译能力并不是一朝一夕的事情。在我国，翻译教学是培养复合型英语翻译人才的重要方式，如今受到越来越多的重视。本章就对复合型英语翻译人才培养的目标、内容、现状、原则等相关知识进行探究。

第一节　复合型英语翻译人才培养的目标与内容

一、复合型英语翻译人才培养的目标

英语翻译教学的目标是培养学生的各项翻译能力，使学生能够顺利进行翻译。《大学英语课程教学要求》将大学英语翻译教学要求分为三个层次，即一般要求、较高要求和更高要求。

一般要求：

(1)能借助词典对题材熟悉的文章进行英译汉，译速为每小时约 300 个英语单词，译文基本传达原文的意义，无重大的理解和语言错误，符合中文表达习惯。

(2)能借助词典对题材熟悉的文章进行汉译英，译速为每小时约 250 个汉字，译文基本传达原文的意义，无重大的理解和语言错误，符合英文表达习惯。

(3)能借助词典将与专业相关的文章、介绍、提要、广告、产品说明书等翻译成汉语。

较高要求：

(1)能借助词典翻译英语国家一般报刊上题材熟悉的文章。英汉译速为每小时约 350 个英语单词，译文通顺达意，理解和语言表达错误较少。

(2)能借助词典对一般性题材的文章进行汉译英,译速为每小时约 300 个汉字,译文通顺达意,理解和表达错误较少。

(3)能摘译所学专业的英语文献资料。译文符合中文表达习惯。

(4)能使用适当的翻译技巧。

更高要求:

(1)能借助词典翻译所学专业的文献资料和英语国家报刊上有一定难度的科普、文化、评论等文章,英汉译速为每小时约 400 个英语单词,理解准确,基本无错译、漏译,译文流畅。

(2)能将反映中国国情或文化的介绍性的文章译为英文,汉英译速为每小时约 350 个汉字,基本无错译、漏译,译文达意,符合英语表达习惯。

《高等学校英语专业英语教学大纲》也对专业英语六级(相当于第六学期结束)和八级的翻译教学目标做了明确的要求。

六级目标:

(1)掌握常用的翻译技巧。

(2)初步了解翻译基础理论和英汉两种语言的异同。

(3)能将中等难度的英语篇章或段落译成汉语,译文忠实原文,语言通顺。

(4)翻译速度达到每小时 250～300 个英文单词。

(5)能将中等难度的汉语篇章或段落译成英语,速度和译文要求与英译汉相同。

(6)能担任外宾日常生活的口译。

八级目标:

(1)能运用翻译理论与技巧,将英美报刊上的文章以及文学原著译成汉语,或将我国报刊上的文章和一般文学作品译成英语。

(2)翻译速度达到每小时 250～300 个英文单词。

(3)译文要求忠实原意,语言流畅。

(4)能担任一般外事活动的口译。

二、复合型英语翻译人才培养的内容

(一)翻译的要素

翻译的要素指的是翻译研究所涉及的四种人。传统的翻译研究重点放在对原作的忠实上,原作是翻译研究的原信息。然而,随着经济全球化的进程加速,国家间的交流日趋频繁以及语言的变化、观念的改变、需求的改变、文化的融合、学科的交叉等因素,人们对知识的内涵及外延可能会产生新的认识。

尽管人们对事物的本质认识不是因人的主观意识而转移,但对现象的观察角度和对现象研究的切入角度会因时间的变化或多或少地出现变化,这是大家有目共睹的现实。在翻译研究的方法上与过去相比,就有了新的思维和新的视野。

所谓翻译的要素,具体地说就是作者、译者、读者与翻译批评者。现代人对翻译现象的认识在原来基础上有了更进一步的认识。翻译研究的重点不仅仅是从原作到译作,而必须将作者、译者、读者、翻译批评者以及他们之间的关系纳为翻译研究的对象。

1. 作者

只研究原作而不研究原作的作者是不科学的。作者的个性、风格特征、审美情趣都反映在其作品中。不研究作者,就无从真正、全面了解作者及其作品,那么翻译其作品或研究该作品的译本将有所缺陷。作者与读者有着密切的关系。作者也许在写作(创作)时没有想到潜在的读者对其作品会有何反应。但是,任何一位作者在进行写作时,心中通常都有潜在的读者。作者所创作的作品是作者创作目的的初步实现。作者的作品提供给读者,并让读者获得作者预期要达到的目的,即原作对读者发生了作用。同样的道理,翻译者在翻译时必然要想到原作作者的写作目的,也要想到读者。译者也是作者,是再创作的作者,因为译者的翻译也是一种创作。译作者要传递的信息,尤其是字里行间的信息,正是原作者写作时特别看重的信息,他通过某种创作手法将这种信息传递出来,以加强信息对信息接收者造成的印象。翻译过程是翻译者理解了原作后将原作的信息在译入语中再现出来。但是,若不对作者及作者某部作品的目的、背景等进行仔细研究,翻译时就将导致信息在传递过程中丢失。可见,对原作者的重视和研究是翻译的重要一环。

任何作者的创作活动都是为了作品的产生。作者在从事创作时心中必定有一定的目的。他创作的目的是完成某种心愿或通过创作达到自己所代表的人或单位的目的。作者的创作离开了读者就失去了其意义。研究作者,主要研究作者的社会、功能角色与他或他们所处的社会、语言、文化环境。因为这些方面都会对作者产生影响,尤其是文学创作。

一般来说,作者可以分为以下几种。

(1)行业作者。行业作者指文本所涉及的行业人员。例如,法律文本的创作者通常是学习法律出身的律师、法学家或有法律专业背景的政府部门官员;商业广告文本的作者通常是广告专业毕业的人员或从事广告专业的专门人才。

(2)独立作者。独立作者指原文本作者没有合作伙伴,是独立人,但有时代表法人来创作原作。以国际商务来说,国际商务英语文本作者与文学作品的创作者有本质的区别。文学作品作者是将自己的思想和创作意图通过其作品来体现,而国际商务文本的作者通常并不表现自己的原创作意图,他往往代表群体的利益来创作。当然,在不同的情况下,商务文本作者也有可能仅仅将自己的创作意图体现在他的创作文本中去,如商务报告、国际商务理论著作等。翻译研究有必要对作者加以分类来研究作者创作文本的初衷,以便能将翻译进入到更深层面的研究。

(3)群体作者。群体作者指原作的作者不止一个人。有时原作的创作需要由几个人甚至更多的人来完成。翻译再创作也常有群体作者,如技术资料由于时间关系需要有更多的人来完成翻译工作。在非文学翻译中有更多的群体作者,如国家的政策英译或重要的英语文献汉译有时需要集体的力量来研究、翻译。作者一方面是针对其作品而言的,他是作品的制作者;另一方面,作者是相对读者而言的,因为作者的创作目的都是为了让读者阅读。作者的创作和读者的阅读构成了创作的全部,没有读者的介入,作者的工作就失去了意义。法国解构主义理论的代表人物之一罗兰·巴尔特(Roland Barthes)在阐释读者与文本的关系、分析文本的意义时,明确宣称“作者死了!”罗兰·巴尔特认为作者在创作了作品后,文本中的语言符号就起作用了。我们理解的所谓的“作者死了”是说作者完成了创作的使命,他再也不需要也不能为后来的读者或译者进行阐释。读者或译者只能自己去理解、解读文本的含义。文本一旦被作者完成就是客观的存在。作者与其创作的作品脱离了关系,从空间上和时间上都产生了距离。这听上去有道理。不过,从另外一个角度来看,作者并没有真正死亡。我们也可以这样理解:作者已经将自己的灵魂融入其作品中去了,在文学作品中更是如此。译者怎样在原作中找到作者的“灵魂”取决于他对作者及其作品的理解和研究程度。不管从翻译实践还是从翻译理论研究的角度,对作者的研究是翻译学科的必要课题。只有对原作的作者有深入的研究,才能对翻译的实质有更清楚的认识,从而做好翻译实践工作和翻译研究工作。

2. 译者

译者在整个翻译过程中是一个非常重要的角色。译者也是创作者,也是自己译作的读者和批评者。翻译是创作,和原作者的创作不同的是,翻译创作的素材主要来自原作,还有就是来自译者的生活经验和知识积累。译者要翻译原作,必须仔细阅读和研究原作。一般的原作读者在阅读时不会仔细研究(研究者除外),而译者必须如此,只有对原作的含义完全、准确地理解了,才能创作好的译作。译者也是批评者,因为在阅读原作的过程中,译者必须对原作的语言信息进行加工,在从理解到表达的过程中审时度势。对译者的认知直接影响到对翻译性质的认识。长期以来,译者似乎总是处于一种尴尬、被动的地位,他所从事的翻译工作有时吃力不讨好。历来人们对译者的看法有以下几种。

(1)译者是“仆人”。有人认为译者是“仆人”,侍从于两位“主人”:作者和读者。这一观点从表面上看来似乎没错。译者的再创作必须以作者的作品为准,不能离开作品。同时,译者必须对读者负责,必须将作者蕴藏在其作品中的思想真实地呈现给读者。然而事实上,译者不应该是“仆人”。我们认为,译者应该是“从奴隶到将军”。译者的再创作应该在原作的基础上有自己的空间,在这些空间中,译者在再创作过程中充分把握作者赋予其作品的精神。译者并不是亦步亦趋。我国著名翻译家许渊冲提出的翻译“竞赛论”充分证明了这一点。

(2)译者是“叛逆者”。此说源自意大利的名句 Traduttori traditori(翻译者,叛逆者也)。所谓叛逆,主要指译者在翻译过程中没有办法将原作的全部内涵传译到译作中去,译文有违背原作的地方。这种说法也不无道理。但是,说译者是“叛逆者”未免有点过分,因为“叛逆者”通常指大逆不道之人,而译者只不过是在翻译过程中丢失了部分信息而已,况且高明的译者在翻译过程中丢失的信息是有限的,并且能将丢失的信息通过某些手段很大程度上弥补过来。

(3)译者是“隐形人”。这种说法其实是对译者提出要求,即要求译者在译作中不能让读者看出有自己的“影子”。在我国,早在隋代,彦琮就提出对译者的要求。要想在译作中完全没有译者的“影子”只是一种理想。美国著名翻译家奈达博士说:“所谓翻译,是指从语义到文体在译语中用最切近而又最自然的对等语再现源语的信息。”奈达所说的“最切近而又最自然的对等语”言下之意是说不可能做到真正百分之百的对等,翻译过程中必然有信息丢失。任何译者在长期的翻译过程中往往会形成自己的翻译风格,尤其是在处理流失的信息时,往往有自己的特殊处理方法。

所以,译者要做一个真正的“隐形人”几乎不可能。例如,傅雷的译文总是“隐藏”着傅雷。熟悉傅雷译作的人在读他的译文时很快就可以感觉到傅雷的“存在”,这样傅雷就不是真正的“隐形人”了。这种“隐形人”的“现身”体现出译者的翻译风格。译者翻译风格的形成表现出译者的译入语语言的风格标记,换言之就是译者在使用译入语表达时所形成的自己独特的风格特征。做一个非常称职的译者并不容易。奈达认为，译者必须具备以下一些条件：必须非常熟悉源语；精通译入语；精通或掌握所译的文本的体裁（文本文体）；具备“移情”能力，即能体会到原作者的真正意图；具备语言表达的才华和文学想象力。

译者若能做到这五点要求，就基本上能做一个“隐形人”，而要真正做到却非易事。例如，国际商务翻译者一般不需要像文学翻译者那样有丰富的想象力，但必须熟悉国际商务的有关业务知识。另外，我们认为译者还必须了解翻译理论的基础知识。

虽然译者在从事翻译工作时不会想到翻译理论，但当译者在翻译过程中遇到问题时，若有翻译标准的参照，有翻译理论的依据，就可以大胆地用符合该标准或理论的方法进行翻译，提高翻译质量，从而尽可能将自己“隐藏”，在译作中充分再现原作者。

(4)译者是翻译的主体。对于翻译的主体，一直存在不同的学术观点。根据陈大亮所做的分类，有四种观点存在：认为译者是翻译主体；认为原作者与译者是翻译主体；认为译者与读者是翻译主体；认为原作者、译者与读者是翻译主体。

从这四种不同的观点可以看出，人们从不同的角度去认识翻译的主体。然而，我们更同意第一种观点：翻译的主体是译者。方梦之认为：“翻译主体常指译者或称译者主体（以翻译行为本身而言）。”方梦之在其《译学辞典》中虽然也列举了其他观点，但是他将翻译的主体是译者放在首要的位置，足以说明他对翻译主体的认识。主体的特征是主体所具有的主观能动性。

译者作为翻译的主体，面对的是翻译作品这一客体，具有创造性和自主性。译者对原作者及其译作的作用过程表现在他对作者的创作意识和思维加以阐释，对译作也加以阐释。作者不是翻译的主体，因为作者没有介入翻译的任何活动，他的主观能动性表现在他对客观世界的认识，并通过思维的方式，用语言将其认识表现出来。译者不同，译者的所为是针对已经存在的客体：原作。作者在创作过程中是主体，而在翻译过程中则是译者研究的客体。译者在翻译中是主体，因为“译者从语言（文本）出发重构客观世界”。

读者不能被视作翻译的主体，而是接受主体，因为读者是译文的接受者。读者的行为性质不足以构成翻译的主体性，翻译的主体性指译者在翻译活动中表现出来的本质特征，即翻译主体能动地操纵原作（客体）、转换原作，使其本质力量在翻译行为中外化的特性。既然读者不是能动的操作原作和转换原作的行为者，即读者并不参与翻译的实际过程，这样就不构成翻译的主体性，所以读者同样不能被认为是翻译的主体。在整个翻译过程中，译者是中心人物，是翻译的主体，因此是翻译过程研究的重点。译者的作用不言而喻，没有译者就无从谈及翻译。没有译者，原作仍存在。可是，翻译的主体译者不存在的话，就没有译作，没有译作也就没有译作的读者。

在翻译过程中，译者不应该是“一仆二主”。译者应该有相对的独立性和主观能动性。胡庚申在研究了译者主体后进一步认为应该确立“译者中心论”。他说：“这里提出以‘译者为中心’，目的就是突出译者在翻译过程中的这种中心地位和主导作用，并力图从译者为中心的视角对翻译活动做出新的描述和解释，从而形成一个以‘译者为中心’的翻译观。”胡庚申还认为，在强调译者中心的同时，不能忽略作者、读者的重要性。

另外，查明建和田雨从译者文化地位的边缘化角度论证了译者的主体性。译者对原作和原作者的理解决定译作的命运，而译作的命运又直接和译作读者密切联系，好的译作必定受到读者的欢迎。换言之，好的译作主要来自好的译者，原作再好，没有译者的再创作，就不能对译入语读者发挥其功效。查明建和田雨两位学者对译者主体性做了这样的描述：“综合以上分析，我们可以尝试为‘译者主体性’做这样一个界定：译者主体性是指作为翻译主体的译者在尊重翻译对象的前提下，为实现翻译目的而在翻译活动中表现出的主观能动性，其基本特征是翻译主体自觉的文化意识、人文品格和文化、审美再创造性。”

美国著名翻译学学者、解构主义的代表人物韦努蒂(Lawrence Venuti)的学术观点和罗宾逊(Douglas Robinson)有所差异，但是他们的观点有一个相同点，这就是他们俩都非常重视翻译中译者所起的重大作用。由此我们可以看出，译者作为主体在翻译过程中有重要地位。

(5)译者的忠诚。译者一直扮演着吃力不讨好的角色。他不像作者，尽自己之所能将要说的话通过语言艺术表达出来。译者面对的是作者的原作。传统的翻译观认为，译者首先必须对作者忠诚，换言之，必须对原作者负责，原作者说一，译者不能说二，否则译者就会被认为是对作者不忠。此外，译者还要对读者忠诚。译者必须将原作的内容用译入语完整地呈现给读者，如有疏漏，就被认为既对作者不忠诚，又对读者不忠诚。

事实上，对翻译一部长篇大论的译者来说，很难做到“忠孝两全”。译者不可能百分之百地忠实于原作者，因为创作译作就像复制一尊雕塑品，译者用另外一种材料(另一种语言)塑造出原雕塑品，在再创造的过程中，总会有被遗漏的东西。另外，因为译者不可能做到对作者百分之百的忠诚，所以译者就没有做到对读者的真正忠诚，并且译者被认为没有将原作者的全部创作意图转达给读者。

此外，译者的翻译是再创作，既然是再创作，译作中就可能有自己的创作成分，尽管译者的再创作是基于原作，但由于源语与译入语之间有许多制约因素，如由于文化隔阂而造成的不可译性，这样就造成了译者的所谓不忠诚。再者，原作中（尤其是科技和国际商务文本中）存在一些问题，为了在译文中正确地传译出原作的真正含义，译者可能要增加有限的注释甚至译者个人见解以补原著的不慎或不足。这样译者似乎对作者不忠诚，但这样做正是为了对读者忠诚。

有人认为，译者是奴仆，他必须忠诚于两个主人：作者和读者。但是，译者不应该扮演奴仆的角色。译者与作者和读者是平等的关系。我们可以说，译者是作者和读者的好朋友，因为译者将作者的作品翻译介绍给读者是两全其美的事，是给作者和读者帮了大忙，因为译者将作者的作品介绍给读者帮助作者扩大他的作品的影响。事实上，译者是在为作者宣传、推广他的作品。另外，译者给读者也帮了忙，因为对于读者来说，让他们能通过阅读译作来欣赏原作或通过原作获得求知或愉悦满足。

如前所述，译者还被认为是“叛逆者”，我们认为译者在其译作中多少会有自己对原作的理解，或者说是对作者意图的阐释，在文学作品的翻译中更是如此。译者对原文作者“本意”求索的结果正确与否，通常是无法得到原文作者的亲自鉴定或认可的，像法译本《浮士德》竟能得到原作者歌德本人的赞叹，并被认为“比德文本原文还要好”，这可说是古今中外翻译史上绝无仅有的佳话。

不管是译者对原作“本意”的理解是否准确，还是译者的译作比原作更好，有人认为这是对作者的不忠，因为从翻译的实质上来看，译作不能超越原作。但是就创作而言，翻译的忠诚主要在于将原作者的真正意图阐释清楚。原作者在创作原作与译者在翻译原作时，从空间和时间上都发生了变化，甚至是巨大的变化。如果要求译者不折不扣地彻底理解原作者赋予其作品的意义，那是不现实的。译者的忠诚主要反映在译者对原作思想的把握上，而不是在形式的雷同上。

3. 读者

读者的作用在以往的翻译研究中没有得到足够的重视。过去我们总是将翻译的中心放在对译者、原作者以及译作的研究上。然而，没有读者，翻译的目的就没有达到。没有读者的译作犹如锁在仓库中没有进入到流通市场的产品。所以，翻译研究不能不重视读者。翻译过程中译作与读者的关系颇为重要，因为任何译品总是要有人阅读才有可能产生影响、发挥作用，它直接关系到翻译功能的完成及翻译目的的实现。狭义的读者指译作的读者。广义的读者包括原作的读者和译作的读者。此外，读者还包括译者，因为译者翻译必须阅读原作。在国外,读者曾经引起过人们的关注。从西方翻译的早期开始,西塞罗等人就注意到了这种关系(译作和读者的关系——笔者)。西塞罗曾指出,译者在翻译中应像演说家那样,使用符合古罗马语言习惯的语言来表达外来作品的内容,以吸引和打动读者。

翻译的目的是让人阅读译作。翻译家在翻译时,心中必须想到读者,换言之,译者要时刻记住为谁而译。著名翻译家奈达在自己翻译实践和翻译研究的基础上,特别强调读者的作用,看重读者对译作的反应。他强调原作读者与译作读者的反应对等。尽管我们通常不容易了解到原作读者对原作的反应与译作读者对译作的反应是否对等,但是在翻译研究中将读者纳入研究对象无疑是十分有意义的事情。当代英国翻译理论家萨瓦里就提出"读者分析法",他指出:"要获得圆满的翻译效果,必须根据不同读者的要求,提供不同性质和风格的译文。"萨瓦里将读者放在十分重要的位置,他认为翻译为读者服务。

奈达从社会语言学和语言交际功能的观点出发,强调翻译应该以读者接受为中心任务。对奈达的翻译理论观点,人们虽然有些争议,但是翻译中读者的重要地位是毋庸置疑的。出现于20世纪60年代末期、鼎盛于20世纪70年代至80年代,并且时至今日仍具有广泛影响力的接受理论特别看重读者的作用。创作或作品只有在阅读欣赏中才能成立。翻译作品同样只有通过阅读才能成立。虽然接受理论强调的是创作中读者的作用,但对翻译也同样适用,译作若离开了读者,就失去了存在的意义。可见,读者是翻译研究中不可忽略的对象之一。

4. 批评者

批评者指翻译批评者。翻译研究应该将翻译批评者纳入研究对象。翻译批评在翻译理论和实践中是一个重要的起连接作用的中间环节。因此,翻译批评者就是翻译理论与实践之间起承前启后作用的一方。翻译批评者对翻译理论与实践有所关照,通过对翻译批评者的研究我们可以加深对翻译理论与实践的认识,同时使得翻译批评工作在翻译学科中的功能和重要性得到进一步的澄清,并理清翻译批评和翻译理论与实践的关系。这一切活动离不开对翻译批评的主体——翻译批评者的研究。

翻译批评者站在翻译理论的高度对译作做全方位评论,翻译批评者的工作质量直接影响着翻译理论与实践。所以,对翻译批评者的具体工作性质、思维、批评标准的选择与把握以及工作态度等有必要进行深入的研究。翻译批评是翻译学中的一个重要组成部分,讨论翻译理论与实践必定需要对翻译批评者进行研究。

(二)翻译的性质

对于翻译的概念,人们一般认为翻译是把一种语言转换成另外一种语言的活动。《现代汉语词典》给翻译下的定义:把一种语言文字的意义用另一种语言文字表达出来,把代表语言文字的符号或数码用语言文字表达出来。中外翻译家对翻译概念的理解大同小异。苏联翻译家巴尔胡达罗夫认为,翻译是把一种语言的言语产物在保持内容方面也就是意义不变的情况下改变为另外一种语言的言语产物的过程。

奈达认为:“所谓翻译,是在译语中用最切近而又最自然的对等语再现源语的信息,首先是意义,其次是文体。”爱丁堡大学应用语言学院的翻译家卡特福德(J. C. Catford)认为:“翻译是将一种语言(原文语言)组织成文的材料(textual material)替换成等值的另外一种语言(译文语言)的成文材料。”“翻译是按社会认知需要、在具有不同规则的符号系统之间所做的信息传递过程。”“翻译是一种跨语言、跨文化的交际活动,翻译的过程也就是信息的传递过程。”综合上述,我们归结如下。

(1)翻译是一种活动,一种在原文基础上的改变语言形式的创作活动。

(2)翻译是一种信息转换活动。

(3)翻译是语言、符号意义的转译过程。

(4)翻译是将一种文化介绍到另外一种文化的活动。

总之,翻译是从译语里找到原文信息的对等语。这种寻找对等语的活动除了要考虑表层意思和深层意思外,还涉及寻找对等语以传递风格和文化信息。

(三)翻译的方法

为了保证译文更加顺畅,就必须运用一定的翻译方法。在遵循原文内容的前提下,需要对原文的表达方式、表现手法进行改写。一般而言,翻译方法有直译、意译、音译等。在翻译学习中,教师应该引导学生弄清这些翻译方法,从而提升自身翻译的效率与质量。

1. 直译法

直译法即采用和译语对应的词翻译出源语中的文化信息,这样可以尽可能多地保留源语文化的特征,开阔译语读者的文化视野,促进中西方文化的交流。例如:

他一家子在这儿,他的房子、地在这儿,他跑?跑了和尚跑不了庙。

(周立波《暴风骤雨》)

"Escape? But his home and property can't escape. 'The monk may run away,but the temple can't run with him!'"

在翻译俗语"跑了和尚跑不了庙"时,译者采用了直译法,一方面保留了源语中的形象,另一方面也很好地转达了源语中的文化信息。

And since that time it is eleven years;
For then she could stand high-lone;nay,by th'rood,
She could have run and waddled all about;

(Shakespeare)

译文 1:是啊,自从那天起,就糊里糊涂过了十一年。对啦,断奶那天她就会站着,不,都跑了,东倒西歪的一会儿都不消停。

(曹禺 译)

译文 2:算来也有十一年啦;后来好就慢慢地会一个人站得直挺挺的,还会摇呀摇的到处乱跑……

(朱生豪 译)

译文 3:

从那天到现在已十一年了;
那时她已经会站着了;是啊,凭着十字架起誓,
她已经会跑了,到处蹒跚着走。

(曹未风 译)

本例来自《罗密欧与朱丽叶》(*Romeo and Juliet*)。原文中的短语 by th'rood 具体指 swear by th'rood,意思是"对这十字架起誓"。在以上三个译文中,译文 1 和译文 2 省去了这一具有文化内涵的短语,只有译文 3 将这一短语直译了出来,使源语中的文化色彩得以再现。

2. 转换法

由于不同民族的历史、生活地域、风俗习惯等各不相同,因此对待同一个事物,不同民族也会有不同的理解和认识。有的事物在一种语言文化中有着丰富的内涵和外延,可以引起人们美好的联想,在另外一种语言文化中却平淡无奇,毫无文化色彩。在翻译过程中,如果遇到这种文化差异,译者应采用变通的处理方式,也就是说将源语中具有文化色彩的词语转换成译语中带有相同文化色彩的词语。例如:

lead a dog's life 过牛马不如的生活
laugh off one's head 笑掉牙齿
as hungry as a bear 饿得像狼
as scared as a rabbit 胆小如鼠

like a duck to water 如鱼得水

打草惊蛇 wake a sleeping dog

胆小如鼠 as timid as a rabbit

牛饮 drink like a fish

3. 音译法

有些源语文化中特有的物象在译语中为“空缺”或者“空白”。此时仅能用音译法将这些特有的事物移植到译语中，这样不仅保存了源语文化的“异国情调”，而且吸收了外来语，丰富了译语文化。例如：

People considered that what he had played on that occasion was no more than a Judas kiss.

人们认为他在那种场合所表演的不过是犹大之吻。

犹大是耶稣的一个门徒，他为了 30 块银币出卖了耶稣。他和耶稣亲吻，目的是让罗马人认出耶稣。《新英汉词典》将 Judas kiss 翻译成“奸诈，口蜜腹剑，阴险的背叛”，这样意译并无错误，但过于平淡，失去了源语的文化色彩，所以可以将用半音半译的方式翻译成“犹大之吻”更加生动形象。再如：

武夷茶 bohea

秀 show

色拉 salad

刮痧 gua sha

锅盔 Guokui

炒面 Chow Mein

酷 cool

馄饨 Wonton

普洱茶（云南） Pu'er tea

磕头 kowtow

八卦 ba gua

糍粑 Ciba—made of potatoes

瑜伽 yoga

蹦极 bungee

董酒 Dongjiu(wine)

烧卖 Shaomai

功夫 kung fu

迈克尔·乔丹 Michael Jordan

Phiosophy 菲洛索菲
Penicillin 盘尼西林
Travis 特拉维斯
Muse 缪斯
Hippie 嬉皮士
Johnson 强生
Lansing 兰辛
Lymph 淋巴
Mousse 摩丝
Jupiter 丘比特
Vitamin 维他命
Disney 迪士尼
Simmens 席梦思
Prometheus 普罗米修斯
Trojan horse 特洛伊木马
L'Oreal 欧莱雅
a Pandora's box 潘多拉盒子
Adams Smith 亚当·斯密
Colgate 高露洁
Coca-Cola 可口可乐
aspirin 阿斯匹林
Sony 索尼
sauna 桑拿浴
hacker 黑客
Disco Bar 迪吧
clone 克隆
nylon 尼龙
AIDS 艾滋病
Benz 奔驰
Ford 福特

4. 图表法

所谓图表法，是指运用图表对复杂的事物内在关系进行对比，最后进行阐释的方法。这种方法比较简明，也容易理解，能够对事物内在的关系进行清晰的阐释。例如，莱尔在对“压牌宝”这一西方的游戏规则进行翻译时，阐释如图 4-1 所示。

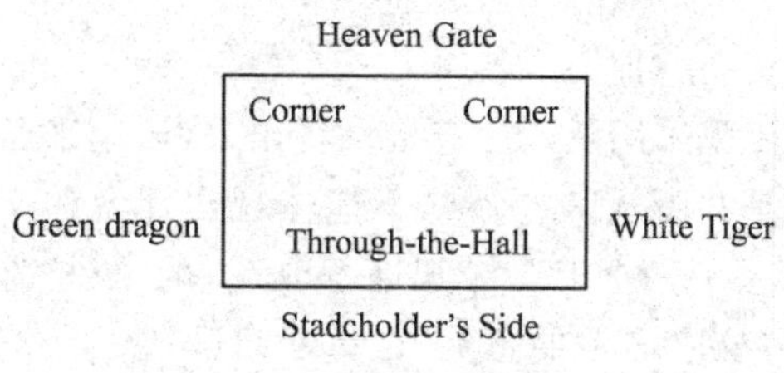

图 4-1

因此，运用图表法能够让目的语读者对译语文本中的文化信息一目了然，进而理解也就非常容易了。

5. 零译法

零译法是一种前卫的、新颖的翻译法。与传统的直译法、意译法、音译法等方法相比，这一方法往往比较省时、省力，也让目的语读者容易理解和把握。在文化翻译中，译者应该对这一方法进行恰当的运用，从而更好地促进两种语言与文化的发展。例如，Ipad 一词的出现就是典型的例子，采用零译法，直接用 Ipad 来表明，不仅能够准确理解原本的科技术语，还能有助于目的语读者接受该事物。当然，类似的例子还有很多。

HR　人事部门

DVD　激光视盘

FAX　传真

DNA　脱氧核糖核酸

EQ　情商

B 超　B 型超声诊断

IT　信息技术

CEO　首席执行官

VS　对阵

VIP　要客

3M　一种机械产品

6. 改写法

所谓改写法，是指对目的语中已经存在的妙语进行改造，并运用到译文之中。其与转换法的区别在于转换法是直接运用目的语中的与源语相同含义的词汇或句子，而改写是在其基础上进行改造。例如：

Anger is only one letter short of danger.

译文1:生气离危险只有一步之遥。

译文2:忍字头上一把刀。

上例中,译文1是采用意译法直接翻译出来,读起来通俗,可以说译文1是没有错误的,但是并不优美、文雅,不能体现出译者的文采。译文2采用了农村习语"色字头上一把刀",对其进行改造,翻译成"忍字头上一把刀",既读起来给人一种文字游戏的感觉,也更能凸显"忍"的作用,是对原作很好的传达。

7. 省译法

省译法顾名思义就是对其中的一些内容进行省略。具体而言,译者在进行文化翻译时,需要对特定不必要的内容进行省略。例如:

三十六计,走为上计。

The best stratagem is to quit.

显然,译者在对上述成语进行翻译时,由于句子的重要含义在于后者,因此对于前者进行省略。

第二节 复合型英语翻译人才培养的现状

一、教学方法不科学

由于授课教师对翻译体系研究得不够深入和全面,很多教师在教授翻译时使用的教学方法是很不科学的。在传统教学模式的影响下,很多教师教授翻译的过程为"为学生布置翻译实践任务—学生翻译并提交—教师批改学生的译文—挑出其中的错误并进行讲评—安排翻译实践练习"。这种不科学的教学方法不仅费时费力,而且还得不到满意的教学效果,学生一直处于被动接受的地位,根本无法养成科学、合理的学习习惯,自然更无法提高自己的翻译能力。

此外,在教学过程中教师不会给学生系统地讲解翻译理论知识,更没有安排学生全面学习翻译的各种技巧,在教授时往往针对翻译材料中的重点词语、句型进行讲解,将翻译课上成了词汇课和语法课。在学生做完翻译任务后,教师就直接告诉学生任务的答案,并未给他们仔细分析自己的译文与答案之间的区别与差距的时间,影响了学生翻译能力的提升。

二、师资力量薄弱

我国很多高校中教授翻译学科的教师并非翻译专业的科班出身，他们在学校学习的往往都是综合类英语内容，对翻译的知识、理论、技巧等方面了解得也并不透彻，因此在开展翻译教学工作时会显得力不从心。另外，还有一个十分重要的原因是高校教授翻译科目的教师自毕业后就进入学校教学，没有经过社会生活经历的体验，更没有从事过实际的翻译工作，这在一定程度上导致这些教师与社会的发展存在一定的脱节现象。在这类教师的影响下，大多数学生在翻译学习中很难抓住核心和要点，教师对于翻译方面的内容也是看课堂时间的充裕与否，由此使得学生并不能完全掌握系统的翻译理论知识及参与大量的翻译实践活动。

三、重视程度不够

经过分析我国的英语教学大纲可以发现，对学生的翻译技能和能力的培养并未给出具体的方案与计划，与其他技能相比较而言，翻译技能的地位是很不受重视的。在这一现状的影响下，翻译教学不能引起授课教师的足够重视，他们往往采用传统的教学方法进行授课，只是将翻译看作一种巩固其他语言技能的手段，只注重语言形式而忽视了内涵。另外，对于教材中的翻译练习，教师往往将其作为练习安排给学生，经常是有时间就讲解一下，没有时间就直接给出答案，让学生自己去核对，持有一种非常随意的教学态度。

第三节　复合型英语翻译人才培养的基本原则

翻译教学是复合型英语翻译人才培养的重要途径之一。因此，为了保证翻译教学实施过程中的计划性、目的性、层次性，教师应该坚持一定的原则，在这些原则的指导下，翻译教学才能开展得更好、更有效。下面就对这些原则展开探讨。

一、普遍性原则

翻译行为本身属于语言行为的一种，而语言行为本身具有经验性特征，这就决定着翻译教学应该坚持普遍性。通过感觉对事物的经验进行把握，这种经验往往是纯粹的经验，是一种局部的、表面的经验，因此很难普遍地说明翻译行为与现象，也很难正确地指引翻译活动。但是，我们并不能将这种经验中的开拓性与典型性抹灭掉，而是应该运用一种科学的态度认真对待。

翻译活动在普遍性原则的指导下能够产生新的经验，从而实现真正的调整与检验，并实现深层次的优化与修正。也就是说，教师在翻译教学中必须坚持普遍性原则，以便让学生对普遍原则的基本指导思想有清楚的了解，从而对翻译实践活动进行指导。

二、精讲多练原则

翻译教学中要坚持精讲多练原则，即包含两大层面：一是要求精讲，二是要求多练。众所周知，翻译教学属于技能教学中的一种，如果仅仅采用传统的方式来开展教学，即先进行讲解与灌输，后进行练习的方式，这样很难提升学生的翻译能力。因此，就当前的翻译教学而言，教师应该将讲授与练习二者相结合，并在实际的练习中，让学生归纳和总结翻译理论的相关知识点。

例如，在进行翻译练习之前，教师可以给学生讲解一些相关技巧，然后再让学生不断练习。学生完成一阶段的练习之后，教师要对学生的练习进行仔细分析和批改，然后针对学生的练习进行讲评。需要注意的是，讲评并不仅仅是点评，是基于对原文的系统分析，对相关知识点进行整理，从而将其上升为理论。

三、实践性原则

在翻译学习中，实践性是其重要的特征之一，这就要求翻译教学也需要坚持实践性原则。在翻译教学中，教师需要为学生创造翻译练习的机会，如去一些正规的翻译公司实习，通过实践来考察自己的翻译能力，如果有所欠缺，那么就需要针对欠缺的层面进行弥补。同时，这种真正的实践训练也有助于调动学生的积极性，还能够为他们以后进入社会奠定基础。

四、实用性原则

在开展翻译教学时，教师需要与学生的实际情况联系起来，注重实用性。由于学生的翻译学习主要是为之后的工作准备的，这种与学生实际相结合的教学有助于调动学生的积极性，从而提升教学与学习的效果。

五、循序渐进原则

任何活动都需要坚持循序渐进原则，当然翻译教学也不例外，过分地急于求成显然不可取。在实际的翻译教学中，教师应该坚持从简单到复杂、从浅显到深刻的顺序，让学生逐步学习到翻译知识，并掌握扎实。

例如，在翻译教学的初期，教师应该将翻译的一些基础知识介绍给学生，进而对一些技巧和理论进行讲解。但是，如果教师反过来先讲解技巧与理论，就必然会让学生感觉到晦涩难懂，也让学生很难将知识运用到实践中。

可见，翻译教学中坚持循序渐进原则必不可少，不仅可以提升学生的翻译学习兴趣与积极性，还能够调动学生的自信心，提升他们的翻译技巧与能力。

六、速度与质量结合原则

在翻译教学过程中，教师需要注意速度与质量的结合，既不能仅注重速度，而忽视译文的质量，也不能仅注重质量，而忽视速度。在翻译时，学生会更多地关注翻译的质量，害怕因为某字词的偏差影响翻译的效果。但是，这样对质量的关注必然会降低翻译速度。因此，在翻译时，除了要注重质量，还需要把握好速度，这样才能完成规定的任务。

要想提升学生的翻译速度，教师可以对学生开展限时训练，让学生在规定时间内完成任务，并随着学生速度的提升，不断增加难度。当然，学生除了在课堂上进行限时练习外，还可以在课下进行，这样学生可以循序渐进地把握好翻译速度，在有限的时间内完成翻译作品。

第五章　复合型英语翻译人才培养之基本翻译技能的培养

词汇、句子、语篇和修辞是语言的基本组成部分，所以复合型英语翻译人才需要掌握这几个方面的翻译技能，这也是确保翻译有效进行的基础。由于中西方在历史传统、风俗习惯、思维方式等层面的差异性，英汉两种语言在词汇、句子、语篇、修辞等层面有着明显的异同点。了解了这些异同点，才能更好地进行翻译。本章就对词汇、句子、语篇和修辞翻译技能的培养进行详细探讨。

第一节　词汇翻译技能的培养

对于英汉语言来说，词汇是其组成的细胞，并且英汉两种语言中的词汇是非常丰富的。但是，这种丰富性也导致了英汉词汇在词形变化、词义、搭配等层面的差异性。对这些层面的差异性进行对比分析，有助于人们更好地了解英汉词汇的基本规律，并帮助译者做好翻译工作。因此，本节就对词汇翻译技能的培养展开探讨。

一、熟知英汉词汇差异

（一）词形变化差异

1. 英语词形变化

英语属于屈折语言，具有丰富多变的语法形态。

英语名词有可数与不可数之分。其中，可数名词又分为单数名词与复数名词。

英语动词也有丰富的形式变化，主要体现在人称、语态、时态、语气、情态及非谓语等的变化上。

除了名词与动词外，形容词、副词等也有词形的变化，正是由于这些词形的变化，英语中的词类、性、数、格、语态、时态的变化不需要借助其他虚词就可以实现。

2. 汉语词形变化

与英语相比，汉语是一种非屈折语言，其词与词的关系需要读者自己解读。

一般而言，汉语语法形态是通过上下文语境实现的。与英语不同，汉语属于表意文字，汉语名词既没有可数与不可数之分，也没有单复数之分；动词也没有形态变化，谓语动词的语态、时态等往往需要借助词汇手段来实现。

（二）词汇意义差异

1. 完全对应

在英汉两种语言中，有些词在词义上是完全对应的，一般这类词包含名词、术语、特定译名等。例如：

paper 纸

helicopter 直升机

steel 钢

radar 雷达

2. 部分对应

在英汉两种语言中，有些词呈部分对应，即有些英语词词义广泛，而汉语词词义狭窄，有些英语词词义狭窄，但汉语词词义广泛。例如：

sister 姐姐，妹妹

gun 枪，炮

red 红色，紧急，愤怒，极端危险

yellow 黄色；胆小的，胆怯的

3. 无对应

受英汉文化差异的影响，英汉语中很多专门的词在对方语言中找不到对应词，这就是所谓的“无对应”，也可以被称为“词汇空缺”。例如：

chocolate 巧克力

hot dog 热狗

气功 Qigong

风水 Fengshui

4. 貌合神离对应

在英汉两种语言中,有些词表面看起来是对应的,其实不然,这种对应的词语可以称为“假朋友”。例如:

grammar school 为升大学的学生设立中学,而不是“语法学校”

mountain lion 美洲豹,而不是“山狮”

talk horse 吹牛,而不是“谈马”

大酒店 hotel,而不是 big hotel

酒店 hotel,而不是 wine shop

白酒 spirits,而不是 white wine

(三)搭配能力差异

词汇搭配研究的是词与词之间的横向组合关系,即所谓的“同现关系”。一般来说,搭配是约定俗成的,但是英汉搭配存在着明显的规律,不能混用。例如:

as plentiful as blackberries 多如牛毛

红茶 black tea

另外,很多词具有很强的搭配能力,如英语中的 to do 可以构成很多词组。

to do the bed 铺床

to do the window 擦窗户

to do one's teeth 刷牙

to do the dishes 洗碗碟

to do a light 观光

通过上述 to do 组成的这些词语可以看出其搭配能力的广泛,可以用于“床”“窗户”“牙”“碗碟”等,但是汉语中与之搭配的词语不同,用了“铺”“擦”“洗”等。再如,汉语中的“看”也是如此。

看电影 see a film

看电视 watch TV

看地图 study a map

二、合理使用词汇翻译的方法

（一）根据上下文翻译

上下文之间存在着紧密的关联，这种关联也构成了特定的语言环境。正是由于这种特定的语言环境，才能帮助读者判定词义，并衡量所选择的词汇意义是否准确。

事实上，不仅某一个单词需要从上下文进行判定，很多时候一个词组、一句话也需要根据上下文来判定。例如：

Fire!

火！

上述例子可以说是一个词，也可以说是一句话。如果没有上下文的辅助或者借助一定的语境，人们是很难理解其含义的。其可以理解为上级下达命令“开火”，也可以理解为人们喊救命“着火了”。但是，要想确定其含义，必须置于具体的语境中。

人们可以根据文中所叙述的事物的内在关系来判定词义，也可以根据组成文章词句之间的语法关系来判定词义。到底是选择哪一种，需要根据具体的文章来判定。例如：

Suddenly the line went limp. “I'm going back.” said Smith. “We must have a break somewhere. Wait for me. I will be back in five minutes.”

引爆线突然耷拉下来。史密斯说：“我回去看看。一定是某个地方断了线。等一下，我五分钟就回来。”

一般来说，have a break 意思为“休息一下”，但是放在这个句子中显然不合适，根据第一句话可以判断出其意思为“断了线”。

（二）根据词性翻译

很多英语词汇往往有着不同的词性，即一个词可能是名词也可能是动词。因此，在进行英汉翻译时，译者需要确定该词的词性，然后再选择与之相配的意义。例如：

like 作为介词，意思为“像……一样”

like 作为名词，意思为“英雄、喜好”

like 作为形容词，意思为“相同的”

下面来看一个例句。

I think, however, that, provided work is not excessive in amount, even the dullest work is to most people less painful than idleness.

然而，我认为，对大多数人来说，只要工作量不是太大，即使所做的事再单调也总比无所事事好受。

上例中，如果将 provided 看作 provide 的过去分词来修饰 work，从语法上理解是没有问题的，但是意思上就会让人产生困惑。如果将其看成一个连词，翻译为“只要、假如”，那么整个句子的含义就很容易让人理解了。

（三）根据搭配翻译

如前所述，英汉两种语言由于受历史文化的影响，都有着各自的固定搭配。因此，在翻译时译者应该注意这一点，否则就会让人费解。例如：

heavy news 令人悲痛的消息

heavy crops 丰收

heavy sea 汹涌的大海

heavy road 泥泞的道路

浓眉 heavy eyebrows

浓云 thick cloud

浓郁 rich

浓茶 strong tea

（四）根据词义褒贬与语体色彩翻译

词汇意义既包含喜欢、厌恶、憎恨等感情色彩，也包含高雅、通俗、庄严等与体色彩，因此在翻译时需要根据上下文对其进行区分，并且将其代表的情感色彩与语体色彩体现出来。例如：

An aggressive young man can go far in this firm.

富有进取心的年轻人在这家公司前途无量。

An aggressive country is always ready to start a war.

好侵略的国家总是准备挑起战争。

显然，通读完上述两句话就可以得知，两句中的 aggressive 的情感色彩是不同的，第一个为褒义色彩，而第二个呈现的贬义色彩。

第二节　句子翻译技能的培养

在英语语言中，句子起着十分重要的作用。了解英汉句子的不同特征，有助于更好地进行英汉互译。英汉句子的差异有很多，这里主要从语序、语态、句子重心三个层面入手分析。这些差异也反映出使用不同语言的民族思维方式与文化心理结构的不同,因此是值得了解与研究的。

一、掌握英汉句子差异

(一)语序差异

语言是一维的,而世界属于三维立体的,因此人类对三维客观世界的反映就出现了表达的顺序问题,这就是语序。作为语言的一项重要组合手段,语序指的是各级语言单位在进行组合时产生的排列次序,其不仅反映的是语言使用者的思维模式,还反映的是逻辑层面的顺序,体现出人们在使用语言时所形成的语言习惯。也就是说,语言是由思维决定的,而思维的顺序、结构与语言的顺序、结构呈现对应关系。下面就从三个层面来分析英汉语序的差异。

1. 思维模式对比

一般来说,英语民族的思维模式是动作的主体—主体动作—动作的客体—动作的标志,因此其在语言层面表现为主语+谓语+宾语+状语。

相比之下,汉语民族的思维模式是动作的主体—动作的标志—主体动作—动作的客体,因此其在语言层面表现为主语+状语+谓语+宾语。

可见,英汉思维方式对英汉语序产生了重要影响,尤其体现在修饰成分的位置上。例如:

Lily went to Beijing from Tianjin by train.

思维模式:

动作的主体:Lily

主体动作:went to

动作的客体:Beijing

动作的标志:from Tianjin by train

表达相同的含义,汉语的句子为:

莉莉从天津坐火车去了北京。

思维模式:

动作的主体:莉莉

动作的标志:从天津坐火车

主体动作:去了

动作的客体:北京

2. 语言形态对比

从语言形态学考量，语言可以划分为两种：一种属于综合型语言，另外一种为分析型语言。前者的主要特征是语序非常灵活，后者则相对固定。

从总体上说，英语属于分析型语言，但是很多英语句子既包含分析，又包含综合，因此本书认为英语是分析与综合参半的语言。相比之下，汉语的分析型成分占主要部分，因此汉语语序较为固定。在汉语中，句子的主谓语序为正常语序，即主语位于谓语之前，这就意味着中国人使用倒装句是非常少见的。当然，英语中也有一些与汉语类似的情况，但是英语中也会使用大量的倒装句，尤其是在一些商务文体里面，这些倒装句的使用频率要比汉语多得多。这里就以倒装句为例来分析英汉语序的差异。

Had I known that we would be walking the sixteen blocks from the Bank to the convenience store，I would have worn more comfortable shoes.

如果我知道我们从银行到便利店要走 16 条街道的话，我会穿更舒服的鞋子。

从这一例句可以看出，英汉语在主谓语序上存在明显的差异，具体而言表现为两点：一是动词移位的差异，二是英汉是否注重末端重量的差异。

(1)动词移位的差异。

首先，在英语中，动词是可以移位的。这可以在英语陈述句与疑问句的转换中体现出来。相比之下，汉语中并不存在这一点，也就是说汉语中陈述句与疑问句转换时，位置不需要移动。例如：

She is Lily's mother.（陈述句）

Is she Lily's mother?（疑问句）

她是莉莉的妈妈。（陈述句）

她是莉莉的妈妈吗？（疑问句）

其次，有时为了实现某些语义需要，动词需要移位。在英语中，一些话题性前置的现象非常常见，尤其是表达否定意义的状语的前置现象，即将助动词置于主语之前，形成主位倒装句式。但是在汉语中，这种语法现象是不存在的。例如：

Rarely have I heard such a rude word from Tom.

我很少从汤姆那里听到如此粗鲁的话。

最后，有时为了凸显语势，或者使描写更具有生动色彩，导致动词发生移位。在英语中，这种现象称为“完全倒装”，这种倒装是为了满足修辞的需要产生的，因此又可以称为“修辞性倒装”，即将谓语动词置于主语之前，以此来抒发强烈的情感。例如：

In came the Mayor and the speech began.

市长走了进来，然后开始讲话。

(2)末端重量的差异。在末端重量层面，英语是非常注重的，这可以从如下两点体现出来。

首先，英语中句尾应该放置分量较重的部分，再按照先短后长的顺序来组织句子，汉语则与之相反。例如：

Inscribed on the wall are the names of those who left their homes in the village to travel to the United States.

那些离开村子里的家、去美国旅行的人们的名字被刻在了墙上。

其次，英语中，当主语或宾语属于较长的动名词、名词性从句、不定式等成分时，一般将这些长句的主语位于句子后半部分，主语用 it 来替换。但是在汉语中并不存在这种语法现象。例如：

It is very easy for me to pass the wooden bridge.

对于我来说，通过那个独木桥是非常容易的。

3. 扩展机制对比

这里所谓的扩展机制是指随着思维的改变，句子基本结构也呈线性延伸，因此又可以称为“扩展延伸”。如果从线性延伸的角度考虑，英汉采用不同的延伸方式，英语采用顺线性扩展延伸机制，而汉语采用逆线性扩展延伸机制。

顺线性扩展延伸是从左到右的扩展，即 LR 扩展机制(L 代表 left，R 代表 right)。英语句子的延伸，其句尾是开放性的。例如：

Steven has a dog.

Steven has a dog which looks like the cat.

Steven has a dog which looks like the cat that stayed on the tree.

逆线性扩展延伸是从右到左的扩展，即 RL 扩展。汉语句子的延伸，其句首是开放的，句尾是收缩的。例如：

以上三句话用汉语语序表达为：

斯蒂文有一条狗。

斯蒂文有一条长得像猫的狗。

斯蒂文有一条长得像待在那棵树上的猫的狗。

(二)语态差异

英汉思维模式的不同也必然会影响着语态的选择。通过分析英汉语可知，英语善用被动语态，而汉语善用主动语态，且英汉翻译中也呈现这一特点。语言是文化的载体，选择不同的语态代表着不同的文化。英语选用被动语态说明英语国家的人们对客观事物是非常看重的，而汉语选择主动语态说明中国人对做事主体的作用是非常看重的。下面就具体分析这两种语态的选择。

1. 英语善用被动语态

西方人对于物质世界的自然规律是非常看重的，习惯弄清楚自然现象的原理。与人相比，他们更加看重客观事物，善于对真理进行探求。在语言表达上，他们习惯采用被动语态对活动、事物规律或者动作承受者进行强调，非常看重被做的事情与过程。因此，在英语中，被动语态非常常见。甚至在有些文体中，被动语态是常见的表达习惯。

从语法结构上说，英语中存在十多种被动语态，且时态不同，其被动语态结构也存在差异，如一般现在时被动语态、一般过去时被动语态等。当然，不同的被动语态，其所代表的意义也必然不同。例如：

English is spoken by many people in the world.

世界上有许多人说英语。

Apple trees were planted on the hill last year.

去年山上种了很多苹果树。

AI technology will be used in the future.

将来会用到人工智能技术。

通过分析不难发现，第一个句子为一般现在时态，其被动语态表达的是现在的情况；第二个句子为一般过去时态，其被动语态表达的是过去的情况；第三个句子为一般将来时态，其被动语态表达的也是将来的情况。

之所以英语中常用被动语态，主要有如下几点原因。

(1)不清楚动作的执行者，或者动作的执行者没必要指出时，一般采用被动语态。例如：

The shirt is made of polyester.

这个衬衫是用涤纶制成的。

(2)突出动作的承受者时，一般采用被动语态。例如：

The harvester is widely used in the wheat harvest.

小麦收割广泛使用收割机。

(3)动作的执行者非人时，一般采用被动语态。例如：

I am shocked to hear our school volleyball team was beaten by other school.

听到我们学校的排球队被其他队击败了，我感到非常震惊。

(4)汉语中的“受”“被”“由”等被翻译成英语时，一般采用英语中的被动语态。例如：

Tom is elected the Mayor by this city people.

汤姆被这个城市的人们选为市长。

(5)为了迎合表达需要，在新闻、科技、公文等实用文体中，也常常使用被动语态。这是因为新闻文体注重口气的客观性，要求叙事冷静、翔实，动作执行者往往比较难以表明；科技文体比较注重活动、事理的客观性，所以往往会避免提及动作执行者；公文文体注重公正性，口气往往比较正式，所以也要求使用被动语态来表达，以淡化动作执行者的主观色彩。例如：

Your letter has been received.

来信已收到。

2. 汉语善用主动语态

在做事层面，中国人侧重动作执行者的作用，即所谓的重人不重事儿。在语言使用中也是如此，中国人更习惯采用主动语态来表达，以陈述清楚动作的执行者。

但是，汉语中也存在被动语态，主要表达不希望、不如意的事情，如受祸害、受损害等。受文化差异的影响，汉语中的被动语态往往比较生硬。例如：

饭吃了吗？

病被治好了吗？

显然，上述两句话虽然使用被动语态表达，但是显得非常别扭，甚至很难读，因此应改为：

你吃饭了吗？

医生治好了你的病了吗？

这样修改完为主动句式之后，句子就显得流畅许多。

这就说明汉语中并不存在英语中那么多的被动句式，也很少使用被动句式，而是采用主动来替代。这与中国人的主体思维有着密切的关系。中国习惯“事在人为”，即行为与动作都是由人产生的，事物或动作不可能自己去完成，因此对动作执行者的表达显得至关重要。如果无法确定动作执行者，也往往会使用“有人”“大家”“人们”等泛称词语替代。当然，如果没有泛称词语，也可以采用无人称，就是我们所说的“无主句”。例如：

下雨了。

快走！

（三）句子重心差异

在句子重心上，英语句子一般重心在前，而汉语句子则与之相反，即重心在后。也就是说，英语句子一般将重要信息、主要部分置于主句之中，位于句首；而汉语句子一般把重要信息、主要部分置于句尾，而次要信息、次要部分置于句首。

有这样一个传说，清朝末期，湘军头领曾国藩围剿太平军的时候，接连失败，甚至有一次差点丢了性命。于是，他向朝廷报告战事时说："屡战屡败"，翻译成英语即为"He was repeatedly defeated though he fought over and over again."但是他的军师看到了这一点，立即将其改为"屡败屡战"，即"He fought over and over again though he was repeatedly defeated."

从字面看，这两句话中用了同样的词，只是更改了语序，但是含义大相径庭。"屡战屡败"说明曾国藩一直失败，丧失信心，只能如实向朝廷奏报，甘愿领罚；而"屡败屡战"则说明曾国藩是一个效忠朝廷、忠肝义胆的汉子，虽然遭受了多次失败，但是仍不气馁，应该受到朝廷的褒奖。显然，从汉语层面来说，前一句的重心在于"败"，后一句的中心在于"战"。而且，正是由于军师巧妙地更改，不仅保全了曾国藩的面子，也救了他的命。因此，在翻译成英语时，也需要注意重心的问题，即"屡战屡败"重心在于 he was defeated，而"屡败屡战"的重心在于 he fought。

这个例子非常典型，也说明了英汉语重心位置的不同。具体来说，英汉句子重心的差异主要体现在如下三点。

1. 原因和结果

在英语句子中，人们往往将结果视作句子的主要信息、主要部分，因此置于句首，然后再对原因进行分述，是一种前重后轻的思维方式。相比之下，在汉语句子中恰好相反，人们往往先陈述具体的原因，结尾部分才陈述结果，是一种前轻后重的思维方式。如同中国的戏剧，总是用最精彩的部分压轴，似乎在中国人看来，如果开头就说出或演出精彩的部分，那么就会锋芒毕露，压不住阵脚。

We work ourselves into ecstasy over the two superpowers' treaty limiting the number of anti-ballistic missile systems that they may retain and their agreement on limitations on strategic offensive weapons.

两个超级大国签署了限制它们可保留的反弹道导弹系统的数目的条约，并达成了限制进攻性战略武器的协议，因此我们感到欣喜若狂。

显然，原句中的 We work ourselves into ecstasy 是整个句子的结果，原

因是 the two superpowers'…从结构上，英语原文将结果置于句首，然后陈述原因。再看汉语译文，将“我们感到欣喜若狂”这一结果置于最后，而前面是对原因的陈述。再如：

生活中既有悲剧，文学作品就可以写悲剧。

Tragedies can be written in literature since there is tragedy in life.

显然从汉语原句分析，前半句为因，后半句为果，我们不能将两个半句对调过来。英语句子中要想将两个半句连接起来，必须借助于连词，因此 since 的出现就满足了这一效果，即将结果置于前端，然后用 since 引出原因，进行解释。

2. 结论与分析

英语中常见复合句，在这些复合句中，往往将结论置于之前，分析置于后面，即先开门见山，陈述实质性的东西，然后逐条进行分析。在汉语中则非如此，往往先逐条分析，摆出事实依据，然后得出最终的结果，给人以“一锤定音”之感。例如：

(1) The solution to the problem of Southern Africa cannot remain forever hostage of the political maneuvers and tactical delays by South Africa nor to its transparent proposals aimed at procrastination and the postponement of the solution.

译文 1：南部非洲问题的解决不能永远成为南非要政治花招和策略上采取拖延手段的抵押品，也不能永远成为提出明显是在拖延问题解决的抵押品。

译文 2：不管是南非要政治花招与策略上采取拖延手段，还是提出明显是在拖延问题解决的建议，都不能永远地阻止南部非洲问题的解决。

(2)揭穿这种老八股、老教条的丑态，展示给人们看，号召人们反对老八股、老教条，这是五四运动时期的一个伟大功绩。

译文 1：Its public exposure of ugliness of old stereotype and the old dogma and its call to the people to rise against them were a tremendous achievement of the May 4th Movement.

译文 2：A tremendous achievement of the May 4th Movement was its public exposure of the ugliness of old stereotype and the old dogma and its call to the people to rise against them.

英语属于形合连接，因此在短语、句子中都会有连词进行连接，句中存在明显的主从关系，也可以从一般句子结构中看出修饰关系。例(1)属于一个长句，其中 The solution to…forever hostage 属于整个句子的主要成分，之后用介词 to 引出两个次要成分，对上面的主要成分进行解释，这样保证了整个结构的清晰。但是，如果按照英语句子模式翻译汉语，就会让目的语读者读起来拗口。显然译文 1 读起来就让人费解。原文的意思是采取政治花招也好，采取拖延手段也好，都不能阻挡解决南部非洲问题。The solution to… forever hostage 表明了一种决心、一种愿景，因此汉语应该采用倒译法，译文 2 就是比较好的翻译。

另外，汉语属于意合连接，因此在短语、句子中往往可以不出现连接词。汉语中非常复杂的复句并不多见，往往以单句的形式呈现，句子间的关系通过逻辑可以判定。例如，在例(2)中，“揭穿这种老八股、老教条的丑态，展示给人们看”与“号召人们反对老八股、老教条”是两个并列成分，中间并没有采用连接词来连接，其意思与最后半句“一个伟大功绩”这一独立分句的意思等同。这在汉语中属于一种常见现象，先摆出具体的论据，最后得出结论。但是，如果这样翻译成英语就很难让读者理解了，译文 1 就显得头重脚轻，这在英语中是避讳的。相比之下，译文 2 就显得更符合英语的语言习惯，是比较好的译文。

3. 假设与前提

在英语复合句中，假设置于前提之前，作为主句出现。相比之下，在汉语复合句中，一般前提置于假设之前。例如：

(1) The United States could be effective in both the tasks outlined by the President—that is, of ending hostilities as well as of making a contribution to a permanent peace in the Middle East—if we conducted ourselves so that we could remain in permanent contact with all of these elements in the equation.

如果我们采取行动，便于能够继续与中东问题各方保持接触，那么我们美国就能有效地承担起总统提出的两项任务，即在中东结束敌对行动与为这一地区的永久和平做出贡献。

(2) 小国人民敢于起来斗争，敢于拿起武器，掌握自己国家的命运，就一定能够战胜大国侵略。

The people of a small country can certainly defeat aggression by a big country, if only they dare to rise in struggle, dare to take up arms and grasp in their own hands the destiny of their own country.

在表达假设上，英语句子往往比较灵活，但是重心是不会发生改变的，始终置于主句之上。在例(1)中 The United States could be effective in both the tasks 是一个假设，充当了整个句子的主句，因此处于重心的地位，后面的部分是对这一假设的解析，属于条件句。因此，英语句子是前重心句子。相比之下,在表达假设上,汉语句子的语序往往比较固定,如例(1)中按照汉语句子的特点,译文先将条件列出来,再摆出假设条件;例(2)按照英文句子的特点,译文先将假设列出来,然后对前提条件进行列举。

二、巧妙使用句子翻译的方法

(一)长句的翻译

英语长句是由其基本句型扩展而来的。英语句子尤其是长句注重形合,句子主次分明,“在运用语法主干表达主要信息的同时借助词形变化、虚词、非谓语动词、从句、独立结构等语法手段表达次要信息”,[①]具有较强的逻辑性。汉语注重意合,其句子语法外形主次一般不明显,以“话题”为中心自由展开,没有词形变化,经常不用连接词,主次信息暗含于上下文语境与句子意义之中。由此可见,英汉两种句型存在很大差异。在对长句进行翻译时,应掌握英汉句型的特点以及二者的差异,根据具体情况灵活采用下面几种策略。

1. 依次而行

依次而行也叫“顺序法”,就是按照顺序进行翻译。顺序法并不意味着每个词都按照原文的顺序翻译,允许小范围局部的词序变动。顺序法通常适用于英语表达顺序与汉语表达顺序基本一致的情况下。例如:

As soon as I got to the trees I stopped and dismounted to enjoy the delightful sensation the shade produced:there out of its power I could best appreciate the sun shining in splendor on the wide green hilly earth and in the green translucent foliage above my head.

我一走进树丛,便跳下车来,享受着这片浓荫产生的喜人的感觉:通过它的力量,我能够尽情赏玩光芒万丈的骄阳,它照耀着开阔葱茏、此起彼伏的山地,还有我头顶上晶莹发亮的绿叶。

显然,在翻译时,译文按照原句的顺序来翻译,当然并不是字字翻译,而是有些许的变动。同时,译文体现了汉语独立分句的表达习惯,易于汉语读者理解。

---

① 钟书能．英汉翻译技巧[M]．北京:对外经济贸易大学出版社,2010:235.

2. 以退为进

以退为进与依次而行恰好相反，也叫“逆序法”，就是逆着原文顺序进行翻译，因此通常从原文后面部分开始翻译。逆序法通常适用于英汉表达顺序存在较大差异甚至完全相反的情况下。例如：

A great number of graduate students were driven into the intellectual slum when in the United States the intellectual poor became the classic poor, the poor under the rather romantic guise of the beat generation, a real phenomenon in the late fifties.

20 世纪 50 年代后期，美国出现了一个任何人都不可能视而不见的现象，穷知识分子以“垮掉的一代”这种颇为浪漫的姿态出现而成为美国典型的穷人，正是这个时候大批大学生被赶进了知识分子的贫民窟。

如前所述，这种翻译技巧的产生主要是从英汉的语序差异考虑的，即英语句子为前重心，而汉语句子为后重心。因此，在翻译时将 A great number of graduate students were driven into the intellectual slum 这一主句置于最后翻译出来，体现了汉语的表达习惯。

3. 一分为几

一分为几是指将英语中的词、词组或从句等成分进行拆分，突出重点，有利于句子的总体安排，也可以称为“拆译法”“分译法”“分句法”。如果英语长句中的主句与从句或主句与修饰语之间联系不太紧密，翻译时就可以采用拆译法进行处理。例如：

As we lived near the road, we often had the traveler or stranger visit us to taste our gooseberry wine, for which we had great reputation, and I confess, with the veracity of an historian that I never knew one of them to find fault with it.

我们就住在路边。过路人或外乡人常到我们家，尝尝我们家酿的酸果酒。这种酒很有名气。我敢说，尝过的人，从没有挑剔过。我这话像历史学家的话一样靠得住。

通过分析上述例子可以看出，英语句子一般较长，其中包含了很多从句、修饰语等，如 for which … and … with … that … 等，在翻译时如果按照英语的表达习惯，会让汉语读者费解。因此，译者往往将长句进行拆分，以小句、短句的形式呈现给汉语读者，易于汉语读者的理解和把握。

4. 合几为一

合几为一实际上就是指合译法，将原文中两个或两个以上的英语词语或句子合译为一个汉语单词或句子，或用一个单句表达原文中的一个复合句，从而使译文逻辑更加清晰。例如：

Our marketing director is going early to participate in the conference beforehand, and the rest of us will leave next Thursday to set up. The show opens on Friday. The exposition will last three days, so Sunday is closing.

我们市场部主任打算提前参加会议，其余的人下周四出发去布置。展览会周五开幕，持续三天，周日闭幕。

分析上例，英语句子是由三个句子构成的，但是后面两个句子所叙述的内容都是围绕 The show 展开的，因此在翻译时不必对此进行重复，而翻译成三个短句即可。

5. 综合运用

在翻译的过程中，有时单单使用一种翻译策略并不奏效，而是需要综合运用各种策略。采用综合法翻译英语长句，是在理解原文信息的基础上，摆脱原文在句子结构与形式方面的束缚，将顺序法、逆序法、拆分法、合译法等结合起来，按照译入语的习惯来进行重组，以此来实现自然、通达的表达效果。例如：

She was a product of the fancy, the feeling, the innate affection of the untutored but poetic mind of her mother combined with the gravity and poise which were characteristic of her father.

原来她的母亲虽然没受过教育，却有一种含有诗意的心情，具备着幻想、感情和天生的仁厚；他的父亲呢，又独具一种沉着和稳重的性格，两方面结合起来就造成她这样一个人了。

显然，原文的主句为 She was a product of the fancy，在翻译成汉语时，将其置于最后，这是"以退为进"的最好体现。同时，原句是一个长难句，在翻译成汉语时将其进行了拆分，这样便于读者理解，因此又采用了"一分为几"的方法。两种技巧的综合运用，使译文更符合汉语的表达习惯。

（二）被动句的翻译

由于英汉两种语言在表达被动时存在很多差异，因此选取恰当的翻译策略就非常关键。英语被动句主要有以下几种译法。

1. 转化为主动句

在英语中，被动句的使用是非常频繁的，尤其体现在科技文体、法律文体中。只要是不必要说出施行者或者强调动作承受者，又或者是出于礼貌或者便于上下文衔接等，一般使用被动语态较多。但是，根据汉语的表达习惯，动作的施行者是非常重要的，这与中国“天人合一”的思想有着密切的关系，因此多采用主动句。这就意味着英语的被动句与汉语主动句之间的转换是非常常见的。例如：

Fifteen people had been saved by the rescue team in the fire.

在火灾中，救援小组已救出十五个人。

The boat was soon lost sight of in the fog.

不久小船在雾中看不见了。

上述两个例子是明显将被动句转化成主动句的例子，这样的翻译使得译文更易于理解。

2. 转化为被动句

并不是所有的英语被动句在进行翻译时，都需要进行转换。也就是说，汉语中也存在被动句式，但是汉语的被动语态主要是通过特殊词汇表达出来的。汉语中的被动手段有两种：一种是有形态标记的，即“叫”“让”“被”“受”“为……所”等；一种是无形态标记的，但是逻辑上属于被动。在翻译时，译者可以根据具体的情况进行调整。例如：

The supply of oil may be shut off.

石油供应可能会被切断。

The little boy was scolded by his mother for his smoking.

因为吸烟，这个小男孩挨了妈妈的骂。

上例中，第一个句子翻译时采用了有形态标记方式，即翻译为了“被……”；第二个句子采用了无形态标记方式，即翻译为了“挨……”这一隐性词，但是都呈现了被动形式，这样的翻译也是正确的。

3. 转化为无主句

汉语属于主题显著性语言，因此汉语语言对句子的主题非常看重，这时无主句就成了汉语中的一种特殊句型。也就是说，有时候与英语一样，汉语句子也可能无法说出动作的施行者，这时候就可以不说出主语。这种无主句经常用来表达态度、观点、号召等，与英语不同的是，这种情况下一般英语采用被动句传达，而汉语使用无主句。所以，可以将英语的被动语态转化成汉语的无主句。例如：

You are requested to finish this task before tomorrow evening.

请你在明天晚上之前完成这项任务。

Decision has been made at the meeting of the board.

在董事会上已经做出了决定。

在翻译上述两例时,无法说明动作的执行者,因此直接翻译成无主句,更加显得通俗易懂。

4. 转化为判断句

所谓判断句,就是汉语中常见的“是”字结构的句子。如果英语中被动句表达的是判断的意义,那么在翻译时可以将英语的被动句转化成汉语的判断句。但是,在进行转换时,一般将英语原文的主语转化成译文的主语,当然也有特殊情况,即将英语原文的主语转换成其他主语。例如:

Iron is extracted from iron ore.

铁是从铁矿中提炼而来的。

The Paper-making technology is developed in ancient China.

造纸术是中国古代的一项发明。

上述两个例子,原句中是用 is 引导的判断句,因此在翻译时也采用汉语判断句来表达,翻译为“是……”。

5. 转化为泛化主语

如果英语被动句中未指明动作的执行者,翻译时可适当增添一些诸如“有人”“人们”“大家”“众所周知”等泛指性主语。例如:

Mr. Yao Ming has been accepted as a leading basketball player in China.

大家已经把姚明公认为中国篮球的领军人物。

显然,英语原句中动作的执行者未明确指明,因此翻译时用“大家”来替代。

(三)否定句的翻译

英语中的否定句具有非常灵活的形式。在对否定句进行翻译时,应对原否定结构进行仔细分析,准确理解其真正含义以及否定词所否定的对象或范围,结合其逻辑意义,选用合适的翻译策略。

1. 全部否定句的翻译

对句子否定对象进行全盘、彻底的否定就属于全部否定,常使用 no,not,never,none,nothing,nobody,no one 等表达方式。在翻译全部否定句式时,通常可直接翻译全部否定词,但应确保符合译入语表达习惯。例如:

It was in June 1954 that a soft-spoken New England lawyer named Joseph Welch destroyed Senator McCarthy by asking him the question no one had dared ask him before:"Have you no sense of decency,sir,at last?"

1954 年 6 月,低声细气的新英格兰律师约瑟夫·韦尔奇询问了议员麦卡锡一个从来无人敢问的问题"你到底有没有礼貌意识?",一举摧毁了麦卡锡。

在原句中,出现了否定词 no,并与 one 连接使用,构成 no one 这一不定代词,含义是"没有一个人",相当于 nobody,因此属于全部否定句。在翻译时,后者从表现形式的角度考虑,主要以"没有""无"等否定标记词加以呈现,因此这里翻译成"无人""没有一个人",给人以"排除"之感,也容易被目的语读者理解,与汉语的表达习惯相符合。这也能恰当地表达出麦卡锡自带的一种深入骨髓的傲慢之意,也表达了人们对他产生的一种强烈的畏惧感。

2. 双重否定句的翻译

双重否定句常将一个否定词与一些表示否定意义的词连用,或者将两个否定词进行连用,使否定意义相互抵消,从而使句子获得肯定意义。双重否定句既可译为汉语肯定句,又可译为汉语的双重否定句。例如:

Whether you look at the writings of intellectuals or at the positions taken by practicing politicians or at the data on public opinion,it is impossible not to be struck by the degree to which the majority of Americans in those years accepted the same system of assumptions.

无论是品读知识分子的著作,分析政坛老手的立场,还是分析民意调查数据,我们不可能不惊讶于当年大部分美国公民对同一套构想的认同度。

上例中,impossible not 的含义为"不可能不"或者"不……是不可能的……"如果翻译成汉语,可以有如下几种表达。

(1)我们不可能不惊讶于当年大部分美国公民对同一套构想的认同度。

(2)我们不惊讶于当年大部分美国公民对同一套构想的认同度是不可能的。

(3)我们会惊讶于当年大部分美国公民对同一套构想的认同度。

(4)我们必然会惊讶于当年大部分美国公民对同一套构想的认同度。

通过对上述四个句子进行比较不难发现,(2)所采用的形式与原文比较一致,但是读起来会让人觉得累赘,也不利于突出意义;(3)在语气上显得较为平淡,并未体现出双重否定的效果;(4)看似是对(3)的语气的强化,但是有一种主观上的强加意味。相比这三种翻译,(1)与原文更为契合,也将原文的语气传达出来,因此是不错的翻译。

3. 部分否定句的翻译

在部分否定句中，整个句子的意义一部分是否定的，而另外一部分是肯定的。一般来说，部分否定句由否定词与代词或副词组合而成。这些代词或副词有 both，every，all，everything，everybody，entirely，wholly，everywhere 等。在对部分否定句进行翻译时，常将其译为“并非都”“不总是”“不都是”“不一定总是”等。例如：

... Yet all may yet be lost.

……迄今为止，美国人也并非一无是处。

上例中，all 代表的是整体的意思，翻译为“所有”“全部”，与 not 连用时，应该翻译为“并非……”，而 lost 也本身带有否定意思，呈现的是一种否定的状态，翻译为“一筹莫展的”“丢失的”。按照这样的推理，本句话应该翻译为“美国并非失去了所有。”但是，这里“迄今为止”表达的是一个时间段的概念，而“失去”显然是一个短暂性的行为，这样从逻辑上是行不通的。相比之下，将其翻译为“一无是处”，与原作是契合的。

4. 意义否定句的翻译

与汉语相比较来说，英语中否定的表达是多样的，常见的一般是词法否定，而除此之外还存在着一种句法否定，即在形式上肯定但是包含否定的意义，这就是所谓的意义否定句。对于意义否定句的翻译，译者可以根据语气的强弱来考量，并结合汉语的表达习惯来进行翻译。如果语气较强，那么翻译时可以采用否定句型；如果语气较弱，那么翻译时可以采用肯定句。例如：

The Cold War was far from over.

冷战远未结束。

上例属于形容词引起的意义否定句。相比较其他形式的否定句，这样的表达较为含蓄，对于这一点翻译时，可以翻译为肯定形式，也可以翻译为否定形式。译文将其翻译为了“远未”这种否定形式，可以让句意更为简明，便于读者理解。再如：

That will be done，they hoped，without the social conflict that would be inevitable if those resources had to be found by redistributing existing wealth.

译文 1：他们希望，这样就能够一箭双雕，不仅能够对社会问题予以解决，还不会因重新分配现有财富以发掘这些资源引起社会矛盾。

译文 2：他们希望，这样就能够一箭双雕，不仅能够对社会问题予以解决，还能够避免因重新分配现有财富以发掘这些资源所引发的社会矛盾。

上例属于介词引起的意义否定句。显然，译文 1 将 without 翻译为“不会……引起……”，其中并没有表达出希望之情。相比之下，译文 2 首先运用了“不仅能……还能……”，这样使得前后两个分句衔接得更为紧密。其次，译文 2 将 without 翻译为“避免”，其中传达出一种“期冀”之感，是一种主观上的作为，与原句中的 hope 有异曲同工之妙。

5. 词缀否定句的翻译

在英语否定句中，否定意义的词缀也是非常常见的，如 dis-，im-，-less 等。也就是说，这些词缀中隐含着否定词 not 的意义，因此翻译时应该按照目的语的习惯，将其翻译成否定形式，当然如果有时候无法将“没有”“尚未”等词加入进去，译者也可以巧妙应对。例如：

In the United States，socialism was utterly discredited.

译文 1：社会主义在美国已不可信。

译文 2：社会主义在美国不攻自破。

上例中，discredited 的含义为“使……不可信”，这里如果直接按照意思，翻译为译文 1，那么很显然不够贴切，而译文 2 翻译为“不攻自破”，给人以“不需要供给，自己就会破灭”的感觉，恰好符合原文的意义，也符合第二次世界大战之后，资本主义生产方式给人们带来的满足感，强调资本主义逐渐站稳了脚跟。

第三节　语篇翻译技能的培养

在英汉翻译中，如果翻译研究仅侧重于字、词、句的翻译规律研究，那么就必然会忽略英汉语篇在逻辑关系、表达方式等层面的差异性。因此，本节对语篇翻译技能的培养展开探讨。

一、了解英汉语篇差异

（一）逻辑连接差异

1. 显明性与隐含性

所谓显明性，是指英语中的逻辑关系是依靠连接词等衔接手段来衔接的，语篇中往往会出现 but，and 等衔接词，这可以被称为“语篇标记”。相反，所谓隐含性，是指汉语语篇的逻辑关系不需要用衔接词来标示，但是通过分析上下文可以推断与理解。英语属于形合语言，汉语属于意合语言，前者注重形式上的接应，逻辑关系具有高度的显明性，后者注重意念上的衔接，逻辑关系具有高度的隐含性。例如：

跑得了和尚，跑不了庙。

The monk may run away，but never his temple.

上述例子中，汉语原句并未使用任何连接词，但是很容易理解，是明显的转折关系。但是，在翻译时，译者为了符合英语的形合特点，添加了 but 一词，这样才能被英语读者理解。

2. 浓缩性与展开性

除了逻辑连接上的显明性，英语在语义上具有浓缩性。显明性是连接词的表露，是一种语言活动形式的明示，但是浓缩性并非如此。英语具有独特的思维方式与语言特点，这也决定了表达方式的高度浓缩性，习惯将众多信息依靠多种手段来思考，如果将其按部就班地转化成中文，那么必然是不合理的。汉语中呈现展开性，即常使用短句，节节论述，这样便于将事情说清楚、说明白。例如：

She said，with perfect truth，that “it must be delightful to have a brother”，and easily got the pity of tender—hearted Amelia，for being alone in the world，an orphan without friends or kindred.

她说道：“有个哥哥该多好啊！”这话说得入情入理。她没爹没娘，又没有亲友，真是孤苦伶仃。软心肠的阿米莉亚听了，立刻觉得她很可怜。

上例中，with perfect truth 充当状语，翻译时，译者在逻辑关系上添加了“增强”的逻辑关系。英语介词与汉语介词不同，是相对活跃的词类，因此用 with 可以使感情更为强烈，在衔接上也更为紧密。相比之下，汉语则按照语句的次序进行平铺，这样才能让汉语读者理解和明白。

3. 直线性表述与迂回性表述

英汉逻辑关系的差异还体现在表述的直线性与迂回性上。英语侧重开门见山，将话语的重点置于开头，然后在逐层介绍。汉语侧重铺垫，先描述一系列背景与相关信息，最后总结陈述要点。例如：

Electricity would be of very little service if we were obliged to depend on the momentary flow.

在我们需要依靠瞬时电流时，电就没有多大用处。

上例中的逻辑语义是一致的，都是“增强”，但是在表述顺序上则相反。英语原句为主从复合句，重点信息在前，次要信息在后，在翻译成汉语后，则次要信息优先介绍，而后引出重点信息，这样更符合汉语的表达。

（二）表达方式差异

1. 主语与主题

英语属于主语显著的语言，其凸显主语，除了省略句，其他句子都有主语，且主语与谓语呈现一致关系。对于这种一致关系，英语中往往采用特定的语法手段。汉语属于主题显著语言，其凸显主题，结构上往往包含两个部分，一部分为话题，另外一部分为对话题的说明，不存在主语与谓语之间的一致关系。例如：

The strong walls of the castle served as a good defense against the attackers.

那座城墙很坚固，在敌人的进攻中起到了很好的防御效果。

显然，英语原句有明确的主语，即 The strong walls of the castle，且与后面的谓语成分呈现一致关系。相比之下，翻译成汉语后，结构上也符合汉语的表达，前半句为话题，后半句对前半句进行说明。

2. 主观性与客观性

西方人注重客观性思维，因此英语侧重物称，往往采用将没有生命的事物或者不能主动发出动作的事物作为主语，并以客观的口气加以呈现。中国人注重主观性思维，因此汉语侧重人称，习惯采用有生命的事物或者人物作为主语，并以主观的口气来呈现。受这一差异的影响，英语中的主被动呈现明显的界限，且经常使用被动语态，而汉语往往以主体作为根本，不在形式上有所拘泥，句子的语态也是隐含式的。例如：

These six kitchens are all needed when the plane is full of passengers.

这六个厨房在飞机载满乘客时都用得到。

显然，英语句子为被动式，而汉语句子呈现隐含式。

二、准确使用语篇翻译的方法

（一）利用语境翻译

语篇是一种表达一定内容的写作形式。为了传达作者思想，语篇作者往往会利用语境进行气氛烘托。具体来说，情境语境体现出了社会文化，是社会文化的现实化。在具体的语篇翻译过程中，译者需要重视语篇语境的影响作用，发挥语境的信息提示功能。

具体来说，语篇翻译的过程需要译者对语篇结构进行思考与梳理，而语境是理解句子结构和重要线索。此外，语篇中的语境能起到补充成分的作用。这是因为语篇的连贯特征包含其省略的部分，而省略的前提是情境语境在发挥作用。省略是为了避免语言信息的重复，从而凸显主要信息，使文章更加连贯。但是，在具体的语篇翻译过程中，有时省略的部分不容易被人理解，此时就需要译者发挥语境作用，进行针对性的翻译。

（二）利用衔接翻译

在语篇翻译中，对于衔接的翻译十分重要。衔接指的是上下文的连接，是文章表达流程、语义连贯的重要因素。译者对文章衔接的理解有助于更好地进行语篇翻译。在语篇翻译中，译者需要深入把握语篇衔接手段上的对等，将源语语篇中所出现的衔接项目在目的语中有所体现，从而实现“概念”“人际”和“谋篇意义”的对等。

（三）利用移情翻译

移情指的是作者基于自然景物之美而兴起的情感在作品中的体现。语篇艺术价值再现的关键就在于“移情”。通过移情的作用，读者才能激发出和原作者相同的情感，从而使读者更好地体会作者的思想与文章的中心。

在语篇翻译过程中，译者需要体会原作者移情的使用方式，让自己进入语篇描写的世界，从而感同身受，提高译文的准确性。语篇移情的翻译技巧指的是整体把握语篇的内涵与神韵，确保原文和译文在语气、风格、形式上的一致性，让译入语读者和原文读者都能产生和作者相同的美感体验。

1. 原作的结构与作者的写作心理

体会原作的结构和作者的写作心理是分别从语言和思维的角度进行的语篇理解。译者需要从上述两个角度体会作者的表达想法，从而最大限度地顺应原文，尊重原作的结构与写作心理。

2. 目的语读者的阅读心理与标准

目的语读者的阅读心理和阅读标准对于语篇翻译也有着重要的影响作用。一般来说，译者在进行语篇翻译之前需要在心中预设译文的读者群，同时考虑该群体的审美心理和阅读标准。

例如，我国著名翻译家傅东华在翻译《飘》时就对原文进行了删减，他认为文章中一些冗长的心理描写与分析跟情节发展关系不大，且阅读起来还会令读者产生厌倦，因此将这部分内容删除了。可见，他就是在充分考虑读者阅读心理的基础上对原文进行了有效处理。

第四节　修辞翻译技能的培养

所谓修辞，是运用各种形象手段，对语言加以表达，使语言更为生动、准确、鲜明，使感情更为强烈的一种手段。修辞是语言的艺术。在修辞层面，英汉两种语言存在很多相同的地方，但是受历史风俗的影响，双方在美学观念上也存在某些差别。因此，在翻译过程中，译者必须对这些异同有清晰的了解和把握，这样才能在保证原作修辞效果的基础上找到对等的方式。本节就对英汉修辞进行对比，并探讨其影响下的翻译。

一、把握英汉修辞差异

（一）相同的修辞格

1. onomatopoeia 与拟声

英汉中的拟声几乎完全相同，都是对事物发出声响的模仿，从而使语言更加生动。例如：

Whee-ee-ee! 呜呜呜

Ta-ta-ta 嗒嗒嗒

2. personfication 与拟人

英汉语言中的拟人修辞格完全一样，即将非人事物用人来替代与描写，使得该事物具有人的属性。例如：

The wind whistled through the trees.

风呼啸着穿过山林。

3. hyperbole 与夸张

夸张是基于现实，对某些事物的特征进行艺术上的扩大或缩小，目的在于强调。例如：

Charlie was scared to death.

查理吓得要死。

4. irony 与反语

英汉语言中的反语修辞具有相同的特点，即说反话，将意义从相反的层面进行表达，往往包含讽刺的韵味，也有时是一种幽默，目的在于增强语言的力量。例如：

But my father were that good in his hat that he couldn't bear to be without us.

爸爸偏偏又不是心肠那么好，没有了我们娘儿俩就活不了。

5. antithesis 与对偶

所谓对偶，指的是字数、结构等密切相关或者呈现对比排列的词、句子等。就形式上说，对偶是一种节奏感非常强烈、音节整齐的形式。就内容上说，对偶具有较强的概括性。例如：

It is easy to be wise after the event, but much safer to take care before it happens.

事后聪明容易，事前小心安全。

（二）部分相似的修辞格

英语中 simile 与汉语中的明喻基本相同，都代表的是主体与喻体之间的相似关系。但是，并不是所有的 simile 都能够与汉语明喻进行对应，有时候需要进行转换、借译等，从而与汉语的表达习惯相符合。例如：

I wandered lonely as a cloud.

我如浮云独自漫游。（两者对应）

as drunk as a mouse 烂醉如泥（意译）

英语中的 metaphor 不仅有汉语隐喻的特点，还有借喻与拟物的特点。例如：

She is shedding crocodile tears.

她在掉鳄鱼眼泪。（汉语借喻）

（三）完全不同的修辞格

英语中的 alliteration 与 assonance 在汉语中找不到对应，但是其与汉语双声、叠韵等有着相似的地方。但是，汉语双声、叠韵并不属于修辞格。英语中的 oxymonron（矛盾）在汉语中也找不到对应，汉语中的反映修辞格也仅仅与之相似。英语中的 transferred epithet(转类)也在汉语中找不到对应,汉语中有类似的表达,但是并不视为一种修辞格。

二、合理使用修辞翻译的方法

(一)比喻修辞的翻译方法

所谓比喻,是指将不要说的事物平淡直白地说出来,而用另外的与它有相似点的事物来表现的修辞方式。① 比喻的使用可使语言变得通俗易懂、形象鲜明,而且能激发人的无限联想,增强语言表现力,可以说是使用频率最高的一种修辞格。对于比喻修辞格的翻译,具体可采用以下几种方法。

1. 直译

因英汉比喻在很多方面都存在着相似性,所以有些英语明喻和暗喻可以采用直译法进行翻译。例如:

The Red Man has ever fled the approach of the White Man, as the morning mist flees before the morning sun.

红种人对白种人从来就是敬而远之的,就像朝雾在旭日升起前就要消散一样。

Now if death be of such a nature, I say that to die is gain; for eternity is then only a single night.

如果这就是死亡的本质,那么死亡真是一种得益,因为这样看来,永恒不过是一夜。

2. 意译

因英汉语言在诸多方面都存在差异,这种差异在比喻修辞上也有所体现,所以有些英语明喻和暗喻不能采用直译法进行翻译,需要根据具体情况采用意译法进行翻译。例如:

Records fell like ripe apples on a windy day.

纪录频频被打破。

She's a nightingale when she sings.

她唱起歌来就像夜莺一样。

① 何远秀. 英汉常用修辞格对比研究[M]. 成都:西南交通大学出版社,2011:52.

(二)排比修辞的翻译方法

排比就是将结构相同、语气一致、语义并重的词、词组或句子排列在一起形成一个整体。排比在英语中十分常见,广泛应用于诗歌、散文、戏剧、小说以及演讲中。排比具有结构整体、节奏明快、语义突出等特点,有效地使用排比可突出强调的内容,使情感表达更加强烈。在翻译排比修辞时,可采用以下几种方法。

1. 直译

在翻译英语修辞时,多数情况下都可以采用直译法,这样可有效再现原文的形式美和声音美,还能增强译文的语言气势和表达效果。例如:

Voltaire waged the splendid kind of warfare … The war of thought against matter, the war of reason against prejudice, the war of the just against the unjust…

伏尔泰发动了一场辉煌的战争……这是思想对物质的战争,是理性对偏见的战争,是正义对不义的战争……

Doubt thou the stars are fire;
Doubt that the sun doth move;
Doubt truth to be a liar;
But never doubt I love.
你可以疑心星星是火把;
你可以疑心太阳会转移;
你可以疑心真理是谎话;
可是我的爱永没有改变。

2. 增补

英语排比会省略某些动词或名词,因此在翻译过程中,就要将英语中省略的词语在汉语译文中进行补充,以符合汉语的表达习惯。例如:

Who can say of a particular sea that it is old? Distilled by the sun, kneaded by the moon, it is renewed in a year, in a day, or in an hour. The sea changed, the fields changed, the rivers, the villages, and the people changed, yet Egden remained.

(Thomas Hardy: *The Return of the Native*)

谁能指出一片海泽来，说它古远长久？日光把它蒸腾，月华把它荡漾，它的情形一年一样，一天一样，一时一刻一样。沧海改易，桑田变迁，江河湖泽、村落人物，全有消长，但是爱敦荒原，一直没有变化。

（张谷若 译）

3. 省略

为了使译文更具美感，并符合汉语的表达习惯，有时在翻译时可省略英语原文中一些无关紧要的代词或连词。例如：

They're rich; they're famous; they're surrounded by the world's most beautiful women. They are the world's top fashion designers and trend-setters.

他们名利兼收，身边簇拥着世界上最美丽的女人。他们是世界顶级时装设计师，时尚的定义者。

第六章 复合型英语翻译人才培养之文体翻译技能的培养(一)

当今社会越来越需要高素质的复合型英语翻译人才,而复合型翻译人才要求熟悉各实用文体的语言特征,并熟练掌握各种翻译技巧,以应对复杂多变的工作环境。本章就对商务文体、旅游文体以及科技文体的语言特征及其翻译进行具体介绍。

第一节 商务文体翻译技能的培养

随着世界贸易的兴起,商务活动愈加频繁,而商务文体翻译也成为沟通不同国家商业活动的桥梁,其对于推进商务贸易、实现合作共赢有着重要作用。因此,译者必须具备基本的商务文体翻译技能,以保证商务活动顺利开展。本节就首先分析商务文体的语言特点,并在此基础上探讨商务文体翻译技能的培养。

一、商务文体的语言特点

(一)词汇特点

词汇是语言的基本组成单位。要分析商务文体的语言特点,首先就要分析词汇特点。

1. 正式、规范

一方面,商务文体用词需简单易懂;另一方面,由于商务活动涉及双方的利益,因此为了保证合作双方的利益,在选词时需要做到天衣无缝。因为正式词汇更能确保商务文书的准确性、严谨性,并增加文本的慎重感,所以正式词语在商务文体中的使用频率非常高。例如:

ask 可以用 request 代替
end 可以用 expiry 代替
prove 可以用 certify 代替
like 可以用 along the lines of 或 in the nature of 代替
before 可以用 prior to 或 previous to 代替

2. 专业化

专业化即在商务文体中使用了丰富的专业术语。所谓专业术语，是指适用于不同学科领域或专业的词汇，其具有明显的文体色彩和丰富的外延、内涵，是用来正确表达科学概念的词汇。商务往来中少不了商务文体尤其是大量专业术语的使用。

在商务文体中，有些术语是普通词汇在商务文体中的专用。例如，All Risk 在保险领域应理解为“一切险”，而不是普通英语中的“所有危险”。再如，At Sight 在国际贸易支付英语中的意思是“见票即付”，并非普通英语中“看见”的意思。在商务文体中，还有些词汇是仅仅用在商务活动中，这些专业词汇在普通英语中基本不会使用。需要指出的是，专业术语与行话并不是同一个概念。专业术语属于正式用语，而行话在非正式用语中经常使用。例如：

know-how 专业技术
cargo interests 货方
layout design 广告布局设计
commodity 期货
absolute liability 绝对法律责任
import quota 进口配额

3. 尽量简化

商务活动讲究务实高效，而缩略语化繁为简、快速便捷的特点使得其在商务表达中十分受欢迎。所谓缩略语，就是人们在长期的商务实践中，经过约定俗成、演变而确定下来的词汇。商务文体中的缩略语大致有四种，即首字母缩略语、首字母拼音词、拼缀词以及截短词。例如：

CSM← corn，soya，milk 玉米、黄豆混合奶粉
CAD← Computer-Aided Design 计算机辅助设计
medicare← medical＋care 医疗服务
trig←trigonometry 三角学
flu←influenza 流行性感冒
taxi←taximeter cab 出租车

4. 名词化

名词化是指将句子变为名词或名词词组，从而使其具有名词的特性。在商务文体中，名词化的现象非常普遍。越是正式的文体，其名词化的程度就越高。例如，在"Scarcity of resource will lead to more rationing of services and hard choices."中，名词化结构 Scarcity of resource 做句子的主语。

5. 标新立异

商务文体用词标新立异是指商务文体善于使用新词和外来词。

首先，随着科技、经济、文化等领域中新产品、新概念、新方法等的不断涌现，商务文体中出现了许多新词，如 value-added-service，holiday economy 等。

其次，商务文体经常借用来自瑞典语、法语、拉丁语、西班牙语、德语、挪威语等语种，它们使商务文体的词汇更加丰富，如 endorser，infringe，force majeure 等。

(二)句法特点

1. 提高客观性

为了减少主观色彩，提高论述的客观性、公正性和可信度。因此，被动句在商务文体中的使用频率较高。被动语态是语法范畴中的概念，用在商务文体中可以起到良好效果。被动语态更多展示的是客观事实，具有说服力，强调核心内容，减少人物作为主语所带来的主观色彩。在商务活动中突出商务内容，增加可信度和文体的规范性。因此，为了语言表达的客观性、逻辑性、严密性，商务文体中应多使用被动语态。例如：

The pattern of prices is usually set by competition, with leadership often assumed by the most efficient competitors.

价格构成通常由竞争决定，并由效率最高的竞争者来担任主导角色。

2. 增强准确性

虽然在商务活动中人们比较喜欢用简洁的语言来交流，但为了防止出现歧义，引起不必要的纠纷，人们需要清晰地表达所要说的内容，这就导致商务文体中经常出现句意完整、严密的复杂句。当然，商务文体中的复杂句并不是啰唆冗长，而是必要的表达方式，它可以使要表达的概念和内容更加清晰明了，使行文更加严谨。例如：

We may accept deferred payment when the quantity to be ordered is over 3,000 sets.

如果拟订购的数量超过 3 000 套,我们可以接受延期付款。

(三)语篇特点

1. 逻辑明确

商务文体应使用相对固定的表达形式,极力避免逻辑混乱、态度或者观点不清等问题,必要时还可附上范例、说明、图示等,这样才能使交际双方在最短的时间内把握核心内容,并做出回应。例如,商务文体说明书常常在深入分析顾客的思维逻辑的基础上,介绍产品的性能、原材料、功能等方面的内容来吸引顾客的注意力,促使顾客发生购买行为。

2. 注重礼仪

为了创造和谐、友好的交际环境,商务文体非常注重社交礼仪,经常会运用一些礼貌、委婉的表达方式来避免尴尬与冲突以及妥善处理矛盾。例如,使用虚拟语气来交易价格、保险、装运、索赔等与利益相关的敏感内容或者与对方相左的意见,从而将交际中"威胁对方面子"的负面影响降至最低;诸如 I regret,I hope 等一些具有弱化功能的表达方式可使建议更加易于接受;使用进行时来表达观点,表明请求不是深思熟虑的结果,而更像是一时的想法,从而使双方都保全了面子。

3. 规范简洁

来自不同国家、不同地区的人都以英语为媒介来协商与处理相关事务,从而实现各自的预期。这就要求商务文体应采取统一、规范的格式。此外,当今社会人们的生活节奏越来越快,商务交际者也希望在更短的时间内处理更多的问题。因此,商务文体的语篇必须简练明了。

二、商务文体的翻译技能

(一)遵循翻译原则

任何翻译活动都要遵循一定的翻译原则,如此才能更顺利地完成翻译任务。在商务文体翻译中,译者需要遵循的原则有很多种,如简洁、通顺、专业、准确等原则。这里重点强调严谨准确原则与规范统一原则。

首先，译者在翻译过程中，要保证书面翻译和语言表达符合基本规范，保证双方的利益，了解不同领域和流程中语言使用上的差异。

其次，如前所述，在商务文体中有很多专业术语，译者翻译时不能任意变化这类词汇的意思和表达，必须正确使用，以免影响商务交际效果。

最后，在涉及基本的细节问题，如时间、质量和价格等时，译者要把握好分寸，在遵循准确原则的基础上，尽量用简洁的方式来表达完整的内容。

(二)掌握相关专业知识

在商务贸易往来中必然会涉及许多专业知识，如国际贸易、金融领域等，且随着经济全球化的发展越来越快，国家间的商务活动和交流也越来越多，新的词汇不断出现，这是必然趋势。这就要求译者首先要多关注商务领域出现的新词汇，其次要多方面地了解商务领域的专业知识。

总之，商务文体译者只有充分了解相关商务文体的专业知识与文化背景等，才会译出更加准确的译文。

(三)了解文化背景知识

翻译是语言之间的转换活动，而语言本身是文化的重要组成部分和反映，因此翻译必定受文化因素影响。商务文体的翻译也不例外。不同国家有不同的社会制度、历史条件、文化环境、思维方式等，这些差异都很容易使译者在翻译过程中产生分歧。因此，为了更好地翻译商务文体，译者必须全方面地了解并掌握不同国家的文化背景知识。在此基础上，译者要本着认真负责的态度，避免在翻译时产生误译甚至错译。

(四)掌握必要的翻译技巧

英汉两种语言在词汇、句法、修辞等方面均存在很多差异，加之商务文体有其自身的语言特点，因此译者在进行商务文体英汉互译时必然会遇到很多困难，这就需要有一定的翻译技巧做指导。在商务文体翻译中，译者可采用的技巧有很多，如直译、意译、反译、增译、省译、创译等。译者在具体的翻译实践中可根据实际情况灵活选用。

一般来说，在翻译中能直译的就尽量直译，在商务文体翻译中直译多用于翻译专业词汇、简单句或带有修辞的语句。如果直译行不通，译者可以采取意译法，舍弃形式而注重意义的传达。译者也可以将属于某种词性的词语转译为属于另外一种词性的词语，即采取转译技巧，如动词转译为名词、名词转译为动词或形容词、形容词转译为名词或动词等。在处理复杂长句的翻译时，译者可以采用顺译法、逆译法及综合法等。此外，在商务广告的翻译中，译者还可大胆采用创译法，充分发挥想象力，将原文的意境翻译出来。

1. 直接或间接

直接翻译策略就是当源语与目的语在语言风格和词汇意义等方面基本一致或相似时，通常可采取直接翻译的策略，常用于专业词汇翻译、简单句翻译。

间接翻译策略就是忽视源语和目的语在语言形式上的差异，抓住原文的本质意义来组织译文。可见，意译重内容而轻形式，当原文的文化因素在目的语中找不到对等语时，译者通常不惜舍弃原文的形式而用规范的译文将原文的信息表达出来。

2. 顺序或逆序

因为商务文体中的有些句子是按其内在逻辑关系来安排的，所以可以按照原文的叙述顺序来翻译。顺译法适用于以下几种情况。

第一，反映或介绍客观情况。

第二，反映客观规律。

第三，强调在一定情况下某主体的责任、义务和应采取的措施。

由于英汉语言在表述顺序上存在一些差异，因此可以逆着原文的行文顺序来翻译商务文体中的长句，将其分成若干短句，然后按照汉语习惯表达法重新编排。

3. 可合可分

为了意义表达的需要而将多句译为少句，这就是合译策略。

汉语多短句，英语多长句。商务文体中的长句可使表述更加精确、具体，在翻译这些长句时，可采取分译法，即对长句进行拆分，然后按照汉语的表达顺序进行重新组织，这就是分译策略。它主要包括下面两种情况。

(1)根据语境将一个词分译为两个或两个以上的词语。

(2)根据原句的语义关系，将长句拆分成若干个短句。

4. 用好音与义

(1)以音代义。以音代义就是根据源语的读音，将源语的文字符号转换成目的语的文字符号的翻译策略，常用来翻译商务专业英语中的人名、地名、商标、商号等专有名词。以音代义相当于音译策略，它包括以下四种情况。

①完全按照源语的发音找出译语中读音相同或相近的替代词。为避免译名混乱,要按照约定俗成手法进行翻译。不能以任何一种方言或其他语言的发音代替,而应用该名所在国家的语言标准发音。

②对外来词进行音译后,根据其意义在音译部分的后面加上汉语表示类名的词。

③充分利用汉语的表意性,在对原文进行音译的基础上,挑选有相关意义的词语,使所选字从汉语的角度具有一定的意义。

④对原文的一部分进行音译,对其他部分不予翻译。

(2)音义结合。音义结合策略是指将音译策略和意译策略相结合的翻译策略。该方法常用于组织名称或商号的翻译。例如:

Safeguard 舒肤佳

兰蔻 LANCOME

5. 适度补充

适度补充策略就是以两种语言的差异为基础,在译文中有针对性地添加一些说明性的语言,使思想内容更加通畅。这主要包括两种情况。

(1)为了将原文的意义准确地传递出来,应根据需要加上一些字眼来做补充。

(2)为了使读者更加清楚译文的语法逻辑,常常适当增加部分表示逻辑关系的词语。

第二节　旅游文体翻译技能的培养

旅游文体本身属于专门用途英语的一部分,因此无论在用词、选句还是语篇组织上,旅游文体都有自身的语言特点,并且这些层面也更能体现旅游文体翻译的复杂性、综合性与跨学科的特征。基于此,本节就从用词、选句、语篇上来分析旅游文体的特点,并在此基础上探讨旅游文体翻译技能的培养。

一、旅游文体的语言特点

(一)词汇特点

1. 使用专有名词

大多旅游文体是对旅游目的地的宣传,因此很多旅游地名、由普通名词构成的经典名称往往会出现在旅游文体中。当然,对这些经典的宣传也是为了传达其人文景观或历史沿革,因此其中不可避免会涉及很多历史事件、著名人物等。

正如学者陈凌燕、傅广生所说:旅游景点名称是对该景点特征的形象概括,对景点内容的介绍有着十分重要的意义。[①] 因此,对这些景点专有名词的了解有助于更好地开展翻译工作。例如:

世界主要城市名称:

Abu Dhabi 阿布扎比

Addis Ababa 亚的斯亚贝巴

Amsterdam 阿姆斯特丹

Ankara 安卡拉

Athens 雅典城

Atlanta 亚特兰大

Bangkok 曼谷

Barcelona 巴塞罗那

Beirut 贝鲁特

Belgrade 贝尔格莱德

Berlin 柏林

Boston 波士顿

Brasilia 巴西利亚

Brisbane 布里斯班

Brussels 布鲁塞尔

Bucharest 布加勒斯特

Budapest 布达佩斯

Caracas 加拉加斯

Casablanca 卡萨布兰卡

Chicago 芝加哥

Copenhagen 哥本哈根

Denver 丹佛

Dhaka 达卡

Dublin 都柏林

Florence 佛罗伦萨

---

① 彭萍．实用旅游英语翻译:英汉双向[M]．北京:对外经济贸易大学出版社,2010:81.

Frankfurt 法兰克福
Geneva 日内瓦
Hanoi 河内
Havana 哈瓦那
Helsinki 赫尔辛基
Honolulu 夏威夷檀香山
Houston 休斯敦
Islamabad 伊斯兰堡
Istanbul 伊斯坦布尔
Jakarta 雅加达
Karachi 卡拉奇
Kathmandu 加德满都
Kingston 金斯敦
Kyiv 基辅
Lagos 拉各斯
Lima 利马
Lisbon 里斯本
London 伦敦
Los Angeles 洛杉矶
Madrid 马德里
Managua 马那瓜
Manila 马尼拉
Melbourne 墨尔本
Minsk 明斯克
Montreal 蒙特利尔
Moscow 莫斯科
Mumbai 孟买
Munich 慕尼黑
Nairobi 内罗毕
New Orleans 新奥尔良
New York 纽约
Oslo 奥斯陆
Ottawa 渥太华
Paris 巴黎
Phoenix 凤凰城

Prague 布拉格
Rio de Janeiro 里约热内卢
Rome 罗马
San Francisco 旧金山
San Salvador 圣萨尔瓦多
Santiago 圣地亚哥
Santo Domingo 圣多明各
Sao Paulo 圣保罗
Seattle 西雅图
Seoul 首尔(汉城)
Singapore 新加坡
Stockholm 斯德哥尔摩
Suva 苏瓦
Sydney 悉尼
Tashkent 塔什干
Tehran 德黑兰
Tokyo 东京
Toronto 多伦多
Vancouver 温哥华
Venice 威尼斯
Vienna 维也纳
Warsaw 华沙
Washington DC 华盛顿
Winnipeg 温尼伯
Yangon 仰光
Zurich 苏黎世
河流、山川、湖泊、岛屿等名称：
Amazon 亚马逊河(南美洲)
Congo 刚果河(中非)
Mekong 湄公河(东南亚)
Mississippi 密西西比河(美国)
Missouri 密苏里河(美国)
Nile 尼罗河(非洲东北部)
Rhine 莱茵河(西欧)
Thames 泰晤士河(英国)

Alps 阿尔卑斯山(欧洲山脉)

Andes Mountains 安第斯山(纵贯南美洲太平洋海岸的主要山脉)

Rocky Mountains 落基山(北美山脉)

Great Caucasus 大高加索山(欧洲东南山脉)

Himalayan Mountains 喜马拉雅山(南亚山脉)

Fuji Mount 富士山(日本山峰)

Mount Everest 珠穆朗玛峰(喜马拉雅山)

Mont Blanc 勃朗峰(阿尔卑斯山脉最高峰)

Kilimanjaro 乞力马扎罗山(中非)

Caspian Sea 里海(俄罗斯联邦、哈萨克斯坦土库曼斯坦、伊朗、阿塞拜疆)

Superior Lake 苏必利尔湖(美国、加拿大)

Victoria Lake 维多利亚湖(乌干达、肯尼亚、坦桑尼亚)

Aral Sea 咸海(哈萨克斯坦、乌兹别克斯坦)

Huron Lake 休伦湖(美国、加拿大)

Michigan Lake 密歇根湖(美国)

Tanganyika Lake 坦噶尼喀湖(刚果、坦桑尼亚、布隆迪、赞比亚)

Baikal Lake 贝加尔湖(俄罗斯联邦)

Great Bear Lake 大熊湖(加拿大)

Malawi Lake 马拉维湖(马拉维、莫桑比克、坦桑尼亚)

Angel Falls 安赫拉瀑布(委内瑞拉)

Niagara Falls 尼亚加拉瀑布(加拿大和美国交界)

Rhine Falls 莱茵瀑布(瑞士)

Yosemite Falls 优胜美地瀑布(美国加州内华达山脉)

Jog Falls 乔格瀑布(印度)

Laid 拉基火山(冰岛)

Kilauea 基拉韦厄火山(夏威夷)

Manna Loa 冒纳罗亚火山(夏威夷)

Vesuvius 维苏威火山(意大利)

Monte Etna 埃特纳火山(意大利)

著名景点名称:

Angkor Wat 吴哥窟(柬埔寨)

Arch of Triumph 凯旋门(法国)

Aswan High Dam 阿斯旺水坝(埃及)

Ayers Rock 艾尔斯巨石(澳大利亚)

Big Ben in London 伦敦大本钟(英国)

Borobudur 波罗浮屠(印度尼西亚)

Buckingham Palace 白金汉宫(英国)

Cape of Good Hope 好望角(南非)

Central Park 纽约中央公园(美国)

Colosseum in Rome 古罗马圆形剧场(意大利)

Crocodile Farm 北榄鳄鱼湖(泰国)

Easter Island 复活节岛(智利)

Effiel Tower 埃菲尔铁塔(法国)

Elysee Palace 爱丽舍宫(法国)

Grand Canyon 大峡谷(美国)

Great Barrier Reef 大堡礁(澳大利亚)

Sydney Opera House 悉尼歌剧院(澳大利亚)

Hyde Park 海德公园(英国)

Leaning Tower of Pisa 比萨斜塔(意大利)

London Tower Bridge 伦敦塔桥(英国)

Louvre 卢浮宫(法国)

Metropolitan Museum of Art 纽约大都会艺术博物馆(美国)

2. 使用缩略语

在旅游文体中,缩略词的使用是非常频繁的,是随着旅游业的发展,从普通词语演变而来的。在旅游活动中,无论是口语还是书面语,交际双方都会习惯使用一些缩略语,目的是用有限的形式将所要传达的信息传达出来,这样既节省了时间,又显得更为专业。例如:

USA(United States of America) 美国

LTB(London Tourist Board) 伦敦旅游局

WHO(World Health Organization) 世界卫生组织

LHR(London Heathrow Airport) 伦敦希思罗机场

QTS(Quality Tourism Service) 优质旅游

UFO(Unidentified Flying Object) 不明飞行物

UNESCO(United Nations Educational, Scientific and Cultural Organization) 联合国教科文组织

B&B(bed and breakfast) 住宿加早餐

user id(user identity) 用户标识

campsite(camping site) 露营地点

biz(business) 商业

3. 使用第二人称代词

在英语中，很多时候运用第二人称代词并不是特指某一个人，而是一个泛指。在旅游广告宣传语中，第二人称代词的运用有助于拉近作者与读者的距离，让读者获得一种亲切感，从而更好地为产品宣传服务。可见，在旅游文体中运用第二人称代词是非常重要的。例如：

If **you** like kitsch, **you** won't want to miss the bizarre mélange of cultural artifacts at the National Museum of American History.

如果您喜欢一般的工艺品，一定不想错过美国国家历史博物馆的各种文化工艺品大市场。

You're not permitted to bring **your** own food to the park; **you** can only consume the fast food sold on the premises.

不允许自带食物进入园中，只能在里面的快餐店用餐。

Yet in spite of this, **you** can still find some of the city's grand past.

尽管如此，还是可以找到一些这个城市辉煌的过去。

You'll not only find sport here, but also culture… and emotion.

在这里，您不仅可以体验体育运动，还可以尝试各种文化活动，一切充满了激情。

When **you** see in the workshops for yourself the printing plates handed down from ancient times, the multicolored pigments and the consummate skills, perhaps **you** will get a better understanding of the charm of this world-famous Chinese nonmaterial cultural heritage. And **you** cannot help marveling at the lasting vitality of the exquisite folk art.

当你在杨柳青年画作坊亲眼所见那传世的印版、五彩的颜料、娴熟的画技，或许更能领略到这早已闻名四海的中国非物质文化遗产的无穷魅力，你不得不感叹这民间艺术奇葩的恒久生命所在。

Our Round-the-Island Day Excursion has been specially designed to offer **you** maximum comfort, luxury and enjoyment. **You** can either spend a perfect day without leaving the cruise or pay visits to the added attractions of the fascinating shore at each of our places of call.

我们还专门为您安排了"环岛一日游"，带给您最大的舒适与享受。您既可以留在船上度过令人难忘的一天，也可以在几处停靠站下船游览，饱览岛上的宜人风光。

从上述几个例子中明显可以看出都是用了第二人称 you，这样可以使整个句子显得更公正、客观。

4. 使用描述性强的词汇

在旅游文体中的景点宣传中，一般会使用一些描述性较强的词汇，如动词、形容词等，这样有利于对景点的美进行渲染，从而达到说服游客来旅游的目的。例如：

The city abounds with **fine** scenery and **historical** interest. The **popular** Hanshan Temple, with its **charming** bell, has inspired many a poetic mind. On the Tiger Hill, a thousand-year-old pagoda stands in majesty. The Tianping Hill is featured by grotesque rock formations and red maple woods while luxuriant fruit-trees add to the natural beauty of East Dongting Hills and lakes around.

城内外遍布名胜古迹。寒山寺，诗韵钟声，脍炙人口；虎丘，千年古塔，巍然屹立；天平山，奇石嶙峋，枫林如锦；洞庭东山，湖光山色，花果连绵。

The Hawaiian Islands are one of the **most beautiful** places on earth. The weather is **friendly.** The temperature ranges from 60～90 degrees (Fahrenheit) all year long. It's a little warmer in summer, and a little cooler in winter, but every day is a beach day for somebody.

夏威夷岛是世界上最具魅力的地方之一。这里天气晴朗，气候宜人，气温常年在华氏 60℃～90℃之间。夏天稍暖，冬天稍凉，但每天都是晒太阳的好日子。

Here you can enjoy **numerous magnificent** peaks including 72 in odd shapes, with Tiandu, Lianhua and Guangrningding above 1,800 meters in altitude. They all rise up like giants, forming into spectacular scenery.

这里千峰竞秀，有奇峰 72 座，其中天都峰、莲花峰、光明顶都在海拔 1 800 米以上，拔地擎天，气势磅礴，雄姿灵秀。

Welcome to **breath-taking** views, **unforgettable** moments and impressive scenery. Springtime in Interlaken debauches with **blooming** landscapes, natural alpine air, **crystal clear** rivers and rustling waterfalls. **Snow-covered** mountains and **sunny** days invite for spring time skiing in the Jungfrau region.

欢迎前来欣赏令人叹为观止的美丽风光。春天的因特拉景色宜人，让人流连忘返。这里有纯净的山区空气、水晶般清澈剔透的河水和哗哗作响、飞流直下的瀑布。另外，白雪皑皑的高山和灿烂明媚的阳光都在热情地迎接您春天来赏女峰地区滑雪。

显然上述例子中都使用了很多描述性的形容词，这些形容词的使用不仅增强了宣传气息，同时给读者以美的享受。

5. 使用信息表达相对简单的词汇

旅游文体属于宣传类文本,要想更好地实现宣传效果,让更多的人了解和享受文本中介绍的景点,有时候旅游文体会使用一些简单词汇,因为很多读者的受教育程度是不一样的。例如:

Zermatt is surrounded by thirty-eight 4,000m/13,000ft high mountains. Today you **go** on an excursion by cogwheel railway up to the famous Gornergrat where you will have a superb panoramic **view** of the Matterhorn, Mont Blanc and many other snow-capped peaks. **Overnight** at the hotel Simi in Zermatt.

采尔马特四周环绕着 38 座海拔 4000 米/13000 英尺的高山。如今可以乘坐齿轨列车前往著名的戈尔内格拉特,在那里欣赏马特宏峰、勃朗峰和众多积雪覆盖的山峰。在采尔马特的 Simi 宾馆过夜。

Cross the bridge and turn behind the Winter Palace. In the middle of the huge Palace Square **stands** the Alexander Column. It commemorates Russia's victory over Napoleon. The 650-ton granite column is not **attached** to the base in any way. Its own **weight** keeps it upright. Hoisted into **place** in 1832, it has stood there ever since.

过了桥转到冬宫的后面,巨大的冬宫广场中间竖立着亚历山大圆柱,此柱为纪念俄国和拿破仑交战的胜利而建。650 吨的花岗石圆柱底部并未以任何方式固定,底部也无任何支撑。自 1832 年竖立之后,便一直站在那里。

Home to 26 ethnic groups—the largest number in China—Yunnan Province **offers** tourists a cultural feast of unique ethnic costumes, architectures, customs, cuisines, songs, and dances.

云南有 26 个少数民族,是中国少数民族种类最多的省份。各民族的服饰、建筑、风俗、歌舞、饮食等,形成了一幅美丽的风情画卷。

Located on the southern end of Renmin Road, the Canglang Pavilion (Surging Waves Pavilion) is one of the oldest gardens in Suzhou.

沧浪亭位于人民路的南端,是苏州最古老的园林之一。

通过阅读上述例子不难看出,其中运用了很多简单的词汇,这些词汇并没有渲染、夸张的成分,也没有运用过多的修饰,仅仅是为了让读者更容易理解,从而更好地实现宣传。

6. 使用形容词的比较级和最高级

旅游文体中包含很浓重的广告成分,而广告在使用形容词时往往会选择比较级或最高级形式，这样展现出这则广告的优势。例如：

Many mountains, rivers, forests and springs have become famous because they have a unique man-made landscape apart from their unique pure natural beauty.

许多山川林泉，之所以称为名胜，除了灵秀独钟的纯自然美以外，还因为有独一无二的人文景观。

Out of all of America's symbols, none has proved more enduring or evocative than the Statue of Liberty.

在美国所有的标志中，“自由女神”最为持久，也最具感召力。

（二）句法特点

1. 使用简短句

一般来说，简短句短小、有力，读起来朗朗上口。旅游文体是一种宣传材料，其使用简单的语句可以起到更好的宣传作用，尤其是使用简单的主谓结构，这样文本读起来更容易被理解，也可以更好地吸引受众。例如：

Engelberg offers several activities and events that attract others than just athletes or nature-lovers. Thanks to the Benedictine Monastery and the Vally Museum Engelberg, there are culturally enriching programs as well. During the summer months guests can enjoy musical entertainment several times a week—for free. Performances range from jazz, classical music, to alphorns and brass instruments.

除运动项目及自然美景外，英格堡还为游客准备了其他丰富多彩的活动。可以在本笃会修道院和英格堡 Vally 博物馆参加文化拓展项目。夏季，每周可以免费享受数场音乐演出，表演内容从爵士乐、古典音乐到山笛和铜管乐，可谓应有尽有。

Welcome to heaven on earth—a summer vacation paradise at an altitude of 1,050 meters. Engelberg entices both young and old with its attractive range of offers and activities. Who could resist the temptation of spending several unforgettable days in the heart of Central Switzerland? Scope out the town on e-bikes or let the new Brunni cable car transport you closer to the sun in just a matter of minutes.

欢迎来到人间天堂——海拔 1050 米的夏季度假天堂。英格堡丰富多彩的报价和活动吸引着男女老幼，在瑞士中部心脏地带度过几个难忘日子，谁能抵得住这样的诱惑？可以骑着电动自行车在城镇附近兜风，也可以乘坐新的布汝尼缆车，在短短几分钟内登上高山之巅。

上述例子中使用了大量的简短句式,便于读者降低阅读难度,理解具体的意思。

2. 使用祈使句

除了属于宣传类文本,旅游文体还属于呼唤类文本,即让读者采取行动、享受服务或者参观景点。因此,旅游文体中还往往使用祈使句,这样更能增强呼唤的效果。例如:

Take time to wander among Kazan Cathedral's semi circle of enormous brown columns.

花些时间漫步于喀山大教堂巨大的棕色圆柱所围成的半圆形中。

Don't be surprised if there's an hour-long wait to ascend.

如果等待一小时方可攀登也不要大惊小怪。

Look over your right shoulder. The massive golden dome of St. Isaac's Cathedral rises above the skyline.

朝右后方看去,圣以撒大教堂巨大的金制圆顶直插云霄。

分析上述几个例子,其中都是包含有祈使句,如 Take time to…,Don't be…,Look over your right…这些祈使句的运用主要是为了起强调作用,加强语气。

3. 使用疑问句

疑问句顾名思义就是提出问题,让读者进行思考。旅游文体中也会应用到这种句型,这样才能引发读者的思考,吸引读者的注意力,从而起到宣传的效果。同时,旅游文体中的疑问句更像一种人与人之间的谈话,给人一种亲切的感觉,便于贴近读者。例如:

Why not discover all three regions of the "Triangle" yourself in a fun-packed week long itinerary?

花上一周时间亲身探索一下"金三角"中的三个地区吧。

上述例子使用 why not 表达疑问的形式,用于表达一种建议,更具有说服力,便于读者接受。

4. 使用复杂句

前面已经说过旅游文体中会使用简单句,以便句子更通俗易懂,起到更好的宣传效果。但是,有些旅游文体不可避免地会用到一些复杂句子,其中包含一些短语或者从句等。例如:

The shore line is unobtrusively divided into low islands fringed with black lava boulders and overgrown with jungle and the grey-green water slips in between.

河岸线界限不明，划分为座座低矮的小岛，暗绿的河水缓流其间。岛上丛林茂密，大片乌黑的熔岩裸露于四周贴水一线。

上述例子中包含两个 with 引导的从句，属于一个复杂句子，但是这样的表达更能凸显宣传效果。

(三)语篇特点

1. 条理清晰固定

旅游文体在语篇表达上呈现了一定的特点，具体来说就是条理清晰、主次分明。以旅游手册为例，其主要介绍的是旅游景点、交通、住宿、餐饮等信息，是一种描述型、信息型文本，其一般由标题、口号与正文构成。

(1)标题部分是对正文的总括，语言上要求简单、清晰，让读者一目了然，即一看就能够了解其内容与特色。因此，旅游文体中的标题一般具有概括性与简洁性。一般来说，其标题命名的形式多样，有的以旅游目的地命名，有的是以目的地辅以概括性语言来命名，有的则以旅游机构来命名。例如：

Biking & Hiking

骑车游与徒步游

The Solomon Treasured Islands of Melanesia

美拉尼西亚所罗门群岛旅游手册

(2)口号部分类似于广告语，语言要求具有鼓动性，并且要保证言简意赅，将目的地的差异性、旅游设施的特殊性加以展现，因此旅游文体的口号一定要保证简洁，便于激励人们，吸引人的注意力。例如：

A WORLD YOU NEVER KNEW STILL EXISTED

一个你从未听说但存在的地方

The Way Life should be…

生活理应如此……

(3)正文部分是旅游文体手册的重要部分，一般包含几个部分，每一个部分也都有专门的标题，这些标题主要是对目的地及旅游相关事宜的介绍。旅游文体手册的正文一般要遵循如下几个要求。

其一，有关旅游目的地或旅游设施的评价性语言。

其二，旅游目的地或旅游设施的历史简介。

其三，以导游的形式介绍主要景点。

其四,实用细节信息,如地理位置、交通、联系方法、价格等。

其五,规章制度,如禁止拍照、禁止给动物喂食等。

以上的每一项要求都有其交际目的,通过一系列的语言特点来实现。

下面通过一个具体的例子来说明。

11 Days, England, France, Italy

Easy Pace London, Paris & Rome

This tour is for the independent traveler who wants to spend time in three of Europe's most renowned capital cities—London, Paris & Rome. A comprehensive half-day sightseeing tour of each city is included to introduce you to the famous sights and attractions, and there is also ample time to explore at your leisure. You will also enjoy the added benefit of travelling by Eurostar—the high-speed train service between London and Paris-and overnight sleeper train from Paris to Rome.

DAY 1—SUN—DEPART USA. Overnight flight to London.

DAY 2—MON—ARRIVE LONDON. After checking in to your hotel, the afternoon is yours to relax or explore this immense metropolis steeped in history and tradition. Spend the evening at an informative meeting and enjoy a Welcome Drink with your Insight local host.

DAY 3—TUE—LONDON SIGHTSEEING. Your first full day includes a sightseeing tour of London's West End. See Westminster Abbey, the Houses of Parliament, Big Ben, then drive past.

Downing Street to Trafalgar Square and Nelson's Column. Finally, witness the Changing of the Guard at Buckingham Palace. Your city tour ends in the heart of the West End where the afternoon is yours to visit the museums, shop in the department stores or see a show at one of London's theatres.

DAY 4—WED—LONDON AT LEISURE. Today is at leisure to further explore London or for sightseeing further afield. Maybe enjoy a half-day tour to Royal Windsor Castle or a full day excursion to Stonehenge and Bath.

DAY 5—THU—LONDON—PARIS. Meet your Tour Director who will escort you to St. Pancras Station to take the Eurostar to Paris. After a journey of just two-and-a-half hours, passing through the famous Channel Tunnel en route, arrive in Paris and transfer to your hotel. The afternoon is yours to explore this romantic city. Consider taking an optional tour of the sparkling Paris illuminations at night.

DAY 6—FRI—PARIS SIGHTSEEING. An included sightseeing tour

shows you the highlights of the city, including the Eiffel Tower, Arc de Triomphe, Opera House, the immense facades of the Louvre and the captivating 13th century Gothic Notre Dame Cathedral. The afternoon is set aside for you to explore Paris at your own pace. Don't miss the chance to visit one of the world-famous cabaret shows for an evening of excitement and glamour.

DAY 7—SAT—PARIS AT LEISURE. The riches of this great capital are yours to discover today, take the funicular up to the bohemian painters' quarter of Montmartre and to Sacre-Coeur Basilica. Or dedicate the day to the huge collections of the Louvre or a tour to magnificent Versailles. Don't forget to buy last-minute presents and souvenirs in the grand department stores.

DAY 8—SUN—OVERNIGHT TRAIN TO ROME. Another free day in Paris. Why not visit impressionist painter, Claude Monet's house and gardens? This evening we bid farewell to our Tour Director and depart for Rome on our comfortable overnight train with sleeper compartment.

DAY 9—MON—ROME SIGHTSEEING. On arrival, meet your local Insight host for a guided tour of Rome, see St. Peter's Basilica in the Vatican City, the Forum and Colosseum. Then there's time for you to explore Rome at leisure. A must for art lovers are the treasures of the Vatican Museum and the Sistine Chapel.

DAY 10—TUE—ROME AT LEISURE. A day for last-minute shopping and sightseeing. Spend some time in the designer stores near the Spanish Steps. Perhaps visit hilltop Tivoli to see the water-gardens of the Villa d'Este. Or sip a cappuccino at a sidewalk cafe in the Piazza Navona and watch life go by.

DAY 11—WED—RETURN TO USA. The tour ends after breakfast.

英国、法国、意大利11日游

伦敦、巴黎、罗马轻松游

这条旅游线路是为那些想游览欧洲的伦敦、巴黎和罗马这三大著名都市的自主旅游者设计的。其中包括每座城市半天的观光游，带你参观著名的景点，之后给你充足的自由游时间。你还将搭乘伦敦与巴黎之间的高速列车——欧洲之星，以及从巴黎到罗马的夜间卧铺列车。

第一天(星期日)：美国出发，乘坐飞往伦敦的隔夜航班。

第二天(星期一)：到达伦敦。入住酒店。下午休息或自行游览有着丰厚历史和传统积淀的伦敦大都市。晚上有一个信息发布会以及享用 Insight 当地接待人员为你举办的欢迎酒会。

第三天(星期二):伦敦观光游。全天游览景点包括伦敦西区、威斯敏斯特教堂、国会大厦、大本钟、唐宁街、特拉法尔加广场、纳尔逊圆柱、白金汉宫卫兵交接班仪式,最后回到伦敦西区的中心地带。下午是自由游览时间,你可以参观博物馆,到百货商场购物,或到伦敦剧院观看演出。

第四天(星期三):伦敦休闲游。今天是继续自由探索伦敦或到更远的地方观光的时间。你可以用半天的时间游览温莎城堡,或用一整天的时间游览史前巨石阵和巴斯。

第五天(星期四):伦敦—巴黎。与导游会合,到圣潘克拉斯火车站乘坐欧洲之星到巴黎。经过仅仅两个半小时的行程,途中穿越著名的英吉利海峡隧道,到达巴黎,入住酒店。下午自由游览这座浪漫之都。晚上可以考虑观赏巴黎绚烂的夜景。

第六天(星期五):巴黎观光游。游览景点包括埃菲尔铁塔、凯旋门、歌剧院、卢浮宫、巴黎圣母院。下午是自由探索巴黎的时间。晚上不要错过观看世界著名的歌舞表演,为你一天的行程再增加一份魅力和刺激。

第七天(星期六):巴黎休闲游。今天是你发现这座伟大都市丰富宝藏的时候。乘坐缆车到达蒙马特尔,观赏波希米亚画家们的公寓和圣心堂。或者用一整天的时间欣赏卢浮宫的收藏,或游览辉煌壮丽的凡尔赛。不要忘记最后一刻在大百货商场购买礼品和纪念品。

第八天(星期日):乘坐到达罗马的夜间火车。又是巴黎自由游的时间。为什么不去参观印象派画家克劳德·莫内的住所和花园?晚上我们与导游告别,乘坐舒适的卧铺火车到罗马。

第九天(星期一):罗马观光游。到达后,Insight 当地导游接车,带领参观罗马。游览景点包括梵蒂冈的圣彼得教堂、古罗马会议广场和圆形大剧场。然后是自由探索罗马的时间。梵蒂冈博物馆和西斯廷教堂是艺术爱好者的必看之地。

第十天(星期二):罗马休闲游。最后购物和观光的一天。花些时间逛逛西班牙阶梯附近的设计师品牌店,或者到蒂沃利城参观伊斯特水景花园别墅,或者到纳沃广场路边咖啡馆里啜饮一杯卡布奇诺,看着人生流逝。

第十一天(星期三):返回美国。早餐之后游程结束。

从上述例子很清晰地看出“英国、法国、意大利 11 日游”为这则旅游文体的标题,而且每一部分都有一个相对应的标题,表达的是该部分的主要信息,这样可以让读者很清晰地了解与把握出行信息。

2. 表达准确具体

旅游文体的形式与内容是多种多样的，如旅游指南往往属于描写型的，因此用词较为明白、生动；旅游广告属于召唤型的，语言往往有创意、短小精悍；旅游合同是契约型的，往往要求用词规范、程式化；旅游行程是信息型的，用词往往要求简略明了等。伍峰等人指出："就整体而言，旅游文体具有通俗易懂、短小精悍、生动活泼、信息量大的特点，其也具有艺术性、文学性与宣传性。"①很多时候，旅游指南、旅游广告等都是合二为一的，这样使旅游文体具有了集合食宿、游览等为一体的特征，起到了很好的宣传效果。例如：

Hangzhou—Paradise on Earth

The famous Italian traveler Marco Polo was so impressed by the beauty of Hangzhou that he described it as "the most fascinating city in the world where one feels that one is in paradise." In China, there has been a century-old popular saying praising the city: "Suzhou and Hangzhou are two paradises." Hangzhou's fame lies mainly in its picturesque West Lake. As it is beautiful all the year round, the West Lake was compared by Su Dongpo, a celebrated poet of the Song Dynasty, to a beauty "who is always charming in either light or heavy makeup." In Hangzhou, you will not only find the lake a perfect delight to the eye but also find it a joy to stroll along the busy streets, taste famous Hangzhou dishes and buy some special local products.

The West Lake is bisected by the Su Causeway and the Bai Causeway which look like two green ribbons floating gracefully on the blue waters. In the center of the lake are three isles—Ruangong Isle, Mid-lake Pavilion and Lesser Yingzhou. With ripples on the water's surface and thickly-wooded hills dotted by exquisite pavilions on its four sides, the West Lake is one of China's best known scenic spots.

Hangzhou residents have their way of enjoying the beauty of the West Lake. According to them, "The West Lake looks more delightful on rainy days than on clear days, but it is at its best after darkness has fallen." When you are in Hangzhou, you ought to go and take in the charm of the lake for yourself to see if the comment is tree.

---

① 伍峰等. 应用文体翻译:理论与实践[M]. 杭州:浙江大学出版社,2008:319.

One of China's six ancient capital cities, Hangzhou has a history of more than 2,000 years. It is famous not only for its natural beauty but also for its cultural traditions. Apart from a large number of poems and inscriptions in its praise left behind by scholars and men of letters through the centuries, it also boasts delicious food and pretty handicrafts.

Hangzhou is the home of silk in China. Its silk products come in a great variety, among which its brocade is especially attractive. Hangzhou also specializes in making black paper fans and sandalwood fans. Other specialties include silk parasols and West Lake Longjing Tea, which is among the top ten produced in China.

In Hangzhou, there are many fine restaurants, serving a wide range of cuisines. Also, there are more than a hundred hotels in the city, able to provide tourists with comfortable accommodation.

Generally speaking, it is advisable for a tourist to have a two-day tour of the West Lake and scenic spots around it. As a tourist, you will find the trip to Hangzhou both pleasant and culturally rewarding.

杭州——人间天堂

意大利著名旅行家马可·波罗曾这样叙述他印象中的杭州:"这是世界上最美妙迷人的城市,它使人觉得自己是在天堂。"在中国,也流传着这样的话:"上有天堂,下有苏杭。"杭州的名气主要在于风景如画的西湖。西湖之景一年四季都美不胜收,宋代著名诗人苏东坡用"淡妆浓抹总相宜"的诗句来赞誉西湖。在杭州,您可以饱览西湖的秀色,也不妨漫步街头闹市,品尝一下杭州的名菜名点,还可购上几样土特产。

苏堤和白堤把西湖一分为二,仿佛两条绿色的缎带,飘逸于碧波之上。湖中心有三个小岛:阮公墩、湖心亭和小瀛洲。湖水泛着涟漪,四周山林茂密,点缀着楼台亭阁,杭州人游赏西湖有个说法:"晴湖不如雨湖,雨湖不如夜湖。"您在杭州,一定要去领略一下西湖的风韵,看看此说是否有道理。

杭州是中国著名的六大古都之一,已有2000多年的历史。杭州不仅以自然美景闻名于世,而且有着传统文化的魅力。不仅有历代文人墨客的题咏,而且有美味佳肴和漂亮的工艺品。

杭州是中国的"丝绸之府",丝绸产品品种繁多,其中以织锦尤为引人注目。杭州还生产黑纸扇和檀香扇。其他特产有西湖绸伞和中国十大名茶之一的西湖龙井。

杭州有许多有名的餐馆,供应各邦菜点,还有100多家旅馆酒店,为游客提供舒适的住宿。

一般来说，游览西湖及其周围景点花上两天时间较为合适。到杭州旅游，既令人愉快，又能得到文化享受。

这是杭州的一段简介，是典型的旅游文体，其中包含了杭州的特色、历史、美食、住宿等，因此可以说这则旅游文体不仅包含了很多信息，又运用了大量的描述性词汇、短语、句子等，也用到了很多修辞手段，将杭州很好地宣传出去，使人们愿意去杭州旅游，感受杭州当地的文化。

二、旅游文体的翻译技能

（一）点亮特色

在翻译旅游外宣广告时，首先要仔细分析和深入挖掘旅游景点的文化韵味和显著特色，将旅游景点的价值充分表现出来，使译文对译语读者产生的效果同原文对源语读者的效果相当。例如：

昆明是美丽的地方，四季如春，万花争艳。

Kunming is a charming place where spring hovers all year round and flowers of all sorts bloom in a riot of color.

上述原文是介绍昆明的广告。译文中，hovers 和 riot 两个词用得十分贴切，而且针对性很强，有效地抓住了昆明四季如春、万花争艳的特点，能刺激旅游者产生诗情画意般的联想，有效激发旅游者的向往之情。

中国的旅游文体中的很多词语表达的不仅是一种特定语境中词语的概念意义，而且也表达了中国特定的社会、文化、历史、政治等方面的附加意义，因为很多国外读者对中国的社会了解比较少，所以在翻译过程中要有所侧重，采取一些翻译方法突出中国旅游文体中的核心内容，这有助于翻译目的的有效实现。

（二）追寻美学价值

汉民族有着独特的美学思想，它是汉民族独特的社会文化传统的浓缩，反映着汉民族特有的人文思想和审美情趣。中国古代文人多习惯借助山水来抒发情感，他们对自然进行描写的同时，常饱含着自己风格的个人情感，常借景抒情、托物言志。因此，在遣词造句方面多空灵虚幻，具有含蓄、模糊的意境美。相比较而言，英语的景物描写常客观真实，力求准确再现自然景物，因此在遣词造句上往往朴实客观。例如：

日照香炉生紫烟，遥看瀑布挂前川。飞流直下三千尺，疑是银河落九天。

（李白《望庐山瀑布》）

The sun lit Censer peak exhale saw wreath of cloud; Like an up ended stream the cataract sounds cloud. It's torrent dashes down three thousand feet from high; As if the Silver River fell from azure sky.

(许渊冲 译)

译者综合采用多种翻译方法,将原文的基本含义、内在诗韵以及美感准确地传达了出来,使读者能够切身感受原作之美,而且充分考虑了外国读者的审美心理。

旅游文体本身就体现着一种艺术性,能够给人一种美的享受。译者需要尊重外国读者的审美心理,将原文的美感传递给读者,这样才能使译文更具吸引力,才能激发外国读者前往中国旅游。

在旅游广告中,汉语景观的描述常用古诗词,体现着一种朦胧美。英汉语言存在着显著的差异,在旅游审美活动中,英汉旅游者的期待视野与景点广告的号召之间也存在错位。因此,在翻译旅游广告时,如何将这种美感传递给外国读者是旅游文体翻译应重点研究的课题。需要说明的是,许渊冲先生提出的译诗的"美化之艺术"理论对旅游文体的翻译起着很好的指导作用,即译诗要尽可能体现对原文理解的精确、韵律的美妙以及精神的化境;采用"浅化"扭转劣势,"等化"争取均势,"深化"发挥优势,使读者"知之""好之""乐之"。

(三)迎合顾客的心理

中华民族地大物博,有着悠久的文化历史,拥有丰富的旅游资源,每天都吸引着众多的外国游客来领略中华文化风情。旅游文体旨在向潜在旅游者展示当地的优秀文人景观,激发他们的好奇心,进而传播文化,促进旅游经济的发展。因此,开拓旅游者的认知域也是旅游文体翻译的重要任务之一。旅游文体翻译不仅是一个纯语言的转换过程,也是英汉两个民族文化审美观与价值观的相互碰撞、交流与接受的过程。因此,旅游文体翻译应体现出对受众认知特征和文化心理的关照。例如:

水水山山处处明明秀秀

晴晴雨雨时时好好奇奇

译文 1:Water Water Hill Hill Place Place Bright Bright Beautiful Beautiful; Fine Fine Rain Rain Moment Moment Pleasant Pleasant Wonderful Wonderful.

译文 2:With water and hill, every place looks bright and beautiful; Rain or shine, every moment appears pleasant and wonderful.

楹联一直都是旅游文体翻译的难点。上述例句中,译文 1 很明显是按照楹联的字面意思直接进行的翻译,读者看后会不知所云。译文 2 则考虑到了读者的认知特征的文化心理，采用了创造性的译法，通过铺垫和比喻，准确再现了原文的内涵和美感，也让读者充分领略到了中华文化的博大精深。

总体而言，在对旅游文体进行翻译时，首先要突出旅游特色，使读者对旅游目的地有一个准确的认识；其次要删繁就简，化“虚”为实，使译文符合读者的阅读习惯；再次要译出美感，将原文的美感传递给读者，最后要考虑读者的认知和文化心理，进而促进不同民族间的文化交流。

第三节　科技文体翻译技能的培养

随着国际交往的频繁，科学技术在各国之间的交流也愈加频繁，因此国家对科技文体翻译人才的需求不断提升。但是，科技文体有着较强的专业性，因此译者必须要掌握基本的科技文体翻译技能。本节就来探讨科技文体翻译技能的培养。

一、科技文体的语言特点

（一）词汇特点

1. 使用技术词

在科技文体中，存在着很多技术词，具体包含如下两种。

(1)专业技术词。其主要用于某项专业学科，范围较为狭窄，词义也相对单一。这类词汇往往只能在较全、较新的词典中查询到。随着科技的迅速发展，科技文体的技术词汇逐渐增多，但是正常来讲，一些表达新工具、新概念的词还尚未纳入词典，这就需要学习者对科技文体词汇的构词有相应的了解和把握。例如：

mould release wax 脱模腊

biochip 生物芯片

binary phase shift keying 二相位键控

(2)次技术词。除了专业技术词外，科技文体中还存在广泛的次技术词，这些词汇同专业技术词一样，比较单一，但是用法很专业，因此常见于科技文体中。例如：

density 密度

symmetry 对称

product design specification 产品设计规格

2. 使用缩略词

科技文体的重要特点在于简洁，在表达上要准确，而缩略词符合这一特点，因此缩略词常见于科技文体中。具体来说，主要可以划分为如下几种。

(1)首字母拼缀词。例如：

LED(Light-emitting Diode) 发光二极管

BSE(Bovine Spongiform Encephalopathy) 牛海绵状脑病

(2)截短词。例如：

copter(helicopter) 直升飞机

Wiki(Wikipedia) 百科词典网站

3. 使用新词

随着科技的进步与发展，与科技文体相关的期刊文献不断增多，很多相应的著作也逐渐出版。这在一定程度上促进科技新词的出现，且有着广泛的领域。例如：

webmaster 网站维护者

executive recruiters 猎头公司

salary package 工资+福利薪酬

(二)句法特点

1. 使用陈述句

科技文体中有很多是对自然现象规律的描写，其中有很多相关现象的定义、公式等。为了保证这类科技文体表达得更为准确，且浅显易懂，科技文体中常使用陈述句。例如：

Basically, the theory proposed among other things, that the maximum speed possible in the universe is that of light, that mass appears to increase with speed, that…

基本上，这个理论除了别的以外还提出：宇宙间能达到的最大速度是光速；质量随速度而增加……

2. 使用被动句

被动句的使用主要是对行为者的强调，还能够将执行者加以隐藏。这一形式能够使语气更为强烈，避免出现语义模糊的情况。在科技文体中，被动语态是非常常见的。例如：

Loss of efficiency in the boiler will be caused by the dissipation of heat through the walls of the combustion chamber.

热量通过燃烧室的壁散失掉，将引起锅炉效率降低。

3. 使用复杂句

科技文体中很多阐述的现象和规律较为复杂，且对叙事的连贯性也非常侧重，因此科技文体中常使用一些较为复杂的长难句。例如：

A computer cannot do anything unless a person tells it what to do and gives it the appropriate information; but because electric pulses can move at the speed of light, a computer can carry out vast numbers of arithmetic-logical operations almost instantaneously.

如果人们不指示它做什么，也不给它提供适当的信息，计算机便不能做任何事，但是因为电子脉冲能够以光速运动，所以计算机能够瞬间就执行大量算术—逻辑运算。

二、科技文体的翻译技能

（一）把握翻译标准

虽然一般的标准对于科技文体翻译仍旧适用，但是由于科技文体的特殊性，其与一般的文本翻译也存在明显差异，如翻译目的、翻译对象等。因此，在翻译标准上，科技文体还有自身的翻译标准，具体表现为如下几点。

1. 简洁

科技文体从本质上属于实用文体，其主要用于人们的生产生活，实用性极强。在翻译科技文体时，译者不必使用华丽、啰唆的语言来描述，应该保证简洁。当然，这里所说的简洁并不是对原文信息进行随意删减，而是要将原文的主要信息与重心抓住，从原文的特点与语言风格出发来表达。例如：

Each product must be produced to rigid quality standard.

每一件产品均须达到严格的质量标准。

上例中，译文并未拘泥于原文形式，这样的翻译能够保证语义准确，但是不啰唆和生硬。

2. 通顺

在翻译科技文体时,译者应该保证语言的通顺。具体来说,就是在与语言规则相符的前提下,译文应该做到通俗易懂。因此,对于科技文体的译文,不能死译、硬译,而是保证清晰明了,避免出现语言晦涩难懂的情况。例如:

Rubber is not hard;it gives way to pressure.

译文1:橡胶不硬,屈服于压力。

译文2:橡胶性软,受压会变形。

很明显,译文1的句意不错,但是非常生硬,语义也不够鲜明,而译文2不仅“准确”,还实现了“顺达”,且表达地道、语义准确。

(二)掌握翻译技巧

1. 直译

直译强调“形似”,主张将原文内容按照原文的形式用译语表述出来。在科技文体翻译中,直译法很常见,主要包含以下两种形式。

(1)绝对直译。绝对直译是指译文和原文在语言表层和语义功能上都能相互对应。例如:

Physics studies force, motion, heat, light, sound, electricity, magnetism, radiation, and atomic structure.

物理学研究力、运动、热、光、声、电、磁、辐射和原子结构。

(2)相对直译。相对直译就是译文与原文大部分是对应的,译文的形式基本上与原文保持一致,为了使译文更加通顺,少部分地改动句子的成分或增减个别词语。例如:

This agreement addresses each layer of the transfer of the know-how.

这个协议涉及核心技术转让的各个层面。

2. 意译

科技文体翻译中的意译主要包含以下两种情况。

(1)绝对意译。绝对意译指的是译文在词语、分句上基本与原文对应,但在形式上做一定幅度的调整,以更符合译入语的语言习惯,使得译文在层次和结构上更加清晰。例如:

Experimental findings suggested theoretical inadequacies.

做了一些试验,结果发现这个理论不充分。

(2)相对意译。相对意译是指译文在语言层次上全部或大部分对原文进行重新组合,以更准确地传达原文的意义。例如:

Therefore, these independent emissions add together to form a coherent beam so intense that, when focused, it will melt any known material instantly.

因此,这一道道发射出的散光聚在一起,形成一束强烈的相干光束,只要一聚焦,瞬间就可以熔化任何金属。

3. 分译

汉语习惯于用短句表达,而英语使用长句较多,由于英汉两种语言的句型结构差异,在科技文体翻译过程中,要想把原文句子中复杂的逻辑关系表述清楚,就要采用分译法,即将原文中的长句译为汉语中的短句。例如:

A brief summary of the gas generation schemes facilitates the DR process descriptions.

为了更清楚地阐释直接还原工艺过程,我们对气体产生的工艺流程也进行了简单介绍。

第七章　复合型英语翻译人才培养之文体翻译技能的培养(二)

除了商务文体、旅游文体、科技文体外,法律文体、广告文体、新闻文体也是重要的应用类文体。法律文体是指在商务活动中所涉及的具有法律效力的文本,其对于维护合作各方的权益有着重要意义。广告文体不仅是企业出口销售、开拓市场的一项重要手段,而且随着国外广告的引入,其已经成为我国企业和消费者获得重要信息的来源。新闻文体是一项重要的传播载体与媒介,在当今社会与生活中有着重要的地位。基于此,下面就对这三类文体的翻译技能培养展开分析和论述。

第一节　法律文体翻译技能的培养

要翻译法律文体,译者需要掌握必备的法律知识,并在此基础上运用特定的法律思维方式来分析法律文本,进而进行准确的翻译。本节首先分析法律文体的语言特点,并在此基础上来探讨具体的翻译技能。

一、法律文体的语言特点

(一)词汇特点

1. 使用法律专业术语

法律专业术语包含两种,一种是专门法律术语,一种是非专门法律术语。

专门法律术语一般仅仅在法律领域运用,为了凸显表达的准确性,一般选择单一的词汇,并不带有任何情感色彩,这与专业术语的特征是相符的。在法律文体语言中,专门法律术语占据着核心地位,被频繁地运用到法律文本中,因为其体现了法律文体语言的明确性、精密性等特征,具有严格的法律意义。例如：

recidivism 累犯

mule 携带毒品者

defendant 被告

affray 在公共场所斗殴罪

intestate（未留遗嘱的）死亡者

deposition 证词

bail exonerated 免除保释金

除了专门的法律术语外，法律文体语言中还存在非专门法律术语，这类术语往往属于多义词，因此其不仅可以在法律文体中运用，也可以在其他语体或者文体中使用。简单来说，这类术语包含普通意义与法律意义两种，但是这类术语的法律意义所揭示的是法律的特定概念，但是大多数人可能仅了解其普通概念，因此在翻译时要尽可能地避免望文生义。例如：

action 行动→诉讼

note 笔记，记录→票据

limitation 限制→时效

preservation 保留，保存→保全

party 派对，聚会→当事人

documentary 文件的，记录的→跟单

negligence 疏忽→过失

consideration 考虑→对价

presents 礼物→本文件

prejudice 偏见→损害，侵害

petty 小气的→次要的

2. 使用法律行话与正式术语

无论是在法律行业中，还是在其他行业中，一些独特的行话是必不可少的。一方面，行话有助于保证行业之间进行精确的交流，也提升了行业内部人员交流的效率；另一方面，行话对于外行人来讲，有助于激发外行人的兴趣和好奇心，有助于划分出行业内外的界限。当然，这在法律行业也是非常常见的。例如：

at issue 待裁决

aid and comfort 支持和原著

due care 应有的注意

另外，为了体现法律文体的严谨与严肃，法律文本中往往会使用一些正

式术语,体现规范性与委婉性。例如:

purchase 代替 buy

in accordance with 代替 according to

prior to 代替 before

3. 使用古旧词与外来语

在法律文体语言中,一些词语从古沿用至今,这在各国的法律文献中都有所体现。这些古旧词语经过历史的沉淀,已经形成了固有的法律含义,因此不必要对其进行舍弃或者创新其他词。例如:

thence 因此

hereof 于此

hereby 兹

verily 肯定地

whereas 鉴于

howbeit 尽管如此

foregoing 前述的

moreover 此外

wroth 愤怒的

另外,随着各国交往的日益频繁,国家之间的一些法律词汇也会相互借鉴,以充实自身固有的法律词汇。也就是说,很多外来词被引入自身的法律语言中。例如,英语中就有很多词汇来源于拉丁词语与法语,下面列举一些相关的词汇。

来源于拉丁语词:

in re 关于

quasi 准

affidavit 证词

alibi 不在犯罪现场

per diem 每日

ad hoc 专门的

inter alia 除了别的外

bona fide 真诚的,真正的

来源于法语词:

lien 留置权,扣押权

fee 酬金

quash 宣布无效,撤诉

breve 特许状

void 法律上无效的

4. 使用近义词与相对义词

在法律文体中，一些配对词与三联词往往被运用。所谓配对词或三联词，是指由两个或者三个意义相近的词组合成的词语。实际上，无论是配对词，还是三联词，其表达的概念可能只是其中一个词的概念。在法律文体的语言中，近义词的运用能够展现其严肃性与准确性，也能够保证法律文本含义的完整。例如：

each and every 各自

sole and exclusive 单一

sell or transfer 转让或出售

null and void 无效

除了近义词外，法律文体中还存在相对义词，即意义呈现相互对立关系的词。在法律应用文本中运用这些对立关系的词汇，有助于表达法律关系中的对立关系，因为法律工作对象往往是相互矛盾的，即对一方是肯定意味着对另一方的否定。例如：

for and against 支持还是反对

employer and employee 雇佣者与被雇佣者

legal and illegal 合法与非合法

prosecutor and dependence 原告与被告

（二）句法特点

1. 使用陈述句

在法律文体中，陈述句是最为基本的句型，并且倾向于单一化。这主要是因为法律文体具有正面客观陈述事理的特点。例如：

A contract is an exchange of promises between two or more parties to do or refrain from doing an act which is enforceable in a court of law.

纳税人销售货物或者应税劳务，应当向索取增值税专用发票的购买方开具增值税专用发票，并且在增值税专用发票上分别注明销售额与销项税额。

2. 使用复合句

在法律文体中，为了保证表达逻辑关系的复杂性，往往会运用一些复合

句式。这些具体可能是并列关系、选择关系、递进关系,也可能是假设关系、目的关系、转折关系等。例如:

The House of Representatives shall be composed of Members chosen every second Year by the People of the several States, and the Electors in each State shall have the Qualifications requisite for Electors of the most numerous Branch of the State Legislature.

判处死刑缓期执行的,在死刑缓期执行期间,如果没有故意犯罪,二年期满以后,减为无期徒刑;如果确有重大立功表现,二年期满以后,减为十五年以上二十年以下有期徒刑;如果故意犯罪,查证属实的,由最高人民法院核准,执行死刑。

在该例中,and 一词的运用表示采用了并列关系的复合句,其运用能够最大限度地将某一事物各个层面的含义表达出来,并且确保法律文本更具有周密性。

We the People of the United States, in order to form a more perfect Union, establish Justice, insure domestic Tranquility, provide for the common defense, promote the general Welfare, and secure the Blessings of Liberty to ourselves and our Posterity, do ordain and establish this Constitution for the United States of America.

为了保障公民、法人的合法的民事权益,正确调整民事关系,适应社会主义现代化建设事业发展的需要,根据宪法和我国实际情况,总结民事活动的实践经验,制定本法。

在该例中,in order to 的运用说明该句为目的复合句,这一词的运用表达了各个分句之间是目的与行为之间的关系,保证了句子更具有逻辑性。

3. 使用模式语句

在法律文体中,模式化的语句表达是对人们有法律约束力的规范,因此被广泛适用。这些模式化的语句有助于法律工作者开展工作,也因此在法律界更为普及。例如,汉语中的"……有……自由""……有权……""禁止……"等。同样,英语中也有这些模式语句。例如:

This contract is made between A and B on date month year and has the following terms: …

本合同在 A 与 B 间订立,合同的具体条款如下。

4. 使用被动句

由于法律文体具有客观性,因此其中常见被动语态。被动句的运用是为了凸显动作承受者，便于对承受者的权利、行为等进行规定，以及其应该承担的法律责任。例如：

A criminal shall be sentenced to a punishment in accordance with the facts, nature and circumstances of the crime, the degree of harm done to society and the relevant provisions of this Law.

对于犯罪分子决定刑罚的时候，应当根据犯罪的事实、罪犯的性质、情节和对于社会的危害程度，依照本法的有关规定法判处。

该例从 A criminal shall be sentenced… 可以看出是明显的被动句。

二、法律文体的翻译技能

(一)长句拆译

在法律文体中，由于表述内容的需要经常会出现很多结构紧凑的长句，这些长句往往从句套从句，有时还使用插入语。对于这类句子的翻译，可采取拆译法进行处理，前提是要保证原文意思不改变。拆译法就是将原来的英文长句进行拆分，用几个简单的汉语句子来表达一个英语句子。需要注意的是，拆译法的运用必须符合原文逻辑，不可盲目切分句子。例如：

Any income tax on income earned by Consultant within the PRC pursuant to this Contract and subject to taxation according to the Income Tax Law of the PRC Concerning Enterprises with Foreign Investment and Foreign Enterprises and other relevant laws and regulations shall paid by Consultant.

译文 1：顾问就按本合同在中国境内赚取的所得并按《中华人民共和国外商投资企业和外国企业所得税法》和其他有关的法律法规而被征收的任何所得税应由顾问支付。

译文 2：顾问按本合同在中国境内赚取的所得，按《中华人民共和国外商投资企业和外国企业所得税法》以及其他有关法律法规须纳税的，应由顾问缴纳所得税。

显然，译文 1 是一句话顺译下来，读者读起来难以理解。译文 2 做了拆译处理，符合汉语的表达习惯。

(二)增词、减词译

所谓增词、减词译法，是指从上下文的逻辑需要出发，以及从目的语的句法特点与表达习惯出发，在翻译时添加原文不存在但意义包含在内的词或者减少原文中存在但意义属于赘余的词。需要指出的是，增词、减词译要防止出现两种倾向:一是避免随意增加词汇,添加不必要的词;二是避免随意删减,将重要的词删掉,留下不重要的词。

增词、减词翻译并不是死译,也不是胡乱翻译。如果原文中出现需要省略的词,但译者没有省略,这就是死译。如果原文中没有这一层含义,但译者随意增加,这就是胡乱翻译。因此,译者要避免这两点。例如:

They were ready to be disposed of by their parents if alive,or otherwise by their nearest relations.

译文1:如其父母健在,由父母领回;否则,则由其近亲代领。

译文2:如其父母健在,由父母领回;若父母已故,则由其近亲代领。

上例中,译者采用了增译法。otherwise 的本义是"否则",但如果翻译成译文1,虽然意义是对的,但与原句风格大相径庭。而译文2的翻译不仅忠实原文,也更加准确、严谨。

第二节　广告文体翻译技能的培养

广告文体翻译属于一种特殊文体的翻译,它的翻译原则应该与其他文体的翻译原则有所不同。如果每一则广告都像法律条文和科技语篇那样翻译得丝丝入扣,句句忠实,其译文恐怕会不堪卒读,更谈不上会引人入胜、催人心动。怎样才能把广告译得传神,令人过目不忘呢?这就是本节需要讨论的问题,也是译者应该学习的一项重要技能。

一、广告文体的语言特点

(一)词汇特点

1. 使用单音节动词

单音节动词符合广告英语简练、通俗、朗朗上口的特征,这类词是人们使用最多的基本动词。例如,make,come,get,go,know,have,see,need,use,take,feel,like,start,taste,choose 等。这些词的意义各不相同,有些表示商品与顾客间的关系,有些表示人们对某些商品的拥有,还有的表示人们对产品的感觉和喜爱的程度等。例如:

It always tastes better when it comes from your own backyard.

Keep a beautiful record of your World Travels.

上述两个广告词分别使用了 taste,keep 这些单音节动词,既加强了语气,也使句子更为简练,读起来朗朗上口。

2. 使用缩略语

许多广告还使用缩写词。现在广告费用极其昂贵,使用缩略语可以降低广告成本,节省篇幅。例如:

(1)Take it to the 'net!'(net 是 Internet 的缩略)

(2)We found'em we got'em.('em 是 them 的缩略)

(3)Nice'n Easy.('n 是 and 的缩略)

3. 模拟生造新词

从心理学的角度说,广告对读者的吸引力主要来自语言的新奇和出人意料,从而激发阅读兴趣。创造新词可以让消费者自觉地联想到产品的独创性。根据英语的构词规则,创造一个能为读者理解的词,可以大大加强广告的新鲜感和吸引力。例如:

DRINKA PINTA MILKA DAY

这则广告很容易激发人们的好奇心,但是人们很难立刻理解其含义。原来,这则广告是根据发音拼写而成的,意思是 Drink a pint of milk a day。可见,广告的设计非常匠心独运。

(二)句法特点

1. 广泛使用简单句

简单句一般具有较强的口语性特点。为了减少广告费用,需要尽量减少篇幅,这就要求广告必须用最少的版面、最精练的语言,传递出最多的信息。多用简单句,口语性强成为广告英语的重要特点之一。例如:

(1)Take Toshiba,take the World.(Toshiba 电子公司)

(2)It's your life. It's your store.(acme 超市)

(3)It's All inside.(JC Penny 专卖店)

显然,上述这些句子都很简短精炼。而且,广告英语中形式简洁、内容浓缩的短句常常具有警句、格言的意味。

2. 多用并列结构

广告英语为求得简洁易懂,常倾向于更多地使用并列结构,而较少使用复合结构。这是广告英语在句法结构方面的一个重要特点。例如:

(1)Today's AARP—Your Choice. Your Voice. Your Attitude.(AARP 为

一家咨询机构)

(2)To laugh. To love. To understand each other.(《娱乐世界》广告)

3. 多用省略句

广告需要在有限的时间、空间和费用内,达到最佳的宣传效果,这样才能使其所宣传的商品在与同类商品的竞争中取胜。广告中使用省略句可以使句子简短明了。

省略句既可以省略主语,也可省略谓语,还可以省略其他成分。例如:

Italy,perhaps the most beautiful country in Europe. The towering Alps, The Floretine hills. And the ancient ruins of Pompeii. The great cities… In fact,when you fly Alitalia,the Italian experience starts the moment you take off…(Alitalia 航空公司)

显然,上例中运用了省略句,取得了突出、鲜明的效果,给人以醒目之感。

4. 多用疑问句

以疑问句句型开头的句子容易引起读者注意,并使他们对所提问题进行主动思考,从而加深印象。例如:

(1)Why not let the world largest estate sales orgamzatlon help you?(介绍房地产销售商)

(2)How the wrong system can affect a pertectly good portable telephone?(推出一种手机)

(3)Are you still feeding your six-month-old an intant formula?(介绍一种婴儿食品)

上述疑问句的使用更能引起顾客的注意,从而使他们加深对该产品的印象。

二、广告文体的翻译技能

(一)明确两大翻译原则

1. 广告翻译的创造性原则

广告英语的语言具有丰富的想象力和创造力,因此在对其进行翻译时不能简单进行字符之间的转换,而需要在一定语言功底的基础上对语言进行创新。创新性原则要求译者在保持深层结构的语义基本对等的前提下，融合不同语言、不同文化、不同民族心理等各方面的因素，重组原文的表层形式。广告是为了吸引消费者的注意，只有进行语言上的创新才能引起消费者的购买欲望，最终达到广告宣传的目的。例如：

Advancement through technology.(Audi)

突破科技 启迪未来(奥迪)

Far be it from us to blow ours(Passat)

既已遥遥领先 何须自吹自擂(帕萨特)

上面列举的两则广告在翻译时没有采用与原文同样的形式，而是采用了对仗的形式进行翻译。这样的翻译符合中国消费者的阅读习惯，读起来朗朗上口，加深了产品在消费者心中的印象。

2. 目的论功能主义原则

广告翻译不同于学术性文献的翻译，也不同于文学作品的翻译。它的优劣成败是由赞助人，即商人或市场决定的。广告翻译的目的是为了推销商品、服务、理念。那么，能够实现这一目的的最佳途径是什么？换言之，什么是广告翻译的最佳原则？

赖斯(Reiss)和维米尔(Vermeer)提出目的论，其适用于所有文本的通用翻译理论，维米尔甚至还用一些具体的例子来说明其理论的适用性。该理论的拥护者意大利波隆那大学教授迦松进一步认为目的论功能主义的原则具有高度的抽象性、综合性和灵活性，所以它可以涵盖一切翻译原则和策略。

众所周知，目前翻译理论界应用翻译领域的诸多翻译策略都被归入了目的论功能主义的大旗之下。凡是能达到翻译任务委托人目的的一切手段，几乎都是目的论功能主义原则之下的策略。其中包括直译、意译、增译、减译、不译、创造性翻译、编译/变译、解释性翻译等一系列常用的翻译策略或方法。所有这些翻译策略或方法，在翻译理论中都有合理存在的必要，并有其各自的针对性。自从有了目的论功能主义理论后，它们也就名正言顺地有了一个归宿。凡是能帮助译者达到翻译目的的手段都可以归入它的名下。

当然，目的论功能主义并不一定反对对等，能达到翻译的目的又做到对等，当然是求之不得。但很显然，它不同于对等学说，也不等同于功能对等原则。在目的论功能主义原则中，原文的地位和重要性大大降低，译文的地位和重要性则显著增加。原文只是起到为受众“提供资讯”的作用，整个翻译过程所强调的是译文对受众所起的作用，并且翻译是否完成其所负担的功能,是否达到了翻译的目的,即通常的委托人所希望达到的目的。只要能达到翻译的目的,无论使用什么样的手段都无所谓,目的可以证明手段的正当性,也就是说,为了达到目的,可以“不择手段”。如此一来,什么信、达、雅,忠于原文,忠于艺术,词义对等,语义对等,风格对等,价值对等,什么异化归化,都不再是举足轻重的原则,而只是译员为达到翻译目的可以酌情使用的手段而已。

为了达到客户的目的,必须使译前的翻译意图讨论(translation brief)成为一种明确的广告翻译的常规作业程序:即在译员接受一项翻译任务时,须弄清该项任务的性质。在理想的情况下,应向客户了解:翻译的目的,尽可能弄清受众、读者或听众可能是谁,用于何时、何地、何种场合,准备与什么样的图片配合、发布时使用何种媒体以及打算让译文发挥什么样的功能。至于具体如何着手翻译,使用何种方法,译成何种文体,是否需要词义对等、语义对等、风格对等、达到何种程度的对等,可否进行创造性翻译,或者只需要对译文作跨文化的改造等,则是译员的责任,有赖于译员的能力。如果委托人和译员不能在什么样性质的译文能最有效地实现翻译目的的问题上取得一致意见,译员要么拒绝接受任务,要么遵嘱办理,但不必对完全按照委托人要求或意图制作的译文负有责任。

这一功能主义原则及其翻译意图讨论的程序是为广告翻译量身订造的,其适用性是不言而喻的,任何在广告创作和广告翻译实践中有一定经验的人士,只要认真反省其以往成功的经验,几乎都可以总结出与以上描述大致相同的作业过程。

但从方法论上看,目的论功能主义作为一种原则,有强大的涵盖力、包容性和灵活性;但作为一种具体的翻译策略,它的优点变成了缺点:除了容易误导译者之外,由于它包含如此之多的不同的子策略,往往会让译者难作取舍,因此失去了作为应用翻译策略所应该具有的可操作性。

(二)把握翻译的优化策略

广告语有其特殊的文体形式和宣传功能,因而其翻译不同于普通的文本翻译。广告语的翻译通常可以采用归化、异化或者优化的策略。翻译策略的选择应该是灵活的。其翻译效果(广告宣传效果)是决定翻译策略的主要因素。在翻译实践中,翻译效果(目的)决定翻译策略,能够使产品得到更好的宣传和推广的翻译就是最好的翻译。

广告不仅是文化发展的一面镜子,也是经济腾飞的晴雨表。随着全球经济贸易的迅猛发展,广告对人类社会的发展具有越来越重要的作用。根据广告在《辞海》中的定义:向公众介绍商品、报道服务内容和文娱节目等的一种宣传方式,广告在本质上是一种诱导消费的辅助性手段。因此,跨国的广告翻译更应准确表达商品主题,注重其功用效果,激发目标顾客的心理共鸣和购买欲望。

基于翻译的异质性和翻译的多元化,当今的翻译已从单一的翻译科学论走向了翻译文化论。列费维尔(Lefevere)和巴斯奈特(Bassnett)甚至认为翻译单位也已开始"从词到文本,从文本到文化迁移"。21世纪的译论必然会如斯内尔霍恩比所说,"向文化回归(cultural return)",同时,当今的翻译策略也跳出了归化和异化两极的分裂状态,展现出更多的自主性和灵活性,以适应不同语境和目的的需求。下面将借用广告翻译的经典实例从斯内尔霍恩比对文化翻译划分的三个方面来论证优化策略是广告翻译最有效的转换手段。

1. 思维方式的变化

传统的思维方式,从翻译视角看,包括形式与意义、直译与意译、源语与译语、作者与译者等两分法都必须让位于整体的、格式塔式的、随具体情况而变异的思维方式。由于原文与译文之间的语用习惯和接受习惯存在差异,"翻译的异质性可使目的语面临支离破碎,就原文看来本不言自明的思维联系可能会在翻译后消失,文学翻译尤为如此。由于不同的语言体系会引起连接范式的变化,文学翻译极易在目的语中以支离破碎的形式出现,以致源语里的修辞效果在译文中大打折扣,乃至丧失殆尽,甚至荒唐可笑"(孙艺风,2006)。广告语言的翻译也不例外。例如:

(1)Live and Let Live.

(2)Nokia! Connecting people!

例(1)是2002年世界艾滋病日的主题广告语。如果翻译为"自己活着也让别人活着"就显得过分口语化,语句过于平淡无奇,缺乏一种广而告之的严肃性和整体性。同时,广告语言让人倍感压抑和压力,不具备感染力和号召力,无法让广告受众信服、接受并付诸行动。翻译为"相互关爱,共享生命"则更符合汉语特有的对称和排比结构句式,体现了汉语语言的变化美和平衡美,具有宣传力和亲和力。同时,"相互关爱,共享生命"更能体现一种轻松、和谐的社会语用环境。换一种思维方式看,优化了的广告语言的可读性和记忆度更强,广告受众的认知度和认同感更明显,主题也就更加突出了。

例(2)是诺基亚的广告口号。如果从"信、达、雅"中"信"的角度将其译为:"诺基亚,联系人民!"就显得语言太大众化,广告语言缺乏必要的吸引力和号召力。众所周知,在中国,"科学技术是第一生产力"的理念早已根深蒂固,“以人为本”的思想也已经深入人心。为了突出其人文主义思想和科技含量,迎合中国消费者的心态和观念,诺基亚公司在中国的广告口号被译为:“诺基亚,科技以人为本”。这种广告语言的翻译策略就是充分利用广告受众的心理,紧扣中国社会的发展现实,以此来加强消费者的印象,获得消费者的认同,博取消费者的好感,从而促进产品在中国的销售。这样的广告优化翻译,最大限度地利用了语言、文化、社会、经济等诸多因素。可见,广告翻译是一个整体全局化的观念,它应随思维方式的变化而相应变更。

2. 情景和文化的变化

在翻译实践中,译文文本已不再是对原文文本的临摹,而是会考虑一定情境、一定文化。在《翻译的文化功能》(*Cultural Functions of Translation*)一书中,沙夫纳(C. Schaffner)认为,翻译是“文化超验过程”(culture transcending process),是“构筑文化特征和文化定位的重要方式”,并反映目的语文化的文化价值与政治价值,决定目的语文化对待外国文化的态度。国际广告翻译必须适应目的语顾客、目的语情境和目的语文化。例如:

(1)Cette semaine on tuer le cochon.

(2)Give me Green World,or give me yesterday.

例(1)的广告语源自 Lance Hewson 和 Jacky Martin 在《重新定义翻译》一书中的举例。“Cette semaine on tuer le cochon.”是法语,直译相当于英语的“This week we will kill pigs.”汉语意思是“这个星期我们杀猪。”熟悉法国的人都知道,年初乡村杀猪是法国特有的文化传统。在每年初冬时节,法国的各个食品店都会悬挂这样的广告标语来吸引顾客购买大量的新鲜猪肉。因此,这句法语广告并非是要陈述“本周我们将杀猪”的事件,而是暗示有大量新鲜猪肉供应,顾客可以大量购买。因此,这句广告的翻译可以抛开杀猪这一意象,在英语国家直接有效地表述为“Special Uffer-Fresh and Abundant!”在中国可以表述为“特别供应——大量新鲜猪肉”。同一句广告语,在不同情境、不同文化里的表达大相径庭。

例(2)是绿世界(Green World)牌系列晚霜的广告语。了解美国历史和文化的人,对美国爱国主义诗人 Patrick Henry 的不朽诗句“Give me liberty, or give me death.(不自由,毋宁死)”应该不会感到陌生。绿世界牌系列晚霜的广告语显然是仿拟了 Patrick Henry 的名句,这样的广告语妙趣横生、引发联想。李诗平教授把它译为“要么给我绿世界晚霜,要么还我昨天的青春容颜”,笔者认为既然是广告语,就不要拘泥于原文,在广告的特定情境和文化氛围中可以译为“绿世界晚霜,还你昨日青春容颜”。可见,尊重目的语文化,追求流畅通俗的译文,能提高译文的可读性和可接受性,在广告翻译中更能吸引潜在的目的顾客。

3. 语言的变化

文本不再是语言静止不变的标本，而是读者理解作者意图并将这些意图创造性地再现于另一文化的语言表现。列费维尔在其 *Translation, Rewriting and the Manipulation of Literary Fame*(《翻译、重写和对文学名声的操纵》)一书的序言中认为：翻译当然是对原文的重写。所有的重写，不论其动机如何，均反映出某种观念，并以此操纵文学在特定的社会以特定的方式发挥作用。在整体上，“译语语言切合语境的自然和得体在翻译中至关重要”(陈小慰，2005)。在广告语言的使用和翻译中，语言的变化更是多种多样、精彩纷呈。例如：

(1)海尔，越来越高。

(2)Petal-Drops your way to a smooth, silky skin.

例(1)是我国知名国际品牌海尔的广告语。海尔的广告语“海尔，越来越高。”其英文广告语为“Haier and Higher”。显然，英文广告语采用了音韵修辞格，包括头韵和尾韵。头韵是一种古老的修辞格，在古英诗作品中被广泛使用，也是英语中最早出现和使用的一种修辞技巧。音韵修辞使得广告语言音韵和谐、朗朗上口，既体现了语言的变化美，又增加了广告语的趣味性和吸引力。在美国市场一炮打响之后，海尔的中文广告词迅速变更为“海尔，永创新高”。

例(2)是 Petal-Drops 牌润肤花露精的广告语中最有语言技巧的一句。该句中有两处文字游戏，既有双关，又有头韵。“Petal-Drops your way to”既可以读成“Petal-Drop's (is) your way to”，也可以读成“Petal-Drops(透露)your way to”。最后三个 S 开头的词构成头韵，合在一起形容皮肤，简直是珠联璧合。由于语言文化的差异，英文中一些文字游戏或修辞格，在翻译中一般很难再现[如例(4)中绿世界牌系列晚霜的广告语]。曹明伦教授却很好地把握住了语言的变化特征，创造出了三种令人拍案叫绝的译文：有花露精精心呵护，你的皮肤会光滑，光润，光洁如丝；有花露精精心呵护，你的皮肤会光鲜，光艳，光彩照人；花露/精：//心呵护你的肌肤。可见，广告译文是一个不断创新发展的过程。同时，广告的源语文本与译语文本间存在动态的相互影响作用。

翻译是一个优势竞争、层层推进、生生不息的过程。在当今翻译研究的“文化转向”(cultural turn)大潮之下，优化策略虽然只处于初步形成时期，但它能最大限度地包容跨文化交际中的冲突与对抗，最大范围地调动各方面的积极因素，最大可能地推动翻译理论和实践的进一步发展。因此，优化策略必然成为未来翻译实践发展的主要手段，并被广泛运用于极为侧重功用效果的广告翻译中。

第三节　新闻文体翻译技能的培养

新闻文体属于实用文体范畴，具有准确、简练等特点，其主要目的是及时、有效地传递信息，同时吸引读者目光，因此新闻文体讲究遣词造句，注重语言效果，从而呈现鲜明的文体特征。因此，译者需要把握新闻文体的语言特点，并掌握具体的翻译要求与技巧。

一、新闻文体的语言特点

(一)词汇特点

1. 使用简短词

一些形象生动、简明扼要的简短词在新闻中经常被使用，它们可有效增强新闻的可读性与趣味性。例如，在表述“破坏”时，新闻文体并不用 damage，而是用 hit，hurt，wreck，ruin 等。

2. 使用新闻词

在新闻文体中，普通词汇被广泛使用，但是这些普通词汇的含义在新闻文体中发生了变化，被赋予了与新闻密切相关的特殊含义，最终形成了新闻词汇。这些词汇往往词义宽泛，而且简明生动，非常利于新闻的表达。例如：

head 率领，带领
pact 协议，条约
clash 冲突，争议
sway 影响，支配

3. 多用新造词

新闻最能体现社会的发展，常报道一些最新情况和新鲜事物，因此常使用一些新造词，同时淘汰一些不适应社会需要的旧词。例如：

news blackout 新闻封锁

citynik 都市迷

holiday blues 假期忧郁症

(二)句法特点

1. 使用被动句

新闻的首要目的是向大众传播信息,为了突出重点,让读者更快地了解信息和事件,新闻文体常广泛使用被动句。例如:

At least 53 persons, most of them children, were killed Saturday in a bus accident in the central part of France.

伤亡人数和对象是上述报道想要强调的内容,所以上述报道采用了被动形式,突出了信息的重点。通过被动句表示的效果是陈述句远不能相比的。

2. 使用套话与行话

新闻文体中有着固定的套语和行话,如在表示新闻来源时,就可以采用与之相对应的套语或行话:

It has been announced that… 据称……

According to reliable sources… 据可靠人士称……

上述套话不仅使用便捷,而且能有效提高新闻工作效率,因此备受新闻工作者的青睐。

二、新闻文体的翻译技能

(一)把握翻译要求

1. 准确性

新闻语言表述客观、严谨,很少掺杂个人情感,所以在进行新闻翻译时应确保译文的准确性。如果新闻语言不够准确,不仅会让读者产生错误理解,还会引发常识性错误,所以在对新闻文体进行翻译时,要根据上下文来翻译词语,因为有些语义是由语境决定的。例如:

"The primary currency of the (SALT) negotiations became limits on the number of launchers, not limits on missiles or their characteristics," says former SALT negotiator Paul Nitze, "This has proved to be the wrong currency."

currency一词的基本含义是“货币;流通;流通时间”,但将这样的解释直接移到译文中显然是不合理的,所以要深入探究其含义,并寻找到与之相适应的汉语意思。实际上,currency一词还有“交换意见的媒介”这一含义,这是“货币”的引申。在这里,为了使译文语言更加准确精炼,可将其译为“议题”。

2. 清晰性

新闻的主要作用是向受众传递信息,而便于受众准确理解和获取信息,新闻翻译就必须做到表达清晰。如果译文意思模糊,偏离原文信息,也就无法到达传播的效果和目的。

要做到译文清晰,译者就要充分了解中西语言和文化差异,并按照译入语的思维方式和表达习惯进行翻译,以便于读者清晰理解和掌握新闻信息。中国有着很多独特的文化现象和语言表达,外国受众对其往往都感到比较陌生,此时在翻译时就要进行简短的说明和解释,以便外国受众清晰理解。例如,对于“打白条”这一特色词语,外国读者是很难通过其字面意思理解其本质内涵的,此时在翻译时就可以借用英语中的issue an IOU这一现成表达,这样就便于外国读者理解了。

(二)掌握翻译技巧

1. 新闻标题的翻译

(1)运用对称结构。新闻标题常会由两个句子组成,形式对称,内容对照。在翻译此类新闻标题时,译者要注意寻求意义对等,同时保证形式对称。例如:

Food drops “great TV”,but almost useless

空投食物无异作秀,杯水车薪于事无补

上述新闻标题中,前后两句是对称的,这样的翻译可以从形式到内容上更好地传达出原文的意蕴。

(2)补全背景。新闻标题不能无限制地写,其长度要控制在一定的范围内,因此常常会省略一些信息。针对这一情况,译者要把握标题的重心,同时考虑读者的心理,对读者不熟悉的重要信息加以补充说明,同时可以删除一些不必要的内容。例如:

I worry that we won't live to see our daughter

日朝人质何时休,老母盼儿泪满流

如果直接进行翻译,上述标题可译为“我担心活不到见到女儿的那一天”,这样翻译虽无过错,却没能给读者传播任何有用信息。上述译文对当时的语境条件进行了增补,简明扼要地交代了事件的背景,这样不仅便于读者了解,也能激发读者的情感。

(3)巧译修辞手法。修辞格在新闻文体中的使用十分普遍。对此,在翻译新闻标题时,尽量保留原文的修辞手法,如果无法还原原文的修辞手法,也可用其他修辞手法代替,从而达到与原文相似的语言效果。例如:

All Work,Low Pay Makes Nurses Go Away

工作繁重薪水低,护士忙着把职离

上述标题仿拟了英语谚语“All work and no play/bakes Jack a dull boy.”但汉语中很难找到与之语义相同、修辞方式相似的表达,此时只能舍弃原文的修辞形式对其进行调整翻译。上述译文虽然没有保留原文的修辞手法,但尾韵修辞的使用不仅读来朗朗上口,而且便于读者理解,具有异曲同工之妙。

2. 新闻正文的翻译

(1)适当调整句子结构。适当调整句子结构主要用于汉语新闻的英译中,以便使主次信息更加明了。例如:

我们围绕解决经济运行中的突出问题,注重增强宏观调整的预见性、及时性和有效性。

We have worked hard to make macro-economic regulation/macro-control more proactive,responsive and effective,with focus on resolving major problems effecting economic performance.

例中有两个小句,其中第二个小句是主要信息,第一个小句是有关细节内容,是次要信息。译文将其改译成一个句子,主要信息被用来作为句子的主干结构,with focus on resolving major problems effecting economic performance 是次要信息,因此这样借助 with 引导的介词短语结构穿插到句子中作状语,使得译文句子结构紧凑,表达地道。

(2)慎用“被”字。因表达习惯的不同,英语中尤其是新闻文体中的被动语态使用较多,而汉语中虽然也有被动语态,但使用得不多,即使用被动语态,也往往不明确提出“被”字。有些中国学生在学习翻译时,由于经验与水平有限,或者由于不愿多费脑筋,往往一见被动便用“被”字,结果使译出的句子非常别扭。例如:

They brought forth a regulation which could never be conformed to, which it was impossible to follow.

他们制定的这个法规,根本不可能被任何人遵照去做,更无法遵守。

在上述译文中,“不可能被任何人遵照去做”与“无法遵守”意思相同,因此没必要重复。原文中的“遵照”为 be conformed to,“遵守”为 to follow,两者实际含义不同,前者被动,后者主动,即前半部分是“法规无法被群众遵守”,是被动式,后半部分的是“(政府)无法贯彻法规”,是主动式,整个句子实际上是两个不同的角度说明法规的不可行。译文没有弄清两者之间细微的区别,只用文字上的差异来译不同的原文,结果表达方法虽不同,意思却无区别,都是从群众一方出发提出论证,不但未准确表达原意,而且造成译文重复啰唆。原译应当改译如下:

他们制定了一项根本无法遵守也无法付诸实施的法规。

第八章　复合型英语翻译人才培养之文化翻译技能的培养(一)

动物、植物、颜色、数字、习语、典故都与人的生活息息相关，是人们认识自然、认识世界的重要领域。这些领域中的词不仅具有物理属性，而且往往蕴含深刻的意义。由于中西方历史背景、风俗习惯、审美心理等具有很大差异，这些词所蕴含的文化意义也会有所不同。只有弄清楚这些差异，才能更顺利地进行翻译。可见，复合型英语翻译人才的培养不能忽视这方面的知识内容。为此，本章就针对动物、植物、颜色、数字、习语、典故的文化翻译展开研究。

第一节　动物、植物文化翻译技能的培养

一、动物文化翻译技能的培养

(一)充分把握英汉动物文化的差异

1. dragon 与龙

严格说来，dragon 与龙只是字面意义相同，实际上西方的 dragon 与中国的“龙”所指的并不是同一个事物。因此，如今通常将中国人引以为傲的“龙”翻译为 Chinese dragon，以区别于英语中的 dragon。

(1)英语文化中的 dragon。

西方神话中的 dragon 是一种凶悍的怪物，体形巨大、身上有鳞，有脚爪，有翅膀，口中能喷火，拖着一条长长的蛇尾，替魔鬼看守财宝。在一些描写圣徒和英雄的传说中讲到和龙这种怪物进行斗争的事迹，也多以怪物被杀为结局。总之，dragon 在英语中是指一种没有“地位”的爬行动物，是西方人心目中凶恶而丑陋的象征，如人们通常用 dragon 称呼那些可恶的专门

打人的警察。

(2)汉语文化中的“龙”。

在汉语文化中,龙享有极高的地位,可以说是中华民族的标志。它经历了上千年的演变和发展,不断被注入新的内容,形成了我国今天的龙文化。

“龙”反映了中国古人对自然的敬畏。在远古人类的生活中,有太多的东西不被人们所理解,也有太多的东西使人们感到畏惧与无助。于是,人们就以现实的生物和自然天象为基础,将自己对外部世界的畏惧、疑惑、想象、崇拜等,都贯穿和体现到一种模糊又集合的概念中,而这就是龙的雏形。在中国古人的心目中,龙是一种法力无边的神,它既可以呼风唤雨,也可以主宰自然。

正因如此,在中国封建社会中,龙就被统治者所借用,成为皇权和至高无上的代表。汉朝以后,龙成为帝王的象征,与帝王有关的事物也被冠以了“龙”字,如“龙椅”“龙床”“龙体”“龙颜”。

如今,龙已经成为吉祥的象征,在民间也有着深厚的文化积淀。中国人以自称“龙的传人”而自豪,汉语中也衍生出了很多带有“龙”字的词语,如“蛟龙得水”“真龙天子”“龙吟虎啸”。

2. snake 与蛇

(1)英语文化中的 snake。

在西方文化中,从有文字记载开始蛇就有着负面的形象。在《圣经(旧约)创世》中,蛇是“原罪”的象征。在古希腊神话中,蛇也以一种恶毒形象出现。总之,蛇在西方就是魔鬼与邪恶的象征,带有狡猾、恶毒、邪恶的形象。[①] 英语中很多与蛇相关的说法都含有贬义。例如:

a snake in the bosom 恩将仇报的人

snake oil 没有用处的建议或者解决方法

a sheer cold-blooded reptile 一个彻头彻尾的冷血恶魔

(2)汉语文化中的“蛇”。

在传统汉语文化中,蛇的形象是毁誉参半的,既有积极形象,也是有负面形象。总体来说,蛇的积极形象是较受人们肯定的。中华民族的原始图腾崇拜——龙的形状在很大程度上就是受蛇的形状的影响。汉文化关于华夏民族的起源的多种记录中都不约而同地提到了人面蛇身或人首蛇身。在中国神话传说《白蛇传》中,蛇也是一种追求美好生活的生灵,被赋予极大的

① 阎传海,张梅娟. 英汉词汇文化对比研究[M]. 西安:西安交通大学出版社,2008:116.

同情心。

不过，由于蛇形状特异，再加上有令人恐惧的蛇毒，使人不由地产生敬畏心理，因此在中国传统文化中，人们很容易把蛇与各种负面含义联系起来。汉语中很多与蛇有关的成语也都含有贬义，如“蛇蝎心肠”“毒如蛇蝎”“虚与委蛇”“佛口蛇心”等。

3. wolf 与狼

狼是一种分布广泛的食肉动物，它生性狡诈，常攻击人类所饲养的家畜，有时甚至攻击人类本身，因此一提到狼，人们总会联想到危险、破坏甚至邪恶。可以说，在汉英两种语言文化中，狼都是一种不太光彩的角色。

(1)英语文化中的 wolf。

《牛津高阶英汉双解词典》(2001)对 wolf 是这样解释的：“A fierce wild animal of the dog family, usually hunting in packs.”整体上来看，英语中的 wolf 与汉语中的“狼”都含有“残忍而贪婪”的特征。具体来说，wolf 在英语文化中的含义主要有几下几点。

其一，象征着饥饿。例如，短语 to have a wolfish appetite(有着像狼一样的胃口)，wolf down one's food(像狼一样的吞咽食物吃东西，比喻吃饭特别快又特别猛)，to have a wolf in one's stomach(比喻饿极了，能吞下一头狼)。

其二，指追逐、玩弄女性的无耻之徒。称男子为挑逗女性吹的口哨为 wolf whistle。

其三，贪婪，凶狠的坏人形象。例如，as greedy as a wolf(像狼一样的贪婪)。

其四，形容勇敢、有骨气、智慧的。例如：

Be the father of a wolf or a bear, if only the man himself is a man.

只有人成为真正的男子汉才称得上狼熊之父。

(2)汉语文化中的“狼”。

《说文解字》中这样描述狼：“似犬，锐顶，白颊，高前，宽后，从犬良声。”此外，《现代汉语小词典》这样解释狼：“哺乳动物，外形和狗相似，经常昼伏夜出，生性残忍而贪婪，伤害人畜。”汉语文化中有很多关于“狼”的成语和熟语，如“豺狼成性”“引狼入室”“狼奔豕突”“狼心狗肺”“狼子野心”“豺狼之吻”等。

具体来说，在汉语文化中，“狼”的联想意义主要有以下几个。

其一，比喻大口吞食，咀嚼的样子，如“狼吞虎咽”“狼吞虎噬”等。

其二，形容慌乱、逃窜的场面，如“狼奔鼠窜”“狼奔兔脱”“狼奔鼠偷”等。

其三,形容凄厉、恐怖、狂呼的场面,如“鬼哭狼嚎”“狼嚎狗叫”等。

其四,形容窘迫、尴尬、混乱的场面,如“狼狈不堪”“狼藉”等。苏轼《赤壁赋》中“肴核既尽,杯盘狼藉”就是指菜肴和果品将食用尽,杯子和盘子无序地摆放着。

当然,在汉语文化中,狼也不全是贬义含义。例如,《狼图腾》是 2004 年长江文艺出版社出版的图书,这里的狼就代表着一种顽强、勇敢、永不屈服的精神。“与狼共舞”这一成语也体现了人与狼之间的一种和谐相处。再如,中国有一家服装公司的名字就是“七匹狼”,这里的“狼”也是以一种积极向上的面貌出现。

4. bull 与牛

(1)英语文化中的 bull。

在英语国家,牛不被认为是农家宝,而是一种食物。他们眼中的牛有满身的缺点。例如:

like a bull at a gate 凶悍、狂怒

a bull in a china shop 闯祸的人、鲁莽的人

throw the bull 说胡话、胡言乱语

John Bull 约翰牛,鲁莽的人、躁动不安的人

(2)汉语文化中的“牛”。

中国是一个农业大国,有着悠久的种植水稻的历史,牛对于人们的感情颇深,被人们认为是农家宝。中国古老民间传说《牛郎与织女》就讲述了牛郎与牛相依为命,为主人的幸福奉献自己的故事。

另外,牛还有忍辱负重的意思,如“孺子牛”被认为是甘于为人们奉献的人。虽然也有“牛脾气”这样的说法,但只能说这是一个中性的意思,牛的形象在中国人的心中非常高大。

5. bat 与蝙蝠

(1)英语文化中的 bat。

在西方的传说中,bat 是一种邪恶的动物,往往与黑暗有着密切的关系。英语民族一提到 bat,往往会联想到 vampire,即吸血蝙蝠。传说中的 vampire 会在夜间离开墓地,去吸食人们的鲜血,让人们非常恐惧,人们对它也是非常厌恶的。英语中很多成语都表明了这一特点。例如:

crazy as a bat 如同蝙蝠一样的疯狂

as blind as a bat 如同蝙蝠一样看不见

(2)汉语文化中的“蝙蝠”。

在汉民族中，由于蝠与“福”字的发音相同，因此被人们认为是健康、幸福的代表。在中国的很多传统画作中，蝙蝠与鹿往往被放在一起，意味着“福禄”，代表荣华富贵，保佑人们能够福禄安康。同时，又因为“红蝠”与“洪福”谐音，所以红色的蝙蝠更为吉利。

6. magpie 与喜鹊

(1)英语文化中的 magpie。

在英语中，magpie 象征着唠叨、饶舌，同时还代表杂乱。例如：

Lucy kept muttering like a magpie.

露西像喜鹊一样在那吵闹。

Andy is a magpie.

安迪是一个饶舌的人。

to magpie together 鱼龙混杂

a magpie collection 大杂货堆

(2)汉语文化中的“喜鹊”。

在汉语中，喜鹊代表吉祥，它的叫声能够给人们带来喜讯。例如：

晴色先从喜鹊知

鹊声喧日出

破颜看鹊喜，拭泪听猿啼。

(二)合理使用动物文化的翻译方法

1. 直译法

当英汉动物词汇的表达形式和文化内涵相同时，即当英汉动物词汇表示的事物、人物及其形象、品质相同或相似时，可以保留原文的动物形象进行直译。例如：

barking dogs do not bite 吠犬不咬人

as faithful as a dog 像狗一样忠诚

2. 意译法

当保留动物形象直译和改变动物形象套译都行不通时，译者不妨舍弃原文中的动物形象，直接将原文含义翻译出来，即意译。例如：

top dog 最重要的人物

be like a bear with a sore head 脾气暴躁

Dog does not eat dog.

同类不相残。

3. 套译法

当源语动物词汇与目的语对应词汇的文化内涵不同时,可用目的语中具有相同文化内涵的其他动物词汇来翻译。例如:

teach a pig to play on a flute 赶鸭子上架

Don't believe him, he often talks horse.

不要信他,他常吹牛。

二、植物文化翻译技能的培养

(一)充分把握英汉植物文化的差异

1. plum 与梅花

在英语中,plum 既可指梅花或李子,也可指梅树或李树。在基督教文化中,梅树表示忠诚;在英美国家的俚语中,plum 表示奖品、奖赏。现在,plum 还是美国国会常用的委婉语。例如:

His new job is a fine plum.

他的新工作是件美差。

梅花原产于中国,是中国的传统花卉之一,在汉语文化中有着崇高的地位。由于梅花开于寒冬时节、顶风冒雪,因此其历来为我国文人所推崇。中国人将梅视为坚毅、高洁的化身,认为其是奋发顽强品质的象征。毛泽东曾以"梅花欢喜漫天雪,冻死苍蝇未足奇"来赞美中国人民像梅花一样不惧严寒与风雪斗争的无畏气概。在中华民族以花咏情的诗词中,以梅花为主题的诗词数量远远超过了其他花的数量。例如:

早梅

唐·张谓

一树寒梅白玉条,迥临村路傍溪桥。
不知近水花先发,疑是经冬雪未销。

卜算子咏梅

毛泽东

风雨送春归,飞雪迎春到。
已是悬崖百丈冰,犹有花枝俏。

俏也不争春，只把春来报。
待到山花烂漫时，她在丛中笑。

2. apricot 与杏

在英语文化中，apricot 并不像汉语中有丰富的寓意，其通常指代“杏”“杏树”和“杏花”。

在中国古代民间，人们往往用杏林与医生世家作比，这主要源自于三国时期，一位著名的医者治病不花钱的故事，只要求治愈的病人为他种植一棵杏树。多年之后，杏树达到数万株，逐渐形成杏林。因此，后人称颂医家时往往会用“誉满杏林”“杏林春满”等。

此外，在汉语文化中，杏的象征意义十分丰富。杏花妩媚、妖艳，代表着春意。杏的联想意义在汉语诗词中也十分常见。例如，“春色满园关不住，一枝红杏出墙来”“一段好春藏不住，粉墙斜露杏花梢”就是很好的诠释。

3. laurel 与桂树

在英汉语言中，laurel 与桂树都代表殊荣、荣誉的意思。英语中的 laurel 源于 laurus 这一拉丁语。据说，古希腊、古罗马人用桂树枝叶编成冠冕，授予英雄或者体育、音乐等竞赛的获胜者，以后成为欧洲的一种习俗。汉语中也是如此，古代的乡试是在农历八月举行，这时候正好是桂花开放的时节，因此将考中的考生称为“折桂”；登科及第的人称为“桂客”“桂枝郎”。

除了上面的寓意外，汉语中的桂树往往与神仙联系在一起。在众多的神话传说中，桂花树最后成为长生不老的仙树。“月桂”的传说已经有悠久的历史。在文人墨客的笔下，桂花被称为“木犀花”，代表的是超凡脱俗的气质与品格。

4. thorn 与荆棘

英汉语中的 thorn（荆棘）都有着困难、障碍的意思。英语中的“But O'the thorns we stand upon”（但是，我们的处境充满了荆棘）就是典型的代表。汉语中也有“披荆斩棘”的说法，比喻扫清各种障碍与困难，用于指代奋勇向前、不畏艰险的性格。

除了这一层含义外，汉语中的荆棘还可以指代道歉赔礼。最有名的例子就是廉颇、蔺相如的故事。战国时期，廉颇、蔺相如同朝为官，蔺相如因为功劳大，被封为“上卿”，官居于廉颇之上，廉颇不服气，想要侮辱蔺相如，蔺相如为了国家的利益，不与之计较，后来廉颇明白了实情，负荆请罪。

5. peach 与桃

在英汉语言中，peach(桃)都可以用来比喻美貌、美人。英语中有 a real peach(一位美人)这一习语。汉语中有“人面桃花相映红”的说法，用桃花比喻美人。除了这一共同意义外，英语中的 peach 还可以表达吸引人的事物、极好的事物的意思。例如：

a peach of a room 漂亮的房间

His wife is an absolute peach.

他太太真是位美人。

汉语中桃的寓意十分广阔。

(1)桃可以代表长寿，如众所周知的王母蟠桃盛宴，据说吃了王母的仙桃可以长生不老。

(2)从汉代开始，用桃子制作的物品，如桃板、桃剑等都可以驱邪。

(3)桃可以表达一种人们对安定生活的向往，如陶渊明笔下的“世外桃源”就是这个意思。

(4)桃还可以表达男女爱情，如“桃花运”就指的是男子在爱情层面的运气。

(二)合理使用植物文化的翻译方法

1. 直译法

英汉语中很有多植物词都可以用来喻指同一事物，因此在翻译这类植物词时，可采取直译法，忠实地传递原文的意义，做到形式与内容的统一。例如：

laurel wreath 桂冠

peachy cheeks 桃腮

Truth and roses have thorns about them.

真理如玫瑰，全身都带刺。

2. 意译法

由于文化背景不同，有些中西植物词难以从字面意思来理解，采取直译行不通，这时译者可采取意译法，舍弃原文中的植物形象，将原文中的植物词所暗含的意义传递出来。例如：

full of beans 精力旺盛

potatoes and roses 粗茶淡饭

Lily is the apple of her grandmother's eyes.

莉莉是她奶奶的掌上明珠。

望梅止渴 to feed on facies

胸有成竹 have a well-thought-out plan

第二节 颜色、数字文化翻译技能的培养

一、颜色文化翻译技能的培养

（一）充分把握英汉颜色文化的差异

1. red 与红

(1)英语文化中的 red。

在英语中，red 主要有以下几种含义。

第一，代表流血、暴力、危险。在西方人心目中，红色是鲜血的颜色，由于西方人视鲜血为“生命之液”，一旦鲜血流淌出来，就意味着生命的凋零，因此西方人常将红色与流血、暴力、恐怖等联系在一起。例如：

a red battle 血战

red alert 空袭报警

第二，代表赤字、亏空、负债。西方人在记账或结算财政收支时，为了达到醒目的目的，习惯用红笔登记净收入为负数的损益表，因此 red 就有了亏空、负债等引申含义。例如：

red ink 赤字

in the red 亏本

第三，表示欢迎、庆祝。除了贬义含义，red 在西方文化中也有褒义含义，甚至具有尊贵的象征意义。例如，在迎宾礼中迎接其他国家的首脑时，西方国家常在地上铺上红毯，以象征对方的尊贵和表示欢迎和敬意。例如：

red-letter day 大喜日子

pain the town red 狂欢畅饮

roll the red carpet for sb. 隆重欢迎某人

(2)汉语文化中的“红”。

红色是深受中国人喜爱的颜色，是当之无愧的中国色。中国人喜爱红

色一方面是因为红色本身的鲜艳和亮丽,另一方面是因为红色有着深层的象征含义和文化内涵。

第一,象征吉祥、喜庆。红色与太阳有关,是太阳的颜色,而太阳给予人类温暖和生机。因此,中国人喜欢用红色来象征幸福、吉祥、喜庆和彩云,常在重大或特殊的节日用红色来装点以增添喜庆的气氛。

第二,象征顺利和成功。红色是火的颜色,而火常使人联想到红红火火、蒸蒸日上,因此红色有了"顺利、成功"的象征意义。例如:

一炮走红:演员迅速走红

满堂红:各方面都取得好成绩或到处都很兴旺

开门红:在一年开始或一项工作开始时就获得显著的成绩

分红:分享红利

第三,象征革命。由于红色是血与火的色彩,因此红色还用来代表革命,这体现了红色的政治色彩,如"红军""红色政权"等。

第四,象征美貌、健康。红色可以代表美貌,多指女性,古代汉语中称年轻美貌的女子为"红颜""红袖"等。

第五,象征羡慕、嫉妒。除具有上述褒义含义外,红色也有贬义含义,象征羡慕、嫉妒。例如,"眼红""红眼病"就表示羡慕、嫉妒,是指看到别人的好东西或者看到别人获利时就非常羡慕或者嫉妒,甚至想占为己有。

2. black 与黑

(1)英语文化中的 black。

《朗文当代高级词典》(*Longman Dictionary of Contemporary English*)中将 black 定义为:"夜晚或煤炭的色彩"(the dark color of night or coal)。

英语中的 black 有其自身独特的内涵。这主要呈现在《圣经》中。在《圣经》中,black 象征着魔鬼与不幸,因此 black 在西方人眼中是一种禁忌的颜色,与此相关的表达大多含有贬义。例如:

the future looked black 前景暗淡

black sheep 败家子

black in the face 脸色铁青

此外,与英语中的 red 代表赤字相反,西方人习惯用黑色字体来标注盈利的数字,因此 black 还有盈利的意思。例如,in the black 就表示"盈利、有结余"。

(2)汉语文化中的"黑"。

对于"黑",《说文解字》中是这样定义的:"黑,火所熏之色也。"《辞海》将其解释为:"煤炭一般的颜色。"

在中国古代,黑色是尊贵的代表,也是铁面无私、阳刚正义的化身,这里的黑色具有褒义含义。此外,在戏剧脸谱中,黑色象征着憨直与刚正不阿,如包拯、李逵的形象。

由于黑色本身有黑暗的意思,因此在日常生活中,人们往往将黑色与黑夜联系起来,并且往往会表现出无助与恐怖;一看到黑色的动物,人们也往往会厌恶。

3. yellow 与黄

(1)英语文化中的 yellow。

在英语语言中,yellow 的含义具有贬义色彩,常用来表示胆怯的、卑鄙的、靠不住的、妒忌的、(报刊等)采用耸人听闻手法的/作低级渲染的等。例如:

yellow alert 空袭、预备警报

yellow looks 可怕的脸色,诧异的眼神

yellow dog 卑鄙的人

yellow-livered 胆小的

(2)汉语文化中的"黄"。

在中国历史上,黄色被视作神圣、正统的颜色,其文化内涵大致有以下几种。

第一,代表尊贵、皇权。在我国古代,土地是人们的主要生活依靠,而土地的颜色就是黄色,因此黄色备受人们尊崇。例如,汉语中有"黄土地""炎黄子孙"等说法。此外,在中国历史上,黄色还是帝王的专属色彩,有"黄袍""黄榜"等说法。

第二,代表稚嫩、幼稚。例如,"黄口小儿""黄童白叟""黄毛丫头"等。

第三,代表色情淫乱。这种代表意义源自美国的《黄色孩童》(*The Yellow Kid*),其中涉及很多低级趣味的内容。进入中国后,人们将这些新闻称为"黄色新闻",此后黄色就被赋予色情淫乱等含义,随之出现了很多与之相关的词语。例如,"黄色电影""黄色书刊""扫黄""黄色小说"等。实际上,英语中的 yellow 本身并不表达"色情"的含义,英语中真正表示色情含义的色彩词是 blue。

4. green 与绿

(1)英语文化中的 green。

在英语文化中,green 具有多层含义。

第一,代表新手、幼稚、不成熟、没有经验等。例如:

green hand 新手

as green as grass 无生活经验的

第二,代表绿色、新鲜、青春、有活力。例如:

green meat 鲜肉

in the green wood 青春期

第三,代表金钱、钞票。例如:

green back 美钞

green power 财团

第四,表示嫉妒。例如:

green with envy 嫉妒

(2)汉语文化中的“绿”。

在汉语文化中,绿的含义大多与其本义有关,即象征着清新和勃勃的生机。例如,朱自清在散文《绿》中写道:“那醉人的绿呀,仿佛一张极大极大的荷叶铺着……”。这里朱自清用“醉人”一词来形容绿色。

不过,在汉语中,绿色还有一个不光彩的含义,如“绿帽子”指丈夫的妻子出轨。

此外,在生态领域,经常会出现与“绿”相关的表达,如“绿色蔬菜”“绿色无污染”“绿色出行”“绿色通道”等。

5. blue 与蓝

(1)英语文化中的 blue。

blue 在西方文化中的含义褒贬共存,具体来说有以下几个象征意义。

第一,象征色情,这与中国文化中的“黄色”所代表色情的含义相同。例如:

blue talk 下流言论

blue video 黄色录像

第二,象征高贵、得宠。在英语中,蓝色可以象征地位的高低以及人们对某事物的热衷。例如:

blue ribbon 最高荣誉的标志

blue-eyed boy 宠儿、红人

第三,象征情绪低落。在英语中,蓝色还表示人情绪的低落。例如:

to look blue 深色沮丧

to feel blue 闷闷不乐

(2)汉语文化中的“蓝”。

在中国文化中,蓝色的象征意义并不多,主要有“依据”,如“蓝本”“蓝图”等。“蓝本”原指书籍正式付印前为校稿审定而印制的蓝色字体的初印本，后来专指撰著、改编等所依据的底本、原稿。“蓝图”原指设计图纸，现用以喻指建设所依据的设计、规划以及人们对未来的设想等。

（二）合理使用颜色文化的翻译方法

1. 直译法

英汉语言中很多颜色词在形式上完全对等，此时就可以采取直译的方法。例如：

black humor 黑色幽默

green card 绿卡

red rose 红玫瑰

black list 黑名单

white flag 白旗

white-collar workers 白领阶层

绿叶 green leaves

红旗 red flag

The boy flushed red with shame.

这个男孩羞红了脸。

2. 减译法

有时候，英汉语言中的一部分颜色词无法进行直译，也无法替换成其他颜色词，此时可以去掉颜色词进行意译，以便更准确地表达本意。例如：

a black look 怒目

She is green with jealousy.

她醋意大发。

白面（儿） heroin/cocaine

红运 good luck

二、数字文化翻译技能的培养

（一）充分把握英汉数字文化的差异

1. one 与一

无论是在英语中还是汉语中，数字“一”(one)都是所有数字的第一个，被称为“万数之首”。正因为如此，英语中的 one 与汉语中的“一”具有很多相同或相似的文化内涵，具体包括以下几个。

(1)都表示数字的开始和万物的本源。例如，西方毕达哥拉斯学派试图用数来解释一切，认为万物的本源是 one。中国的老子在《道德经》中说道：“一生二，二生三，三生万物。”老子认为，一切事物中都含有“一”的成分和性质。

(2)都表示“同一”“统一”“一致”。英语中有很多表示相似含义的说法。例如：

at one 完全一致

as one 一齐、一致

one and the same 同一个

汉语中也有许多表示相似含义的说法。例如，汉语中有“天人合一”“万众一心”等说法。

(3)都用来表示“少”。英语中含有 one 的说法举例如下：

One flower makes no garland.

一朵花做不成花环。

One swallow doesn't make a summer.

一只燕子形不成夏天。

汉语中有“一针一线”“一目十行”“一叶知秋”等说法。

当然，英语中的 one 与汉语中的数字“一”也并非完全相同。

首先，在汉语中，“一”可以跟其他词搭配而产生新意，这时它就无法与英语的 one 相对应了。例如：

一旦 once

从一开始 from the very first

其次，受基督教的影响，one 具有“完整、专一”的象征意义。人们普遍认为，如果某个人是在 1 号出生，那么这个人就会天生具有独特的思维、敏锐的鉴别力和坚强的性格。

2. two 与二

(1)英语文化中的 two。

英语中的 two 既有积极含义也有消极含义。

首先，在英语文化中，two 代表着人与神的结合。例如：

Two's company, three's none.

两人结伴，三人不欢。

其次，英语中的 die 表示“死亡”，而 dice 是 die(骰子)的复数，因此 two

代表着一种不祥的含义。例如，毕达哥斯拉将“2”视为“不和、无序、变异、邪恶”的代名词；古罗马人将2月份定为祭献冥王的月份，将2月2日作为祭献亡灵之日。

(2)汉语文化中的“二”。

在我国古代神话中，盘古开天辟地，将原始混沌一分为二，阳清为天，阴浊为地。在这种二元哲学观思想的影响下，中国自古以来就崇尚偶数、以偶为美、以双为吉。可见，在中国传统文化中，“二”是很受人们欢迎的数字。

具体来说，中国人在给孩子起名字时喜欢使用“双”或“对”。汉语中很多与“二”“双”“两”有关的成语也都寓意吉利和美好，如“二龙戏珠”“两全其美”等。

此外，人们在传统佳节互赠礼物时往往送双份礼来表示对亲朋好友的诚挚祝福；中国的诗歌、春联和修辞都非常看重对仗、对偶、对称；中国建筑的布局讲究对称，这些无不体现出汉民族对偶数的情有独钟。当然，在中国传统文化中，“二”也有一定的负面含义。例如，说某人“真二”，意思就是“傻”“不靠谱”。

3. three 与三

(1)英语文化中的 three。

在英语文化中，three 这一数字备受尊重，且文化内涵十分丰富。毕达哥拉斯认为 three 是一个完美的数字，表达“起始、中间和结果”之意。在美国，很多教堂被命名为“三一教堂”(Trinity Church)；英国很多大学的学院被命名为“三一学院”(Trinity College)。总体来看，西方人十分喜欢 three，认为一切好事成于三。例如：

The third time is the charm.

第三次定会有好运。

Number three is always fortunate.

三号运气一定好。

(2)汉语文化中的“三”。

在中国传统文化中，数字“三”有着丰富的文化内涵。从数字本身来看，“三”是奇数，也是阳数。中国古人认为，宇宙是由“三维”构成的，因此在汉语中，有很多带有“三”的说法，如祭祀有“三牲”(牛、羊、猪)，礼教中有“三纲”(君为臣纲、父为子纲、夫为妻纲)，军中有“三军”(古为上、中、下三军)等。可见，在古代，人们视“三”为一个吉祥之数。在现代，人们通常认为“三”为满，如过去、现在、未来；开始、进行、结束等。

此外，“三”可与不同的数字搭配从而表示不同的含义。

与“两”合用,表示“少”,如“三言两语”“三三两两”等。

与“四”组成的成语多含贬义,如“丢三落四”“说三道四”“朝三暮四”等。

与“五”连用,表示“频繁,次数多”,如“三番五次”“三令五申”“三顾茅庐”等。

4. four 与四

(1)英语文化中的 four。

在英语文化中,four 主要有以下两个方面的文化内涵。

第一,象征厄运。西方人在结婚的时候都尽量避开周四,他们认为周四结婚不吉利,会带来厄运。

第二,代表不体面、猥亵。例如:

the fourth 第四(卫生间的隐晦说法)

four-lettered words 四字词组(指脏话)

(2)汉语文化中的“四”。

在汉语文化中,“四”有着褒、贬、中三种截然不同的文化内涵。

首先,“四”这一数字是表示吉祥的“玄数”。“四”在中国古代是一个整体且完整的概念,因此由“四”及其倍数“八”构成的习语多表示“圆满、完美、通达以及广阔”等,如“四海升平”“四平八稳”“四停八当”“语惊四座”等。

其次,由于“四”与“死”读音相同,因此又受到人们的厌恶,人们在日常生活中尽量避开“四”这一数字。尤其当与“三”连用时,大多表示贬义,如“横三竖四”“不三不四”等。

最后,“四”在汉语中作为一种概括性数字存在。例如,饭菜中有“四喜丸子”,中药中有“四君子汤”等。

5. five 与五

(1)英语文化中的 five。

英语中关于数字 five 的习语很少,西方人认为 five 是不吉祥的。英语中 five 的构词能力远不及其他数字那么多。但是,英语中与 five 有关的星期,即 Friday 在英语中却有很多用法和意义。例如:

Man Friday 男忠仆

Friday face 神色不佳之人

Girl Friday 得力助手(尤指女秘书)

Pal Friday 极受信赖的女秘书

(2)汉语文化中的“五”。

在中国传统文化中,“五”是一个富有神秘色彩的数字,具有深远影响。“五”位于“一”至“九”的正中间,因而《易经》中称之为“得中”,符合中华民族所提倡的中庸之道。所以,“五”这一数字象征着和谐。汉语中有很多与此相关的表达。例如:

五味:酸、甜、苦、辣、咸

五官:耳、眉、眼、鼻、口

五脏:心、肝、脾、肺、肾

五谷:黍、稷、麦、菽、稻

此外,“五”常与其他数字并用,如“三五成群”“五湖四海”“五花八门”等。

6. six 与六

(1)英语文化中的 six。

在英语文化中,six 一般被视为不祥之数,人们往往避之不及,与 six 相关的说法大都含有贬义。例如:

six of best 一顿毒打

hit for six 彻底打败,完全击败

(2)汉语文化中的“六”。

在汉语文化中,“六”可以说是一个颇受欢迎的数字,象征着吉祥、平安、顺利等。与“六”相关的说法几乎都有明显的褒义含义,如“六六大顺”“六六双全”“六合之内”“六合同风”等。人们在挑选数字或号码的时候,也通常会将数字“六”作为首选。

此外,汉语中的“六”还可用于概括性列举。例如:

六神:日、月、雷、风、山、泽

六行:孝、友、睦、姻、任、恤

六畜:牛、羊、马、鸡、狗、猪

六亲:父、母、兄、弟、妻、子

(二)合理使用数字文化的翻译方法

1. 直译法

在英汉数字词汇的翻译中,直译法是最简单且最省力的方法,即保留原文中的数字直接进行翻译。例如:

Reach the sky in one step.

一步登天。

One day apart seems three autumns passed.

一日不见如隔三秋。

2. 增词法

在实际的翻译过程中,有时可以在译文中增加一些数字,从而使译文表达更为形象、生动。例如:①

Enough, enough, my little lad! Such tears become thin eye.

童子无复道! 泪注盈千万。

第三节　习语、典故文化翻译技能的培养

受中西方不同文化的影响,习语、典故有着不同的文化底蕴。通过分析中西方习语、典故的差异,能够更好地把握中西方文化的不同之处,这对于复合型英语翻译人才的培养而言至关重要。

一、习语文化翻译技能的培养

(一)充分把握英汉习语文化的差异

1. 英汉习语来源比较

(1)英语习语的来源。

英语习语是在英语这门语言从产生到成熟的过程中自然积淀下来的,因此来源十分广泛。英语习语不仅产生于日常生活中、生产实践中,有些还与历史、战争等民族文化有密切的联系。下面就对日常生活、生产实践、历史典故、经典著作、神话传说、战争格斗等方面的英语习语进行阐述,用以分析英语习语的来源。

①来源于日常生活。任何语言都是为了满足社会实践的需要而产生的,作为语言的精华,习语的产生更是与社会生活实践联系密切。英语习语的产生离不开英语民族人们的生产劳动实践。下面就从家庭生活、烹饪吃喝、娱

① 陈雪芬. 英汉数字的文化差异及翻译方法[J]. 文教资料,2007,(5):185.

乐游戏、狩猎骑射、读书学习五个方面探究英语习语的产生。

第一，来源于家庭生活。在西方社会，人们的家庭观念、宗族意识薄弱，对待生老病死、婚嫁养育等也比较开明。与家庭生活相关的习语在日常交往中很常见。例如：

black sheep 败家子

John Thomson's man 怕老婆的人

a man of family 有家室的人

wash one's dirty linen in public 家丑外扬

The child is the father of man.

从小看大。

East or west, home is the best.

行遍天下路，还是在家好。

第二，来源于烹饪吃喝。饮食是日常生活的重要组成部分，因此英语民族的饮食文化中也产生了很多习语。例如：

boil over 怒不可遏

add oil to the fire 火上加油

food for thought 得深思的东西

cook somebody's goose 破坏某人的计划

A little pot is soon hot.

量小易怒。

When wine is in, wit (truth) is out.

酒醉智昏。

第三，来源于娱乐游戏。英语中还有许多与娱乐和游戏相关的习语，这些习语常常涉及西方人喜爱的话剧、纸牌等。例如：

follow suit 效仿

show one's hand 亮牌

play the game 光明正大

pull the strings 暗中操纵

reach the first base 取得初步成功

speak by the card 说话精确或有把握

have a card up one's sleeve 有锦囊妙计

第四，来源于狩猎骑射。虽然狩猎骑射不是英语民族主要的生活方式，但英语中还是有一些相关的习语。例如：

hunt down 追捕

hold the reins 掌权

fortune hunter 想借婚姻发财者

beat about the bush 旁敲侧击

ride before the hounds 抢先下手

keep/hold in leash 管束,控制

第五,来源于读书学习。英语中与读书学习相关的习语通常有两种类型,一些关注学习本身,还有一些习语的内容与知识的增长有关。例如:

by the book 按常规

play truant 逃学

in a brown study 沉思

flunk out 考不及格

in doing we learn 边干边学

②来源于生产实践。生产实践是人类赖以生存和发展的基础,不同领域,不同行业的生产共同构成了人们的社会生活,同时也产生了与劳动生产相关的习语。下面从农业、航海业、商业三个方面进行具体分析。

第一,来源于农业。绝大多数的英语国家多山地,平原较少,因此农业耕作并不是这些国家的主要生活方式。但是,英语中仍然有一些关于农业耕作的习语。例如:

out of crop 没种庄稼

follow the plough 从事农耕

rotten to the core 腐烂透顶

live on the land 靠种田为生

make hay while the sun shines 抓紧有利时机

第二,来源于航海业。英国的航海业十分发达,于是英语中出现了许多sea,wave,water,land 方面的习语。例如:

sea:

go to sea 出海

all at sea 不知所措

wave:

make waves 兴风作浪

plough the waves 乘风破浪

water:

high water mark 顶点

to spend money like water 挥金如土

land:

make land 到岸

clear the land 驶离陆地

第三，来源于商业。西方资本主义国家很早就重视商品交易的发展，英语中与 business 相关的习语就有 46 个之多，与 bargain 相关的固定词组也有 24 个。[①] 例如：

buy：

buy over 贿赂

bring-and-buy sale 义卖

a good buy 价廉物美的东西

deal：

package deal 一揽子买卖

plain dealing 坦白直率

bargain：

bargain away 贱卖

make the best of a bad bargain 随遇而安

trade：

horse trade 讨价还价互相让步的交易

Two of a trade never agree.

同行是冤家。

stock：

out of stock 脱销

take stock 盘存；仔细检查

③来源于历史典故。英语国家的发展历史中有许多颇具影响力的历史事件或历史人物。与他们相关的故事在历史更迭中传诵，为人们津津乐道，从中提炼出许多短小精悍、意味深长、耐人寻味的习语。概括来说，来源于历史典故的英语习语较多地反映过去历史的战争方式、战争状况，还包括对历史上一些事件或猎人骑士的冒险经历的描述。例如：

eat crow 忍受侮辱

a concentration camp 集中营

meet one's Waterloo 遭遇惨败

cross/pass the Rubicon 破釜沉舟；孤注一掷

Dunkirk evacuation 敦刻尔克撤退——溃退

④来源于经典著作。众多文学大师的经典著作为英语语言的丰富和发展作出了较大贡献，成为英语习语的重要来源。例如：

---

① 张维友．英汉语词汇对比研究[M]．上海：上海外语教育出版社，2010：237.

have one's pound of flesh 无情的索债(来源于莎士比亚的戏剧《威尼斯商人》)

never say die 不要悲观,不要气馁(来源于查尔斯·狄更斯的《匹克威克外传》)

to drop mill stones 铁石心肠(来源于莎士比亚的《理查二世》第1幕第3场)

pick of the bunch 精华(来源于乔治·爱略特的《行行中间》)

Shangri-La 世外桃源(来源于希尔顿的《消失的地平线》)

All one' s geese are swans.

言过其实。(来源于罗伯特·伯顿的《忧郁症分析》)

⑤来源于神话、传说、寓言。例如:

Trojan horse 诡计;隐患(来源于希腊传说)

under the rose 严守秘密(来源于罗马传说)

Aladdin's lamp 实现愿望的法宝(来源于阿拉伯传说)

the Sword of Damocles 临头的危险(来源于希腊传说)

⑥源自战争格斗。有人类生存的地方就会产生矛盾,进而爆发战争。纵观西方国家发展史,尽管战争的目的不同,形式不断变化,但战争从来就没有间断过。因此,英语中产生了大量描述战争场面的习语。例如:

battle:

half the battle 成功一半

fall in battle 阵亡

war:

make war on 向……宣战

carry the war into the enemy's camp 提出反控诉

War is the sport of kings.

战争是帝王的娱乐。

gun:

blow great guns 狂风怒吼

stick to one's gun 坚持自己的观点

rank:

rise from the ranks 出身行伍

rank and file 普通士兵

英语习语往往有着丰富的文化内涵,但是因为其表达方式固定,含义深刻,仅从习语的字面意思上很难理解其真正的意义。因此,要想准确掌握英语习语的内涵,就必须了解其来源和意思变迁的轨迹,避免曲解或误用。

(2)汉语习语的来源。

汉语习语主要有如下几种来源。

第一,来源于历史事件。中国有着灿烂的历史,随着历史的发展,留给我们很多精神财富的同时,也留给我们很多的习语。例如:

刘备摔阿斗——收买人心

刘邦乌江追项羽——赶尽杀绝

上述这些习语对后人有警示作用,要求人们在经济、政治、生活中,要客观地看待事物的本质,采用恰当的交际战略,搞好人际关系。

第二,来源于社会现状。中国封建社会长达两千多年,在这两千多年中,很多对封建社会以及封建社会制度进行描写的习语诞生。例如:

顺我者昌,逆我者亡

满嘴仁义道德,一肚男盗女娼

在这两个习语中,前者揭示出帝王的独裁或者贼首对法律的不顾;后者揭示出在社会中存在着各种伪君子。类似的习语还有很多:

一人得道,鸡犬升天

只许州官放火,不许百姓点灯

衙门八字朝南开,有理无钱莫进来

第三,来源于生活方式。在汉语中,由于不同民族有着不同的生活方式,因此很多习语都诞生于此。例如:

斩草不除根,逢春必要生

男大当婚,女大当嫁

种田不用问,深耕多上粪

头伏萝卜二伏菜,三伏种荞麦

第四,来源于伦理道德。受中国封建社会的影响,男尊女卑、长幼尊卑的传统意识根深蒂固,也因此形成了很多的习语。例如:

举案齐眉,白头偕老

敬人者人恒敬之,欺人者人恒欺之

上例中,前者是对夫妻之爱的推崇;后者是要说明人与人应该保持最起码的尊重。此类的习语还有很多:

朋友妻,不可欺

女子无才便是德

儿不嫌母丑,狗不嫌家贫

2. 英汉习语分类比较

(1)英语习语的分类。

通常情况下,英语习语可以按照词性来划分,具体包含如下四类。

①动词性习语。在英语习语中,动词性习语占据数量最多,指的是以动词作为中心,与其他词语进行搭配而形成的习语。例如:

downbeat 下拍(动词+副词)

beat up 殴打(动词+介词)

get down to 开始认真考虑(动词+副词+介词)

curry favor 拍马屁(动词+名词)

poke one's nose into 干预(动词+名词+介词)

②名词性习语。名词性习语是以名词作为中心,与其他词语进行搭配而形成的习语。这类习语在英语中也非常常见。例如:

brain drain 智囊枯竭(名词+名词)

a mare's nest 骗人的东西,混乱(名词+'s+名词)

rank and file 普通成员们(名词+and+名词)

③形容词性习语。形容词结构的习语也有很多种类。例如:

on call 随时待命的(介词+名词)

up to the hammer 第一流的,极好的(副词+介词短语)

④副词性习语。这主要有如下几种。例如:

to the letter 不折不扣地(介词+名词)

between the devil and the deep blue sea 进退维谷(介词+名词+and名词)

(2)汉语习语的分类。

汉语习语可以根据音节数量、结构搭配关系进行分类。

①按音节数目,可以将汉语习语划分为四音节习语与非四音节习语。其中,四音节习语非常常见。例如:

助人为乐

萍水相逢

熟能生巧

卓尔不群

而非四音节习语属于不规则的习语,有三字的、五字的、六字的等。例如:

三字习语:忘年交

五字习语:功到自然成

六字习语:百思不得其解

七字习语:心有灵犀一点通

②按结构搭配关系,可以将汉语习语分为平行习语与修饰习语。其中,平行习语包含承接关系习语、并列关系习语、因果关系习语等;修饰关系习语包含主谓关系习语、动宾关系习语、偏正关系习语等。例如:

承接关系习语:瓜熟蒂落

并列关系习语:承上启下

因果关系习语:有恃无恐

主谓关系习语:苦尽甘来

动宾关系习语:移风易俗

偏正关系习语:难言之隐

(二)合理使用习语文化的翻译方法

1. 直译法

英汉语言中的一些习语在形式和喻体上非常接近,译者翻译时就可以采用直译法,再现原文的形式并保留原文的喻体。例如:

tower of ivory 象牙塔

put oil on the flame 火上浇油

All roads lead to Rom.

条条大路通罗马。

A friend indeed is a friend in need.

患难见真情。

纸老虎 paper tiger

无可救药 beyond cure

2. 意译法

由于中西方文化背景的不同,使得许多英汉习语在形式和意义上无法对等,此时就不能用直译法进行翻译,而可以尝试用意译法进行翻译。运用意译法可以出传达原文含义和语体风格,其不拘泥于原文的形式和修辞手法。例如:

a lion in the way 拦路虎

the heel of Achilles 致命的弱点

like a fish out of water 很不自在

大张旗鼓 on a large and spectacular scale

赔了夫人又折兵 suffer a double loss instead of making a gain

3. 套译法

假如英汉语言中的习语在内容和形式上都比较接近，即字面意义、喻体形象和比喻意义都相似，那么译者就可以借用相互对应的习语进行对等翻译。例如：

make pig of oneself 猪一样的饭量

A rat crossing the street is chased by all.

老鼠过街，人人喊打。

二、典故文化翻译技能的培养

(一)充分把握英汉典故文化的差异

1. 英汉典故来源比较

(1)英语典故的来源。

与汉语典故类似，英语典故也有着丰富的来源。具体而言，可以总结为如下几点。

①来源于历史故事。英语中很多典故都与历史故事相关。例如：

one's hair stands on end

很多人都将其翻译成“怒发冲冠”，其实不然，这是对其来源不了解而造成的。这句典故最初是对犯人表情的描述。1825 年，一个名叫普·罗波特的小偷被处以极刑，他在面临死亡时表现出了恐惧。因此，后人用这一典故形容“令人毛骨悚然的事情”。

②来源于寓言故事。英语中有很多典故都源自于寓言故事。例如：

kill the goose that lays the golden eggs

这一典故出自《伊索寓言》，讲的是从前，有一个人拥有一只母鸡，这只母鸡下了一个漂亮的金蛋。这个人以为母鸡肚子里面有金块，就把这只母鸡给杀了，等到剖开一看，里面与普通母鸡一样。因此，这则典故的意思是“为了眼前的利益，而牺牲将来的利益”。

③来源于事物名称。英语中很多典故与动物、植物、人名、地名相关。例如：

a black sheep (指一个给周围人带来耻辱的人)

be in Burke (出身名门)

meet one's Waterloo（指惨败）

④来源于体育运动。英语中有很多与体育运动相关的典故，这是因为英美国家比较注重体育运动，人们对健身、运动都非常感兴趣。因此，体育运动是人们常挂在嘴边的东西。久而久之，就形成了很多典故。例如：

drop back and punt

凌空踢落地反弹球

这一典故来自于橄榄球，指的是放弃目前的策略，采用其他策略解决问题。类似的典故还有很多：

strike out 三击不中而出局

to not get to the first base 没有取得初步成功

play one's trump card 采取最有把握取胜的办法

⑤来源于电影作品。在人们日常生活中，电影是一种重要的娱乐方式。电影中很多人与故事都成了人们谈论的话题。因此，很多典故由此而生。例如：

Rambo 兰博

这是电影《第一滴血》的主人公。兰博曾经参加过越南战争，受过各种专业训练，然而，当他面对不公平待遇时，他选择了用暴力解决。因此，这一典故就代表了一种坚强的意志。

Mickey Mouse 米老鼠

这是迪士尼动画片中的典型角色。在现代英语中，这一典故代表的是初级的东西、不足道的东西，表达的是一种不满、轻蔑的态度。

(2)汉语典故的来源。

由于汉语典故中蕴含着中华民族优秀的历史背景、文化故事等，因此其有着丰富的历史来源。

①来源于历史故事。汉语中，很多典故都来自于历史故事。这些典故大多有着深远的意义，且文字也非常工整、简单。例如：

三顾茅庐

这一典故人尽皆知。古时候，有一个叫刘备的人，他想打败敌人，当皇帝。可是，他的力量太弱小了，需要一位聪明的人帮助自己。传说，襄阳有一个特别聪明的人，名叫诸葛亮。谁要是能得到他的帮助，谁就能赢得天下。刘备听说以后，就带着自己的二弟关羽、三弟张飞一起去拜访诸葛亮。诸葛亮可是个很厉害的人，哪儿能那么容易见到呢？因此，刘备去了两次，被拒绝。最后一次，他终于见到了诸葛亮。诸葛亮对刘备三顾茅庐十分感动，便给他出了一些好主意。在诸葛亮的帮助下，刘备的力量渐渐强大，最后成了一国之主。这一典故告诉我们：遇到事情要有礼貌，不能无礼；遇到

困难要有恒心,不能轻易放弃。类似的典故还有很多:

程门立雪

卧薪尝胆

四面楚歌

闻鸡起舞

②来源于寓言故事。汉语中,很多典故来自寓言故事,并且具有深刻的寓意。例如:

愚公移山

这则寓言故事大概是这样的:有一位叫愚公的人,年纪将近90岁。他家正对面有两座很高的山:一座名为太行山,一座名为王屋山。两座山正好挡在了愚公家门口,愚公要想进出家门,需要绕行很远。因此,愚公想将两座山搬走,动员家人一起挖石、削山。后来,山神、海神听说了愚公要移山的故事,害怕愚公一家人没完没了地挖下去,把两座山削平、把海水填满,就跑去告诉了天帝。天帝被愚公的诚心打动了,立即命令大力神夸娥氏将两座山背走。从此,愚公的家门口再也没有高山的阻隔了。这则典故告诉我们:只要不畏艰险,吃苦耐劳,一定可以获得事业上的成功。类似的典故还有很多:

纪昌学箭

削足适履

刻舟求剑

守株待兔

③来源于风俗习惯。风俗习惯是社会长期形成的礼节、风尚。习惯的总和便是民间的风俗,属于社会文化的重要组成成分。汉语中,也存在着一些习语是从人们的生活习惯中来的。例如:

各人自扫门前雪,休管他人瓦上霜

这一典故就源于汉民族的风俗习惯。当冬天下雪时,各家各户为了方便过路行走,往往会将自己院子以及门前的积雪打扫干净。其多用来指人们只考虑自己的利益,而不考虑他人的利益。

④来源于文学作品。汉语中有些典故来源于文学著作。例如:

罄竹难书(出自《吕氏春秋·明理》)

锦囊妙计(出自《三国演义》)

⑤来源于事物名称。汉语中很多典故都与动物、植物、人名、地名相关。例如:

藏龙卧虎

鸟语花香

说曹操,曹操到

不到长城非好汉

2. 英汉典故结构形式比较

(1)英语的结构形式。

在结构形式上,英语典故较为灵活、自由,句式的选择上也长短也不一。也就是说,有的典故可能是一个词,有的典故可能是一句话,或者一段话。例如:

Ark 避难所

hair by hair you will pull out the horse's tail 矢志不移,定能成功

(2)汉语的结构形式。

汉语典故往往是三个字、四个字组成,有时候也可能是两个字。在语言形式上,汉语的典故结构较为紧凑,用词也比较简单。当然,也有个别的字数比较多。例如:

探玄珠

舍生存义

螳螂捕蝉,黄雀在后

(二)合理使用典故文化的翻译方法

1. 直译法

直译法能充分再现源语典故的形象和民族特色,因此在翻译英汉语言中喻体和喻义相互对应的典故以及广为人知的典故时,可以采用直译法。例如:

cold war 冷战

shuttle diplomacy 穿梭外交

wolf in sheep's clothing 披着羊皮的狼

bone of the bone and flesh of the flesh 骨肉相连

One swallow doesn't make a summer.

一燕不成夏。

雪中送炭 to offer fuel in snowy weather

2. 意译法

意译法是在直译法无法使目的语读者理解其含义时依据原文的意思,运用译入语中相应的表达方式进行翻译的一种方法。意译法虽然不能有效

地保留原文的文化形象,但能充分地传达原文的内在含义。例如:

between Scylla and Charybdis 进退维谷

hide ones candle under a bushel 不露锋芒

o be cat's paws 上当,被人利用

like a fish out of water 很不自在

Smith often Uncle Tommed his boss.

史密斯常对老板阿谀奉承。

悬梁刺股 be extremely hard-working in one's study

倾城倾国 be exceedingly beautiful

这妯娌俩,可真是针尖对麦芒了。

These two women are like diamond cutting diamond.

3. 套译法

在翻译英汉典故时还可以使用套译法,这种翻译方法适用于文化内涵大致相同、语言表达方式大体相似的典故。例如:

Walls have ears.

隔墙有耳。

过河拆桥 kick down the ladder

画蛇添足 paint the lily

第九章　复合型英语翻译人才培养之文化翻译技能的培养(二)

随着社会竞争的加剧,复合型人才成为社会对英语翻译人才的普遍要求。语言与文化之间有着千丝万缕的联系,文化翻译技能的培养是复合型英语翻译人才培养过程中不可或缺的内容。本章就从自然文化、物质文化以及社会文化等层面来展开论述。

第一节　自然文化翻译技能的培养

自然对语言的作用虽然不是非常直观,但是有着不可逆转、根深蒂固的影响。这是因为自然是人们对世界加以认识的一个基本层面,这种认识必然会在语言中反映出来,并通过语言进行固定与传承,使语言获得相应的文化内涵。当然,不同的自然文化在语言中的反映及其内涵也存在着明显的差异性。本节就基于这些差异来探究自然文化翻译技能的培养。

一、充分把握中西自然文化的差异

由于在地理条件、价值观念、思维方式等方面存在差异,中西方民族形成了各具特色的自然文化,具体体现在山、水等方面。

(一)山文化

1. 中国的山文化

(1)传达情感。对于山文化,自古至今很多文人墨客通过文学来呈现,文学即人文学,人学最集中的体现在于传达情感。因此,文人墨客眼中的山就成了传达情感的必需品,有些人用山来表达喜悦,有些人用山来表达思念,有些人则用山来表达一种宁静的心态。例如:

树高枝影细，山尽鸟声稀。

石苔时滑屣，虫网乍粘衣。

上面的诗句出自释洪偃的《游钟山之开善定林息心宴坐引笔赋诗》，在这首诗中，诗人想要传达的是山的幽静，给人以心境平和之感，并且产生了对山的依恋，萌生一种归隐之心。

同样，不同的诗人对待同一个景物，所抒发的情感是不同的。例如：

登襄阳岘山

张九龄

昔年亟攀践，征马复来过。

信若山川旧，谁如岁月何。

蜀相吟安在，羊公碣已磨。

令图犹寂寞，嘉会亦蹉跎。

岘山

刘基

湖上清溪溪上山，

小亭结构俯人环。

窗中树色宜晴雨，

门外滩声自往还。

上述两首诗描写的都是岘山，表达的意境却明显不同。张九龄利用岘山表达出自己面对历史兴亡、人代泯灭的一种悲伤之情。刘基面对岘山的美景，感叹自己容颜易老，呈现的是对岘山的喜爱与倾慕。

(2)意蕴多样。山文化的多样性不仅仅体现为组合形式的多样性，还体现为山文化意蕴的多样性。也就是说，意蕴并不是单一的，而是不断变化的，甚至呈现多层次性。例如，山与松结合，既可以呈现神仙世界的浪漫，也可以表达坚贞不屈的性格。

另外，同一座山，不同的诗人会选择与不同的意象结合，有的习惯与风，有的习惯与鸟，有的习惯与隐士等，这些组合的意象不同，代表的山的意蕴也会不一样。例如：

至湘洲望南岳

吴均

重波沦且直，连山纠复纷。

鸟飞不复见，风声犹可闻。

胧胧树里月，飘飘水上云。

长安远如此，无缘得报君。

游南岳

张乔

入岩仙境清，行尽复重行。
若得闲无事，长来寄此生。
涧松闲易老，笼烛晚生明。
一宿泉声里，思乡梦不成。

上述两首诗都是描写南岳的诗歌。吴均在诗中将“山”与“鸟”“风声”“云”“月”等结合在一起，表达了路途非常遥远、曲折。诗中“山”代表的并不是“南岳”，而是阻隔诗人看“南岳”的其他山脉，有着阻隔的意味。但是，“鸟”可以一飞而过，“风声”“云”“月”等都对“鸟”够不成阻碍，显然诗人没有“鸟”的翅膀，不能飞跃，传达的是一种期望，是一种可望而不可即的韵味。相比之下，张乔诗中的“山”指代的就是南岳山，他将南岳山比作仙境，并且将“山”与“涧”“松”“泉声”组合在一起，给人以脱俗清幽之感，清脆的泉声使诗人的思乡愁绪逐渐淡化，也因此产生了“长来寄此生”的想法与愿景。

(3)意象传承。对于意象的传承，这一点是非常容易理解的。众所周知，人们共有的情感类型即喜怒哀乐，而对于某事的观点、看法等，如对于人应当保持正直，大部分人都会有这种想法，甚至成为人们的共识，不轻易对这一观点进行改变。因此，传承性就在这之中体现出来。

另外，很多人都会忽略一个重要的层面，即山的传承性与其对应的自然界原型的物理特征紧密相关。正如人们所知道的常识，山是千百年来不容易改变的物体，即始终固定在一个地方，即便出现板块移位，其具体位置可能会发生些许变化，但是总体上仍旧不变。同时，山所蕴含的特征，如高大、树木繁茂等也不会发生改变。例如：

游敬亭山诗

谢朓

兹山亘百里，合沓与云齐。
隐沦既已托，灵异居然栖。
上干蔽白日，下属带回溪。
交藤荒且蔓，樛枝耸复低。
独鹤方朝唳，饥鼯此夜啼。
渫云已漫漫，夕雨亦凄凄。
我行虽纡组，兼得寻幽蹊。
缘源殊未格，归径窅如迷。
要欲追奇趣，即此陵丹梯。
皇恩竟已矣，兹理庶无睽。

独坐敬亭山

李白

众鸟高飞尽,孤云独去闲。

相看两不厌,只有敬亭山。

上述两首诗都是对敬亭山的描写。谢朓在诗中花费较大的笔墨对山的美加以描述,如"云""白日""回溪"等都是对山色美景的描述。李白对谢朓是非常推崇的,并且在自己的多首诗作中表达了对谢朓的肯定。也就是说,李白对敬亭山的描写受到了谢朓的启发,主要是为了传达敬亭山的美丽、清幽、灵性。

2. 西方的山文化

相较于中国山文化的丰富,西方的山文化仅作为一种自然现象出现,是客观存在的。并且关于山的描写,西方的文章中也并不常见。这主要是因为,在西方人眼中,自然与人二分,并且主张人定胜天,具有浓重的抽象思维与客观思维。基于这一点,西方人对山的欣赏仅限于客观层面。

(1)表示"地面形成的高耸部分"。例如:

mountain areas 山区

mountain top 山顶

mountain ridge 山岭

(2)表示"许多、大量"。例如:

a mountain of work 堆成山的工作

grain mountain 堆成山的谷物

(3)比喻"费力,任务艰难"。例如:

English is his mountain.

英语是他的高山。

上述例句将"英语"比作"高山",比喻要学好英语,必须费尽艰辛。

可以看出,在西方文化中,mountain 并没有被赋予很多的象征意义,也没有汉语中"山"的文化义项。就英国人而言,山只是一种自然现象,而且英国四面环海,在英国的经济发展过程中,人们更多地依赖于海,所以形成的文化是典型的"海洋文化"。

(二)水文化

1. 中国的水文化

(1)比喻离别愁绪。古人一般会临江作诗送别亲人、朋友,表达对亲人、朋友即将远行的离别愁绪。例如:

望江南

温庭筠

梳洗罢，独倚望江楼。

过尽千帆皆不是，

斜晖脉脉水悠悠，

肠断白苹洲。

在这首诗中，悠悠流水中倒映着余晖，映射出妇人期待丈夫归来的寂寞情感。

另外，古代诗人有兼济天下的抱负和理想，但是在现实中往往遭遇坎坷，人生不得志，一生穷困潦倒。而流水的潺潺恰好能够形容这种挥之不去的心情。例如：

虞美人·春花秋月何时了

李煜

春花秋月何时了？往事知多少。

小楼昨夜又东风，故国不堪回首月明中。

雕栏玉砌应犹在，只是朱颜改。

问君能有几多愁？恰似一江春水向东流。

这首诗的最后一句恰好表达了诗人遭遇坎坷之后的心境，即南唐后主李煜的亡国之愁。

(2)比喻爱情阻隔。在人类的文化心理中，流水不仅扮演着可爱的角色，有时候也代表着可恨的角色。人的生活离不开水，因此很多人选择邻水居住，那么水边就成为男女相会的场所。但是，古代的思想比较保守，很多时候男女不能私会。例如：

蒹葭

蒹葭苍苍，白露为霜。

所谓伊人，在水一方。

……

这首诗就描写了男女之间谈恋爱的艰难，有水的阻隔，再加上正逢秋季，因此给人以惆怅之感，让人可望而不可即。

(3)比喻时光流逝。流水一去不复返，比喻人生易逝，比较短暂。例如：

君不见，黄河之水天上来，奔流到海不复回。

君不见，高堂明镜悲白发，朝如青丝暮成雪。

黄河之水从天而降，奔向大海，不再回环，人生也如同大海奔流一样，如此短暂，朝朝暮暮之间就满头白发。形容一个人的青春短暂，一去不复返。

(4)比喻跳动音符。泉水的涌动、小溪的清澈，如同甜美的少女、好动的

男童一般,因此人们常用水来比喻跳动不止的音符,呈现的是一种快乐的心境。例如:

遗爱寺

白居易

弄石临溪坐,寻花绕寺行。

时时闻鸟语,处处是泉声。

在这首诗中,诗人突出了自然的美,有溪水也有鸟语泉声,表达出诗人喜悦的心情。

2. 西方的水文化

作为人类生命的依托,人类的生存必然离不开水这一物质载体。在西方文化中,有着这样的传说,即有人遇到洪水后能够重生。关于水,西方有如下两点理解。

(1)生命之源。诺亚方舟是一个众所熟知的故事,这个故事就讲述了洪水再生,即洪水滔天,万物灭绝,而人类中一个叫诺亚的好人重返大地,并且使大地繁衍生息。

英国现代派诗人托马斯·艾略特(Thomas Stearns Eliot)在《荒原》(*Waste Land*)中,用大地干旱龟裂、草木枯竭来形容人类的理想和信仰等逐渐消失,也预示着人们对活命的水的期待和盼望,对救世主与再造灵魂的期盼,而突然而来的闪电与甘霖,预示着水的到来,也预示着希望的到来。

(2)一种情感与诗化。西方国家多围绕海洋而生,虽然在西方文学史上并不存在"海洋文学"这一说法,但是很多优秀的文学作品中渗透着海洋文明的特色。例如,古希腊荷马史诗中的《奥德赛》(*The Odyssey*),促使海洋文学诞生。其中的故事虽然具有神话色彩,但是展现了一个明确的对象,即人与自然的斗争过程。这也标志着西方历险文学的开始,也是人们探求世界的原型。

中世纪,在盎格鲁-撒克逊的民族史诗《贝奥武甫》(*Beowulf*)中,也存在大海这一形象,但是在这一故事中,大海成了海怪的庇护场所,蕴藏着杀机与危险,也给人们带来了巨大灾难。

在阿拉伯民间故事《一千零一夜》的《辛伯达航海旅行记》中,主人公为了探求新的知识与财富,经历了艰难险阻。

二、合理使用自然文化的翻译方法

上述分析了中西方关于山、水文化的内涵,下面就基于此探讨其基本的翻译方法，以更好地培养学生的翻译技能。

（一）山文化的翻译方法

1. 中国的山文化翻译

(1)直译法。虽然汉语中的山有着丰富的文化内涵，但都与其本身的物理特征紧密相关，这些物理特征也被西方人所共识，因此在翻译时可采用直译法，通过上下文语境西方读者也能理解山的文化内涵。例如：

菩萨蛮

枕前发尽千般愿，
要休且待青山烂。
水面上秤锤浮，
直待黄河彻底枯。

On the pillow we make a thousand rows, and say
Our love will last unless green mountains rot away,
On the water can float a lump of lead,
The Yellow River dries up to the very bed.

（许渊冲 译）

对于原文中的"青山"，译者采用直译法将其译为 green hills，这样既能表达原文形象，也便于读者理解。

(2)头韵法。汉语中常常会使用叠字等节律形式，以使语言更具有趣味性，也丰富语言的表达，给人一种音韵美。在对山文化中的这种表达进行翻译时，译者可以考虑采用头韵法，这样不仅与英语的表达习惯相符，还能够给英语读者留下深刻的印象，让他们获得与汉语读者相同的感受。例如：

送灵澈上人

刘长卿

苍苍竹林寺，杳杳钟声晚。
荷笠带夕阳，青山独归远。

Dark and dim, the Bamboo Grove Monastery,
Faint and faraway, the sound of bells at dusk.
Your bamboo hat carrying home the evening sun,
Alone you return to the distant green hills.

（Dell R Hales 译）

上例中的"苍苍""杳杳"都属于叠字,译者在翻译时使用了头韵法进行处理,彰显出山的隐逸之感。

(3)实数虚化法。对于中国山文化的描述,诗人往往会采用一些常用数字,如"三""千"等,目的是以比喻、夸张的手法传达山的独特。对于这些数字的翻译,一般可以采用实数虚化法。例如:

绝句

杜甫

两个黄鹂鸣翠柳,一行白鹭上青天。
窗含西岭千秋雪,门泊东吴万里船。

Two golden orioles sing amid the willows green,
A flock of white egrets soared into the blue sky.
My window frames the snow-crowned western mountain scene,
My door oft says to eastward-going ships "Goodbye!"

(许渊冲 译)

对于上例中的"千秋雪"的翻译,译者巧妙地虚化了其概念,将其转化成 the snow-crowned western mountain 这一视觉形象,不仅表达出对原文的忠实,也表达了"西山顶"的魅力。

2. 西方的山文化翻译

在英语中,山并没有特别丰富的文化含义,多是对客观事物的描写,对此在翻译时就可以采用直译法。例如:

Mother father is higher than the mountains, deep than the sea.

父恩比山高,母恩比海深。

(二)水文化的翻译方法

1. 汉语中的水文化翻译

(1)直译法。在翻译汉语中的水文化时,可以采用直译法,也就是说"水"可直译为 water, river, stream,直译后"水"的文化内涵会基本得以保留。例如:

望庐山瀑布

李白

日照香炉生紫烟,遥望瀑布挂前川。
飞流直下三千尺,疑是银河落九天。

CATARACT ON MOUNT LU

Li Bai

The sunlit Censer perk exhales a wreath of cloud;
Like an upended **stream** the cataract sounds loud.
Its torrent dashes down three thousand feet from high;
As if the **Silver River** fell from azure sky.

（许渊冲 译）

(2)替代法。在汉语文化中，水的文化内涵十分丰富，很难直接用英语来表达，此时可以尝试采用替换法，这样可以有效消除语言障碍，还能让读者感受到原文的意境。例如：

山居秋暝

王维

空山新雨后，天气晚来秋。
明月松间照，清泉石上流。

After the rain had bathed the desolate mountain,
The fresh evening air blows the breath of autumn.
Into the forest of pines the moon sheds her lights;
Over the glistening rocks the spring water glides.

（许渊冲 译）

译者并没有将原文中的“流”译为 flow，而是译为 glide(滑动)，从而将水的灵动、轻盈表现得惟妙惟肖，这样可以便于读者更加深切地体会原文的美好意境。

2. 英语中的水文化翻译

英语中对于水多为描写性的表达，主要表达作者的所见，是烘托作者感情色彩的重要意象。针对英语中这种水文化概念的翻译，译者可以采用直译的形式，从而表达出作者的含义。例如：

Water is the eye of landscape.

水是风景的眼睛。

第二节　物质文化翻译技能的培养

在中西方文化中，物质文化是重要的内容，是社会发展的基础。由于中西方思维方式、历史传统不同，中西方物质文化也存在明显差异，其物质呈现形式也各有特点。对中西方物质文化进行对比与翻译,可以让人们更加深入地了解中西方物质文化。基于此,本节对物质文化翻译技能的培养展开分析和探讨。

一、充分把握中西物质文化的差异

物质文化包含吃、穿、住、用、行等,这里限于篇幅,主要从服饰、饮食、居住这些层面来分析。

(一)服饰文化

1. 中国服饰文化

(1)倾向于保守。随着中国几千年的发展,在自我保守、相对稳定的情况下,儒家、道家理念融合成为中国古代哲学思想的主流。儒家从礼、德等层面对服饰加以规范,在服饰设计上主张对人体加以遮盖,不能炫耀自我,不能过度地表现个体。道家认为,自然是人类最理想的状态,因此服饰应该与自然相适应,展现出人与自然的和谐相融。另外,服装设计要较为宽松,这样给人以无拘无束之感。

在中国传统家庭教育中,服装行为规范被认为是修身的一项内容,并对人们的着装产生了较大的影响。中国服装的遮体是严谨、一丝不苟的代表。

中国人对服饰非常注重,首先并不是为了表现漂亮与舒服,更多的是为了表现合乎礼仪,即不仅要合乎身份,还要合乎场合。在古代的服饰制度中,对服饰的适用人群、款式、面料等都做了明确的规定。

在近代,中国国门被打开,西方文化开始进入中国。受西方文化的影响,中国人接受中山装,这类服装也具有西式男装的特点。当然,与西服相比,中山装呈现的是中国人的端庄与含蓄,也是封闭、保守的体现。

(2)崇尚黑色、黄色与红色。在上古时期,中国先人崇尚黑色,认为黑色是支配万物的天帝色彩。因此,夏商周时期,天子会选择黑色作为冕服。

之后,随着封建集权制度的确立,人们从崇尚黑色转向崇尚黄色,认为黄色代表着尊贵。到了汉朝,汉文帝将龙袍制成黄色,之后各代皇帝都采用这一颜色。另外,黄帝是中华文明的开创者,“黄”这个颜色非常受重视,并且黄色与中国人的肤色相同,因此将黄色作为龙袍的颜色也就可以理解了。在中国人眼中,黄色代表着权威、高贵、庄严等。

除了黑色与黄色,中国人对红色也情有独钟。红色代表喜庆、热情,因此中国人也喜欢穿红色的衣服,尤其是结婚时,新郎新娘的衣服也会选择红色，代表的是吉祥如意、红红火火。

(3)追求“逍遥”审美。人们眼中的“逍遥”是一种自由的概念，庄子的“逍遥”理念影响了中国的审美观。

在中国古代的服饰中，“逍遥”是“气”的自由表达与精神传达，服饰的逍遥美与中国的“气”是串联在一起的。在中国古代文化中，仁、义、礼、智是人的本性，而人与制度达到完全契合时就会形成一种“随心所欲”之感，即所谓的自由。

儒家思想认为，争是违背礼法的。道家也认为，人的美好是本性的美好，不需要外在来掩饰，只要保持内心的气、意、神的结合，就能够实现人与自然的合一。也正是因为这样的融合，才能达到一种超脱自然的逍遥姿态。因此，这种逍遥美就是中国服饰的审美基调，也是以后中国服饰的一种审美走向。

由于中国服饰有着宽大的袖子与衣襟，并灌注了“气”的精神，因此显得更为逍遥。中国历史上的唐装都体现了这一特点，也是大胆开放、逍遥之风的呈现。

对于中国近代服饰，虽然独创的风格很少，但是这种逍遥之风仍然体现在人们的穿着与审美之中。

2. 西方服饰文化

(1)倾向于开放。西方人强调个性，对个性的推崇体现在服饰上就是夸大自然，强调人的第二特征。男士的服装将胸、肩部的宽阔凸显出来，更要展现腿部的挺拔，这是男性风范的体现。女士的服装要注重隆胸与臀部的扩张，同时收紧腰身，这是女性人体魅力的体现。

也就是说，西方人将自己看成世界的主宰，强调以自我为中心，在服饰上必然会彰显自我、凸显个性。

(2)崇尚白色与紫色。在古罗马时期，西方人推崇白色与紫色。在西方人眼中，白色象征纯洁、高雅、正直、无邪。尤其是西方人结婚时，婚纱的颜色会选择白色。

另外，除了白色，紫色也是西方人崇尚的颜色，一般被西方贵族所钟爱。

(3)追求“荒诞”审美。在人们眼中，“荒诞”是一种与传统审美标准不符的形式表现。与中国的和谐相比，“荒诞”的出现是出乎人们意料的。更确切地说，“荒诞”与和谐是相对立的。和谐是美的最佳形态，是人们对服饰的一种永恒的审美追求。那么，西方对服饰的荒诞追求是如何诞生的呢？这主要源于两点：一是随着历史的发展，和谐逐渐过渡到荒诞；二是荒诞满足了西方审美追求向前发展的需要。具体来说，西方在对和谐进行追求的过程中,走入了山重水复的情境,这时需要一种新的表现形式,而荒诞恰好就是这样一种形式。

西方服饰的荒诞可以说从哥特时期就已经出现了,之后的文艺复兴、洛可可等风格的出现,也是荒诞审美的表现。但是,真正将荒诞视作一种美来呈现,还是在美学上的存在主义出现之后。荒诞是一种为了表现而表现的意识,其中加入了很多形式美的要素,完全置于形式表现的氛围中。

从20世纪60年代以来,男士对服饰风格的追求不再是阳刚与英挺,而是柔性与颓废。进入20世纪70年代,一种叛逆风格的“朋克风貌”“海盗服”等应运而生,这也是对传统服饰风格的一种冲击。事实上,这些造型与款式都是荒诞意识的代表,也不经意地利用了视觉与错觉,进行了各种形式的创造,在荒诞中彰显一种可爱的味道。

在20世纪80年代的服饰中,后现代主义风格将冲突、凌乱、反讽等作为主题,出现了文身风潮、颓废造型等。20世纪90年代,受多元化与国际化的影响,服饰的荒诞风格呈现了多元化。荒诞的风格也越来越成熟,并融入了各种形式的美。

总之,在近现代,西方荒诞审美的出现是和谐的一种走向,这种风格是这一时代的代表与潮流。现如今,这种形式并未被废弃,而是不断出现了各种创新的形式。

(二)饮食文化

1. 中国的饮食文化

(1)追求美味。中国人的饮食观念是追求美味,即讲究食物的味道,因此中国的厨师们往往费尽心思对食物的味道进行改良。在中国人眼中,一道菜品的形色仅是外表,味道是其内在品质,因此必须要注重内在,不用对外表进行刻意修饰。简单来说,中国饮食观念最重要的一点就是:重视菜肴的味道,不过分展露菜肴的形色。

同时,饮食在中国具有巨大的社会功能。中国人喜欢请客吃饭,并且请客吃饭的理由有很多,如婚丧嫁娶、送别亲友、生日祝福、同学聚会等。中国人往往从饮食中去解读一些与饮食无关的问题,这一文化现象就是“泛食主义”。例如,将职业称为“饭碗”,将轻而易举称为“小菜一碟”,将学习知识称为“汲取营养”等。

另外,不管是什么样的宴席、出于什么样的目的,中国人大部分都圆桌而坐,所有的食物无论是凉菜、热菜,还是甜点等都放在桌子中间。同时,中国人会根据用餐人的身份、年龄、地位等分配座位,在宴席上人们会互相敬酒、互相让菜，给人以团结、祥和之感。可见，这一理念符合中国人的“民族大团圆”，体现了用餐人“团结、礼让”的美德。中国人重视集体观念，强调全局，由此产生了这样的饮食习惯。

(2)讲究主副搭配。中国人的饮食包含主食和副食，主食以粮食为主，如米、面等；副食以肉类、蔬菜制成的菜肴为主，并且多熟食、热食。每餐必须主副搭配，实现淀粉、肉类、蔬菜的融合，这在中国人眼中才能称得上一顿饭。主食是为了饱腹，副食是为了调剂和补充。在中医看来，生冷食物容易对体内脏器造成影响，因此中国人喜欢吃加热之后的食物。例如，在冬日里饮酒，人们喜欢温了之后再喝。

传统的中式早餐是包子、粥配小菜，或豆浆配油条。南方普通家庭的午餐、晚餐主要是大米饭，配有荤素的两菜一汤。

(3)饮食方式繁多。中国的饮食对象非常广泛，烹饪方式繁多，因此烹饪的程序也并不是唯一的，富有较大的变化。就比如说“宫保鸡丁”这道菜，在中国不同的地方会吃出不同的味道，甚至味道的差别很大。在辅料上，中国的食物往往以“一汤匙”“适量”等来描述，这样就导致没有一个统一的标准，不同的师傅做出来的也必然有所差异。

在烹饪程序上，师傅往往会添加自己的聪明才智，也不会严格按照标准来烹饪，因此促使中国这片土地上产生了很多的菜系。为了追求味道的鲜美与独特，师傅们往往会根据季节、客人等的不同将同一道菜做出不同的味道。

(4)多使用筷子。中国的饮食对象多样，用餐也是围成一桌共食，因此筷子是中国人饮食的最好选择。筷子虽然简单，却可以应对一切食物。

随着人类社会与生活的发展，筷子的使用越来越普及，并且出现了一些与之相关的礼仪：一是避免敲筷，即不能一手拿一根筷子来敲打盘碗；二是避免掷筷，即在用餐前发放筷子时，应该将筷子按双捋顺，然后轻轻放在用餐者面前，如果位置较远，可以请人递过去；三是避免叉筷，即不能一横一竖交叉摆放，也不能一根大头一根小头摆放；四是避免插筷，即如果用餐途中需要离开座位，要将筷子轻轻放在碗碟旁边，而不是直接插在饭碗里；五是避免挥筷，即在夹菜的时候，不能用筷子在菜盘里面上下乱翻，遇到别人夹菜时要有意避让；六是避免舞筷，在说话时，不要将筷子作为道具，在桌子上乱舞。

另外，筷子在中国的使用还推动了一些菜肴或食俗的形成，如现代中国人比较喜欢吃的火锅，如果没有筷子是很难形成的。

2. 西方的饮食文化

(1)追求营养。西方人更注重营养与科学，将保证食物充足的营养作为最高的饮食标准。也就是说，在西方人眼中，食物的营养居于主要地位，味觉享受居于次要地位。西方人饮食非常注重理性,对于口味并不过分推崇,饮食结构也非常简单,强调食物中的营养价值,追求各种食物搭配是否合理。

同时,西方饮食体现了一种实用主义功能,人们讲究食物是否营养全面,而很少将饮食与精神关联起来。在西方人眼中,饮食主要是为了填饱肚子、维持自我生存。

另外,由于西方人用餐的目的在于生存,即主要是为了充饥,因此一般用餐都是分食制的,即大家用餐互不干涉。在西方的宴会上,人们的目的也是交流情谊,因此这种宴会的布置会非常优雅、温馨。西方人对于自助餐非常钟爱,食物依次排开,大家根据自己的需要索取,选择自己喜欢的食物,这方便大家随时走动,也有助于促进交往。可见,西方的这种饮食习惯讲究实体与虚空的分离,尊重个体,注重形式结构,突出个性。

(2)以面包为主。西方的一日三餐几乎都有面包,即面包是主食,并且多为咸面包,同时辅以冷饮。西方人的早餐往往是涂有奶油或果酱的烤面包,配有牛奶或燕麦粥;午餐往往非常简单,一般是一份加鸡蛋、蔬菜、奶酪、火腿等的三明治面包。另外,甜点也是西方人饮食的一部分,备受西方人喜爱。

如果是正餐,一般在主菜或者汤过后,会配有甜点,也就是说甜点是最后一道菜。面包一般随汤一起吃,甜点之后会是茶或咖啡。西式的主菜一般以蛋奶或肉类为主,有各种各样的熏鱼、牛排等,肉类一般为三五成熟,蔬菜多为生食,甜点多为冰激凌等生冷食物。

(3)饮食方式单一。西方人的饮食强调营养,保持食物的原汁原味,在饮食对象上较为单一,他们吃的目的在于生存与交往,因此他们的烹调程序往往按照一套标准来完成。

相较于中国的菜谱,西方的菜谱整体上更为精确、科学,调料的添加、烹饪的时间都是有规定的,甚至他们厨房中都配有量杯、天平等,这样才能保证食物与配料添加的比例。正如肯德基、麦当劳,无论在世界上任何一个地方吃,都会吃出一个味道,这是因为他们是严格按照世界通用的标准来烹饪的,这套方法做出的食物几乎保持了食物本身的味道。

(4)多使用刀叉。西方人的主要食物为肉类,又实行分食制,因此刀叉是最好的选择。当西方人普遍使用刀叉之后,餐具以及餐具的布置更为考究。在正餐的进餐过程中,一般是吃一道菜更换一副刀叉,如吃主菜用主餐刀、主餐叉,吃鱼用鱼刀、鱼叉,吃沙拉、甜点等也有相对应的刀叉,这样一顿正餐过程中要更换四副刀叉,甚至更多。

在西餐中,刀叉还有很多品种,如面包刀、黄油刀等,它们各自有各自的职能，不能混合使用。其他的进餐工具也是如此，如饮酒时酒杯也有很多种类，饮用葡萄酒的酒杯就分为白葡萄酒酒杯、红葡萄酒酒杯等，酒杯的形状也不同。

除了刀叉的使用非常考究，刀叉等进餐工具的摆放也是非常考究的。西餐的桌面要求简单、整齐，要按照标准模式依次摆放刀叉、汤匙、杯子、面包盘、大盘、餐巾，还有副餐用的小型茶匙、叉子、咖啡杯等。用餐的时候需要按照顺序来取用，但是有时会出现左右摆着的餐具的件数不同，那就表明多出来的那一件餐具是单独使用的。刀叉的用法是从外侧向里侧按照顺序使用的。进餐时，一般左右手配合，即一刀一叉成对使用，每一道饭菜都会用到盘子、刀叉与餐勺。对于酒杯，如果是横放在一排，需要遵循从左到右的顺序。

当然，在长期的实践过程中，西方人也形成了别具一格的餐桌礼仪，即在使用刀叉时需要注意如下几点：一是切割食物时，尽量不要发出声音；二是切割食物时，要保证双肘下沉，而且手臂不能压到桌子上；三是切割食物的大小应该保证一下子能入口；四是刀叉的朝向一定要正确；五是放下餐刀时，不要将刀刃朝外，并且刀叉不能交叉摆放。当用餐者用餐完毕之后，可以按照左叉右刀的顺序摆放在餐盘中。

（三）居住文化

1. 中国的居住文化

（1）多为南北轴线。中国以农业为主要生产形式，随着不断的实践以及对自然规律的研究，形成了“以北为尊”的观念，也就是建筑领域中常说的“坐北朝南”。

在实际的建筑形式上，形成了独特的形态形式，即南北向轴线形式。受中国传统的宗法思想以及人的内向型性格的影响，在建筑空间上表现为以重重院落相套的构造，构成巨大的平面建筑群，前后左右规矩地展开。这种建筑形式与中国古代社会的结构形态有些相似，可以说是表达尊卑有序的一种手段。

简单来说，与西方的建筑相比，中国的建筑多呈现简单的矩形，不仅整体划一，还在平面空间上叠加，构成的建筑群落非常有序。

（2）以木为主。在中国传统建筑中，以木质材料为主要的建筑材料，其他材料都作为辅料。受儒家思想的影响，中国主张“仁”的精神，而木材恰好能够体现这一思想的深邃、坚韧与缜密。

就建筑形式与建筑材料的搭配来说，木料结构的搭配更加适合中国的广阔、平整、高大建筑风格。木质结构的运用恰好体现了木质结构体系,也是中国古代建筑最为突出的特点。

这种木质结构的建筑具有两大优点:第一,具有优良的防震能力;第二,木质结构选材取材具有极大的便利性,比起开山取石,木材取材更为方便,并且减少了建筑时间,如北京故宫历史记载用了13年,但大部分时间都是为了取材,实际建筑时间还不到5年。

(3)讲究以一种色彩为主、少数几种色彩并用。就中国古代的建筑来说,外形多是方正型,轮廓较为简单,因此为了增加魅力与生气,必然需要一些色彩装饰,但中国的建筑主要采用以一种色彩为主、少数几种色彩来搭配的形式。

中国建筑的色彩与中国的哲学、伦理等有着密切的关系,用于划分等级、贵贱,因此色彩有着明显的伦理性特征。也正是由于这种伦理性特征,导致中国建筑缺乏变化性,色彩显得较为单一,并形成了自身的特色。

另外,中国的建筑色彩除了宫殿形象比较强烈,其他都显得优雅、清素,显得富有理性。

(4)呈现秀丽性与轻灵感。在中国的建筑中,院落是其中的主体元素,无论是官家的轴线院落,还是园林的错落院落都是最好的呈现。建筑中的院落空间是围合状态下的封闭空间,院落居于主体,周围以院落为中心来布置,体现出一种表意的精神。

(5)强调整体性、和谐性。在建筑设计上,我国更倾向于整体的和谐性,力图通过不断改造升级,研究新的设计风格与装饰特点,使建筑达到一个至高的状态。在认识与评价机制上,中国古代的匠人习惯从人的感受与行为习惯出发,对建筑的形态本体加以推演,这明显体现了中国传统的思维模式,也是东方哲学思维的展现,是在农耕生产方式下形成与发展的,呈现二元结构特征。简单来说,就是不仅具有浓厚的东方辩证主义色彩,还呈现了强烈的主观色彩,强调自然与建筑本体之间要和谐统一,实现真正的天人合一;主张经验与理想结合起来,并且要具备自身的感悟。从哲学角度而言,这是一个深层次的建筑设计观。

2. 西方的居住文化

(1)多为东西轴线。在西方建筑中,建筑功能的划分往往在建筑内部实现,并且多呈现垂直空间的延伸。但是,这一理念需要考虑建筑技术与工程量,因此往往受到限制。也就是说,垂直空间的延伸需要巨大的建筑空间,可是在实际的建筑中,不断增高的建筑可能带来危险,因此需要较高深的科学技术与较大的工程量以及较高的建筑成本。而这些，显然不能随人的意志而发生转移。

为解决上述问题，西方人受太阳东升西落的影响，逐渐采用东西轴线替代垂直轴线，这种建筑形式有着自身的特色，不仅开拓了建筑内部空间，将纵向的内部空间加以组合，还创造了相应的空间艺术与空间装饰。这一建筑形式离不开西方成熟的几何理论知识，也使西方建筑进入了一个新时期，创造了很多有名的建筑。

(2)以石为主。西方人多由山洞人进化而来，他们对石头有着特殊的感情。欧洲最初出现的石头建筑，就是位于英国苏格兰路易斯镇的史前石屋，其外形看起来像树枝棚，但实际上这些树枝就是由最初的穴居山洞演进而来的。

英国建筑中的哥特式建筑有着重要的地位，其继承了罗马建筑的精髓——砖石艺术，在石头的运用上达到了较高的水准。同时，这些哥特式建筑将石头赋予了人类的气息，传达出一种“人化的自然或自然的人化”的情感。这些精美的石头展现了设计师高超的技术，是人的身体的代表，是一种意志、情绪的呈现，是理性与非理性的交融。

因此，中国的木材建筑体现出儒家的“天人合一”的思想，是当今“和谐社会”的一种体现。而西方的建筑融入了很多艺术气息，更体现了自由化与人性化。这种自由化与人性化在整个民族的性格中有所呈现。

(3)讲究变幻多端、异彩纷呈。西方的建筑呈现百彩竞艳。不同的时代以不同的色彩装饰作为主色调，没有贯穿始终的一个色调，如哥特式建筑，主要以五颜六色的玻璃作为装饰窗子的颜色；到了洛可可时期，则采用粉红、嫩绿等颜色进行装饰，线脚多采用金色，天花板多采用天蓝色，追求的是一种温润与柔媚，也反映出贵族纸醉金迷的生活。

(4)呈现几何美与秩序性。在西方的建筑中，广场是最具特色的建筑，其与其他形式的建筑紧密结合，充分与城市环境相融合，是西方开放性文化传统的体现。西方的每一个大城市的建筑都是以广场作为空间标志，周边以不同功能的建筑环绕，体现出广场空间的主导地位，是建筑主体的一部分。

(5)强调主体性。在建筑设计上，西方更强调现实性，力图用一切能够写实的手法，对人与自然的关系加以复制，凸显人的价值。

首先，强调科技至上，即从古希腊开始，就对几何学、解剖学等加以研究，并将其运用到建筑、绘画领域，运用几何公式来呈现具体事物的结构、形状等，设计理念与科技的发展密切相关。

其次，强调物质主义设计观。西方哲学中强调人的主观能动性。在西方,人是第一生产力,通过人来认知客观世界、研究客观世界。另外,西方社会强调“生存竞争”,通过人发挥力量来体现自身的价值。

二、合理使用物质文化的翻译方法

物质文化是人们生产生活必备的组成部分,由于中西方思维方式、价值观念等存在明显差异,在翻译时应该多加注意。

(一)服饰文化的翻译方法

1. 中国的服饰文化翻译

(1)传达服饰文化属性。从不同角度对中国的服饰进行审视,会发现其中涉及强烈的情感因素。以“绣荷包”来说,就风俗的角度来说,这可能代表一种定情之物;就儒家人伦观的角度来说,这体现了中国传统观念“三从四德”;就审美的角度来说,这可以说是中国古代的一种工艺品。那么,如何让译入语读者了解不同角度的文化含义呢?这就要求译者在翻译时应该考虑上下文语境以及译入语国家所处的民族、风俗、审美习惯等,将隐含的民族文化语义揭示出来。对于“绣荷包”三个角度的理解,可以翻译如下。

代表“定情之物” a token of love for male and female

代表“三从四德” wifely submission and virtue in Confucianism—the three obedience (in ancient China a woman was required to obey her father before marriage, and her husband during married life and her sons in widow hood) and the four virtues (fidelity, physical charm, propriety in speech and efficiency in needle work)

代表“手工艺术” the magnificent hand-made folk art

(2)传达服饰的原味性。译者在翻译时必须要符合译入语国家的语言习惯,通过深层次地挖掘原文,用译入语的语言形式表达出来,做到“意译”。这样的翻译形式往往见于诗词中关于服饰的表达,目的是彰显传统文化的意境悠远。例如:

青袱蒙头作野妆

Working in the paddy field with blue clothing and cowl

上例中以现在分词引导,展现出江南水乡俊俏的女子在田间劳作的情景,给人以超乎自然的魅力,使女子的美丽与自然场景浑然天成,无需人工雕琢,实现了人与自然的和谐统一。

(3)传达服饰功能。服饰作为人类穿戴的物品,首先是为人们的生活服务的，因此必然带有自身的用途与功能。这就要求在翻译时将服饰的功能传达出来，即告诉译入语读者某一服饰产品的用途。在中国，很多传统服饰品都是中华民族特有的，这对于外国人而言是很新鲜的，甚至是没有听说过的。对于这类翻译，最好在音译的基础上进行阐释，以便译入语读者理解与把握。例如：

云肩 Yun-jian(a kind of shawl，a women's distinctive and decorative accessory wrapped around the shoulders，which is made of colored silk brocade and embroidered with four symmetrical and connected moiré pattern)

如果直接将“云肩”翻译为 Yun-jian，译入语读者显然是不能理解的，因此有必要加上括号内的解释。这是对 Yun-jian 的补充解释，以便译入语读者一目了然，也只有让译入语读者对该服饰品的功能有清晰的把握，才能展开对该服饰品后续的文化解读。

2. 西方的服饰文化翻译

(1)把握英美习语内涵。在英美习语中，有很多与服饰相关的习语，在翻译时应该追本溯源，将习语的内涵挖掘出来。例如：

①a bad hat

②at the drop of a hat

③hat in hand

例①的含义并不是“坏帽子”，而是“坏蛋、流氓”，美国人常用这个习语代表“蹩脚的演员”，指代的是那些无用的人。例②的意思并不是“帽子掉地上”，而是用来指代一触即发的人、火爆脾气的人。这个习语源自以前的战斗，裁判员将举着的帽子扔到地上作为可以开枪的信号。例③的意思并不是“手里拿着帽子”，而是不得已求人帮忙，其指的是一些老百姓在面对权贵时，往往会脱帽致敬。这一点与中国传统礼仪相似。

(2)明确服饰特殊指向。在日常生活中，人们往往对那些与普通人着装不同的特殊人群予以注意，即人们会将注意力集中于那些特色鲜明的服饰上。长此以往，人们会使用一些具有代表性的服装来修饰穿这类衣服的人。例如：

boiled shirt 拘泥刻板的人

stuffed shirt 爱摆架子的人

white collar 白领阶层

blue collar 蓝领工人

(3)把握文化空缺词。中西方物质文化的不同导致在词汇表达上的差异性，文化空缺词就是其最突出的表现。所谓文化空缺词，即某一民族特有的词汇,可能是在历史长河中逐渐形成的,也可能是该民族独创的。对于这类词的翻译,不是要求按照字面意思来翻译,而是要求将其在原文中的效果传达出来,译出其在原文中的文化内涵。例如,对于帽子,西方就有很多种表达。

bowler 常礼帽

fez 红毡帽

stetson 牛仔帽

skull-cap 无檐帽

中国读者对于"礼帽"可能还算熟悉,但是其他的帽子就不熟悉了。再如:

have a green bonnet/wear a green bonnet

对于这个短语,很多人都翻译为"戴绿帽子",显然是错误的,其含义为"破产",这就要求在翻译时不能直接按照字面意思翻译,而应该弄清楚其负载的文化内涵。

(二)饮食文化的翻译方法

1. 中国的饮食文化翻译

从上述分析中不难看出,中西方饮食文化存在明显的差异,因此在向西方宾客介绍中国菜肴时,尤其介绍中国菜名时,必须掌握一定的翻译技巧,要把握菜肴命名的侧重点,使宾客能够对菜肴一目了然,并了解菜肴文化背后的内涵。

(1)以烹饪方法命名的菜肴的翻译。在中国饮食文化中,烹饪方法居于核心地位,根据烹饪方法进行翻译并表达出来,有助于译入语读者了解中国菜肴的文化内涵。例如,"干煸"是将原料进行油炸,之后捞出来,加入少许油再进行翻炒,直至炒干后起锅。在翻译"干煸牛肉丝"这道菜时,可以尝试在西方菜肴中已经有的烹饪方法中找到与"干煸"类似的,如"烤干、烘干""煎"等。根据其制作过程,可以将其翻译为 sauted beef shreds。

(2)以形象手法或典故命名的菜肴的翻译。中国菜肴中有很多用形象手法或典故命名的菜肴,在对其进行翻译时,应该将菜肴的本原加以还原,力求能够将其原料、做法等都翻译出来,并且兼顾修辞方式。

例如,为了取吉祥的寓意,中国菜名常会借用一些不能食用的物品,如"翡翠菜心"。显然"翡翠"是不能食用的,是蔬菜艺术化的象征,在翻译时应该将"翡翠"省略掉。又如,"麻婆豆腐"这道菜是四川地区的名菜,传闻是一个满脸长满麻子的婆婆制作而成的,但是西方人对这一典故并不了解,因此翻译时不能直译为 a pock-marked woman's beancurd，而应该以这道菜味道的特殊性作为描述重点，便于译入语读者理解，可以翻译为 Mapo tofu stir-fried tofu in hot sauce—the recipe is attributed to a certain pockmarked old woman。

(3)以特色命名的菜肴的翻译。中国饮食文化具有悠久的历史，加上原材料与烹饪方法非常丰富，因此很多菜名都是独一无二的，在翻译这类菜名时，往往需要进行迁移处理，把握译入语的当地特色，采用音译的方式来处理。例如：

汤圆 Tang Yuan

馄饨 WonTon

饺子 Jiaozi

(4)以特殊风味命名的菜肴的翻译。在中国菜肴中，很多是凭借味道来广为流传的。因此，在翻译时需要考虑这些特殊的风味，除了需要将原料展示出来，还需要将其风味特色展现出来。例如，"鱼香肉丝"是四川的一道非常具有独特风味的菜品，其与"鱼"并没有关系，而是通过作料的搭配而烹饪的一种具有鱼香的菜品。因此，在翻译时不能翻译成 fish-flavor shredded pork，而应该翻译为 stir-fried pork shreds in garlic sauce。

2. 西方的饮食文化翻译

(1)菜肴文化翻译。西方人在烹饪菜肴时注重食物搭配，保证营养，因此与中式菜肴相比，西方菜肴种类很好，菜名也非常直白、简单，往往以国名、地名、原料名等来命名，如丹麦小花卷、牛肉汉堡等。

关于西方菜肴文化的翻译，人们的看法不同，有人认为应该意译，即用中国类似菜品的名字来替代。例如：

sandwich 肉夹馍

spaghetti 盖浇面

但是，一些人认为这样的翻译是不妥当的，虽然两种食物在外形上相似，但是味道、材料上明显不同，因此这样的翻译是错误的。为了保证翻译的地道，反映出西方菜肴的韵味，笔者认为应该将直译与意译相结合来翻译。例如：

potato salad 土豆沙拉

grilled chicken 香煎鸡扒

apple pie 苹果派

corn soup 粟米浓汤

shrimp toast 鲜虾吐司

vegetable curry 蔬菜咖喱

(2)酒文化翻译。西方的酒文化有着悠久的历史,随着历史的积淀,西方的酒文化逐渐形成自身的特点。对于酒文化的起源,西方有很多说法,但是大多都认为源于神话故事。英语中,很多词语都与酒神有关。例如:

bacchus 酒的通称

bacchant 狂饮酒作乐的人

bacchic 狂欢醉酒的人

bacchae 参加酒神节狂欢的妇女们。

对于酒名的翻译,一般采用如下几种翻译技巧。

①直译法。有些酒名采用直译法进行翻译,可以实现较好的翻译效果。例如:

Bombay Sapphire 孟买蓝宝石

Canadian Club 加拿大俱乐部

②音译法。在西方酒名的翻译中,音译法是最常见的方法,并且主要适用于原有的商标名没有任何其他含义的情况。例如:

Vermouth 味美思

上例中 Vermouth 本义为"苦艾酒",因为其在制作过程中添加了苦艾叶,并且以葡萄酒作为酒基,所以微微带有苦涩的味道,但是如果仅仅以其中的一个原料命名实为不妥,听起来给人以忧伤的感觉,并且与葡萄酒香甜的味道相违背,采用音译法,改译为"味美思"更为恰当。

③意译法。除了直译与音译外,意译也是西方酒文化翻译的常见方法。例如:

Pink Lady 粉红佳人

Wild Turkey 野火鸡波本

(三)居住文化的翻译方法

1. 中国的居住文化翻译

(1)直译法。对于描述类的中国建筑,译者在翻译时往往采用直译法。直译的目的不仅是将原文的意义准确传达出来,还是为了对原文语言形式,如句子结构、修辞手法等的保留。对中国居住文化进行直译有助于让译入语读者了解中国传统居住文化的魅力。例如:

北京宫殿又称"紫禁城",呈南北纵长的矩形,城墙内外包砖,四面各开一门,四角各有一曲尺平面的角楼,外绕称为"筒子河"的护城河。

Beijing Palace, also known as "the Forbidden City ", showed a rectangle with a north—south longitudinal length. City walls covered by bricks, pierced by a gate on the four sides and decorated by a flat turret in the four comers are surrounded by a moat called"Tongzihe River".

上例是对紫禁城的描述，译文直接采用直译技巧，让译入语读者通过语言来描绘，在头脑中勾勒出一幅紫禁城图，进而了解中国的建筑与自身国家的建筑的差异性。这样做不仅保留了原文的文化要素，也达到了与原作类似的语言效果，还使得中国建筑文化成功地走出去。

(2)约定俗成法。众所周知，中国是一个世界闻名的古都，拥有的古典建筑有很多。很多学者对这些古典建筑进行过研究与翻译，随着时代的进步，这些翻译逐渐固定下来，成为约定俗成的表达。例如：

四合院 quadruple courtyards/courtyard houses

园林 gardens and parks

胡同 hutong(bystreet)

碑铭 inscription

(3)直译加注法。受历史习惯、社会风俗的影响，不同的文化难免存在差异，这给译者带来了巨大的困难。当然，这在中国传统居住文化的翻译中也是如此。中国的很多建筑有着悠久的历史，并极具特色，很多术语对于外国人也是闻所未闻的，如果译者在翻译时不进行特殊处理，那么会让译入语读者不知所云，也就很难实现翻译的目的。这就要求译者应该从源语文本考量，本着传播中国居住文化的目的，采用音译加注的方式来处理。例如：

高大的承天门城楼立在城台上，面阔九间……

The tall and noble Chengtianmen Rostrum stand on the platform with a nine Jian (the distance between two columns: often used in descriptions of ancient architecture)...

上例中，"间"是中国传统建筑术语，即四根木头圆柱围成的空间的，但是这个字对于西方建筑并不适用，西方建筑往往采用的是"平方米"。对于二者的换算，当前还没有踪迹可寻。因此，最好的翻译方法就是直接翻译为"间"，然后在后面添加解释，即间是中国古代建筑的一种丈量单位，这样译入语读者就能够理解了。

2. 西方的居住文化翻译

(1)把握专业词汇。西方的居住文化非常广泛，不可避免地会运用到很多专业术语，译者对这些术语进行翻译时要特别注意，保证在译文中能够将这些术语的特定含义传达出来。例如：

steel bar 钢筋

beam column wed 梁柱腹板

reinforced concrete 钢筋混凝土

同时,大量的专业术语使得译者还需要保证居住文化的艺术性。例如:

The study had a Spartan look.

这间书房有一种斯巴达式的简朴景象。

该例采用了直译与意译结合的技巧,避免翻译时太过于机械,成功地将这间书房的建筑美感传达出来。

(2)注意被动句式。在西方居住文化中,被动句式较为常见,汉语中则较少,因此译者在翻译时应该对其进行恰当处理。例如:

The old civil engineer is respected by everybody.

这位老土木工程师受大家尊敬。(被动翻译为被动)

Theodolite is widely used in the construction survey.

经纬仪在建筑测量中广泛应用。(被动翻译为主动)

第三节　社会文化翻译技能的培养

文化背景不同,人们对现实生活中事物所赋予的文化内涵便不同。为此,在不同文化的碰撞与融合过程中,人们在社会交际过程中就需要对他人的文化进行一定程度的认知与了解,从而帮助交际的有效展开。因此,本节就来研究社交文化翻译技能的培养。

一、充分把握中西社会文化的差异

人们在相互交往的过程中形成了不同的时间秩序与社交礼仪,建立了不同的社会关系,从而使社会经济秩序得以正常进行。下面就从称谓语、委婉语两个层面来分析。

(一)称谓语文化

1. 中国的称谓语文化

称谓语文化包含亲属称谓与社交称谓。

亲属称谓通常应用于家庭内部,是家庭成员之间对彼此的称呼。在交际过程中,人们需要遵循交际场合、辈分、熟悉程度等原则,对不同的听话人采取不同的称呼用语。在汉语中,亲属称谓词有很多,如妈妈、爸爸、姐姐、妹妹、爷爷、奶奶、兄弟、姨、婶、叔、伯等,这些亲属称谓词之间具有严格的性别、年龄、辈分限制。另外,在交际的一些特殊场合,中国人对一些非亲属成员也会使用亲属称谓来称呼,如大妈、大婶、大爷、大叔、大哥、大姐等。中国的儿童通常称呼自己父母的朋友为“叔叔”“阿姨”。

社交称谓往往指的是非亲属成员之间所使用的称呼用语。从社会语言学的层面来分析,社交称谓的文化与社会内涵是十分丰富的,象征着社会中的平等性、权势性等。人们之间所建立的交际关系不同,所使用的称谓语往往不同。这主要表现在三个方面。

(1)职业、职务称谓。在中国差序社会格局的严重影响下,职务、职业称谓往往体现出较强的“权势性”关系。在汉语中,但凡可以表示职称、职业、职务的词语往往都可用于称谓,因为这些词语在某些程度上体现了个人的社会地位。例如:

最常见的职业称谓:老师、医生、师傅。

最常见的职务称谓:主任、书记、厂长。

最常见的职称称谓:教授、工程师。

最常见的头衔称谓:博士、硕士、上校。

上面这些称谓不仅可以单独使用,而且还可以与姓名叠加使用,从而表示对他人的认可与尊敬。在服务行业里,有很多职衔可以加上“同志”一词变成尊称,如售票员、营业员、服务员等。在社会交往过程中,绝大部分人都有特定的职称称呼,因为个体的定位是相对稳定的。

(2)姓名称谓。在汉语中,姓名称谓最常使用的场合是同辈、熟人、朋友、上对下、长辈对晚辈等,如小赵、王明等。如果是至亲或者恋人的关系,则往往会使用单字重复来称呼,如航航、东东、勋勋等。另外,在交际过程中,会通过将姓名与其他称谓形式一起使用来表示郑重、客气、亲切等关系,如王明叔叔、李曼阿姨等。

(3)通称。在汉语中,通称包括同志、先生、太太、师傅、夫人、女士、小姐、老师等。另外,美女、帅哥使用频率越来越高,逐渐成为一种通称。

2. 西方的称谓语文化

在英语中,亲属称谓共有13个名词以及机构修饰词语,具体如下所示。

13个称谓名词:father,mother,son,daughter,brother,sister,uncle,aunt,nephew,niece,cousin,husband,wife

修饰词:great,grand,step,half,first,second,in-law

以上13个称谓名词以及修饰词就可以充分反映出西方人之间所具有的亲疏、血缘、辈分、同胞等关系。

同样,西方的社交称谓文化也有如下几点表现。

(1)职业、职务称谓。在西方国家,由于人们比较重视“平等性”关系,因此英语中的社交称谓往往带有很强的局限性。例如,在社交活动中,比较常见的职衔称谓有 Professor,Dr. 等。另外,在政治界、法律界、皇族中往往沿用以往留下的特定称谓,如 Queen Mary,President Bush,Colonel Patten,Father Brown 等,其中 Father,Sister,General,Reverend,Colonel 等可单用。

(2)姓名称谓。在英语中,姓名称谓是比较重要的,人们根据交际双方所具有的不同年龄、身份、地位、关系等,往往会使用姓、名、姓名、昵称等来称呼对方。一般来说,如果交际双方的关系是平等的,那么使用最多的称谓就是 first name,如果交际双方的关系比较亲密,则可以使用 nick name 或者 pet name 来称呼。

(3)通称。对于英语使用者而言,Mr.,Mrs.,Miss,Ms.,Madam,Sir,Lady 这些在平时生活交际过程中使用的是非常普遍的。

(二)委婉语文化

1. 中国的委婉语文化

(1)关于“老年”的委婉语。与西方国家不同,在中国,人们对“年老”方面的表达并不忌讳,所以汉语中与“年老”有关的委婉语相对较少,仅有少数一些出现在书面表达中,如“夕阳红”“华发”“鹤发”等。在我国,人们通常使用一些褒义词来形容年老的人,如“老骥伏枥”“老当益壮”,因而中国人对“年老”并不惧怕。相反,对一些老年人的称呼还充满了敬意,如“您老”“李老”“王老”“老人家”“老教授”“老总”等。汉语中的“老”通常表示一个人的经验比较丰富,如“老师傅”“老革命”等。

(2)关于“死亡”的委婉语。汉语中与“死亡”相关的委婉语也是很多的。在中国古代,封建等级制度十分森严,会使用不同的委婉语来表达人的死亡。例如,皇帝死亡称为“驾崩”。当前社会,关于“死亡”常用的委婉语有以下几个。

不在了

走了

去了

去很远的地方了

回归自然了

离开了

身故了

2. 西方的委婉语文化

(1)关于“老年”的委婉语。在西方社会中,很多人都不会轻易提到“老”的话题,他们对此都十分避讳。因为西方国家“老龄化人口”的问题越来越严重,于是老年人逐渐就被当成了社会的累赘。不过,虽然人们十分忌讳“年老”,但有时候在交际过程中又不得不提到这一内容,此时就往往会使用一些委婉语来代替,以避免交谈过程中所带来的尴尬或者打断交际的顺利进行。下面来看一些英语中常见的关于“年老”方面的委婉语。

单词	本义	委婉义
third age	第三年龄	老年,晚年
golden ager	黄金年龄	退休老人
seasoned man	历练、经验丰富的人	老人
a convalescent hospital	康复医院	养老院
distinguished gentlemen	尊贵的先生	老人
matron	太太	老年妇女
senior citizenship	年长公民阶段	老年

(2)关于“死亡”的委婉语。在英语中,与“死亡”有关的委婉语不仅繁多,而且常见。领域不同,所使用的关于“死亡”的委婉语就不同。

源自医院的“死亡”委婉语。例如:

单词	本义	委婉义
to have gone under	量不出血压	死去
to go out	失去知觉	死去
negative patient care outcome	治疗无效	死亡

源自航海的“死亡”委婉语。例如:

单词	本义	委婉义
to slip	解开锚链,滑脱	死
the last voyage	最后一次航行	死亡
to slip one's ropes(cable)	解缆	死

二、合理使用社会文化的翻译方法

(一)称谓语的翻译方法

通过上文分析可以发现,中西方称谓用语有着很大的差异,这种差异不仅体现在形式上,而且体现在语义、语用层面。有的称谓用语在特殊的交际场合往往表达着特定的语用含义,施行不同的交际功能。对此,在翻译这些称谓用语的过程中,译者首先需要确定这些称谓用语所出现的具体交际环境,进而把握其语用的功能,最后选择得体、准确的语言表达出来。中西方称谓语的翻译通常可以采用如下一些方法。

1. 对等翻译

根据社交语境,中西语言中有些称谓语具有相等的语义和交际价值,在翻译时完全可以直译。例如:

父亲—father

爸爸—dad

母亲—mother

妈妈—mom

儿子—son

女儿—daughter

另外,像汉语中"姓氏+先生/太太/小姐/教授/博士等"这一类表达式也可以对号入座,译成"Mr. /Mrs. /Miss/Prof. /Dr. +姓氏"。

2. 增减翻译

由于中西称谓系统中有许多称谓语没有完全的对等成分,因此不能直译,应根据上下文做些补充或删减以符合不同语言的习惯。例如:

I have seven grandmothers and eleven aunts, and I am their only successor.

我有奶奶、姥姥、姑奶等共七个,姑妈、姨妈、婶婶等共十一个,而我是唯一的继承人。

在上述例句中,英语中亲属称谓比较含糊,直译就会造成中国读者的困惑。鉴于这一语境,译者采用了增译法进行翻译。

(二)委婉语的翻译方法

1. 直译法

对于英语和汉语中在语义和文化上刚好对应的委婉语,翻译时应尽量采用直译的方法。这样有助于保持原文的语言风格和文化内涵,这是翻译委婉语的首选也是最佳的方法。试看下面的例子:

几时我闭了这眼,断了这口气……

(《红楼梦》第 29 回)

Once I closed my eyes and breathed my last…

（杨宪益 译）

这个例子中，对于“闭眼”“断气”这样的委婉语，杨宪益采取了直译的翻译方法，这样的处理在其《红楼梦》英译本中可以找出很多例子。

2. 意译法

由于历史背景、习俗观念以及语言文化等原因，一种语言中的委婉语翻译成另一种语言时，往往在目的语中找不到对应的词语，在这种情况下不能用直译法翻译，就可以采用意译法。例如：

看凤姑娘仗着老太太这样的厉害，如今“焦了尾巴梢子”了，只剩了一个姐儿，只怕也要现世现报？

（《红楼梦》第117回）

Xifeng was so ruthless when she had the old lady's backing that now she died sonless, leaving only one daughter. She is suffering for her sins!

（杨宪益 译）

在这个例子中，“焦了尾巴梢子”的意思就是sonless（没有子嗣）。同样，在中西翻译中，当中西委婉语在内容和形式上有着很大差异的时候，译者也往往要放弃对原文表达的形式的保留而采用意译的方法将源语言中禁忌语和委婉语暗含的意义翻译出来。

第十章　复合型英语翻译人才培养之口译技能的培养

因为翻译涉及口译和笔译两种形式，所以要培养复合型翻译人才，还必须注重对口译能力的培养。口译研究一直以来都是翻译研究中的重点和难点。近几十年以来，国内外的口译研究在深度和广度上都有了较大进步，其在一定程度上源于跨学科研究的成果。对于口译理论的研究，其实是为了更好地提升口译技能、服务于口译实践。对此，本章重点围绕口译的相关理论知识及实践展开探究。

第一节　口译概述

一、口译的定义

对于口译的定义，不同学者有着不同的看法，分别给出了自己的观点。

刘宓庆在《口笔译理论研究》一书指出，“口译”的英文是 interpretation，其动词形式为 interpret，来自拉丁语 interpretari，意思是“解释”；interpretari 的名词形式为 interpres，意思则是“协商者，谈判者”。两个词均体现了口译的本质特征“释意”，均通过翻译来解释原文的含义。

达尼卡·塞莱斯科维奇(Danica Seleskovitch)指出，口译即通过口头表达的方式，准确、流利地为听者揭示和说明说话者的意思。

梅德明(1996)指出，口译是一种通过听取与解析来源语所表达的信息，随即将其转译为目的语语言符号，从而达到传递信息的目的的言语交际活动。

尽管学者们纷纷为口译下了不同的定义，但这些定义的本质是相同的，即口译是以口头翻译为形式、以即时性为特点的语言信息转换方式，它依靠译者在听、视、记、读、说等方面的语言综合运用能力实现准确、及时、无障碍的交流。

二、口译的特点

(1)口译通过视听获取信息,而笔译更多的是以读为主获得信息。

(2)口译是一种即席性很强的语符转换活动。口译工作者从事的活动,多数都是在没有准备的情况下进行的。所以,口译既需要译者具备极强的即席反应能力,又需要译者具有高超的临场发挥水平。

(3)从某种程度上说,口译是一种独立性极强的交流活动。译者是双重符号转换的"中介人",语际转换的特征更多的是"一语既出,驷马难追",译语不可能随意收回。

(4)口译是一种集视、听、写、说、读于一体的综合性语言操练活动。"视"即译者的观察能力,用以观察非语言因素,如面部表情、手势体姿等。"听"即译者速记技能,将演讲者讲述的要点、数字、关键词等用速记的方式记录下来。"说"即译者将说话者的内容用目的语说出。"读"即译者将速记内容准确读出。

(5)口译是一项紧张的活动。其紧张可能源于说话者的语速,也可能源于某些场合与气氛,如面对众多的中外记者,面对交流的双方等。这些均可能会给译者,特别是没有经验的译者带来压力,使其感到紧张。

(6)口译作为信息交流与交际传播的一个部分,其信息覆盖很难有一个限定的边界。从特点上看,口译涉及的范围很广,上到天文,下到地理。因此,译者必须具备扎实的语言功底、良好的心理素质、娴熟的语符转换技能,更为重要的是要有一定的口才、良好的口译技能。①

第二节 口译技能培养的基本原则

一、准确原则

口译过程中首先必须保证译文的"准确"。口译过程中绝不允许出现"篡译""胡译""误译"。可以说,准确是口译的生命线和灵魂,也是顺利完成交际的保障。

① 康志峰.英语口译理论与实践技艺[M].上海:华东理工大学出版社,2007:5-6.

所谓“准确”，是指译者将源语信息完整无误地传达给听众。具体而言，即要求译文的主题、精神、风格、论点、数字、词语、表达、语速、口吻等均准确。从本质上来说，口译的译语必须在风格和意义上保持与源语一致。

另外，准确的口译除了是交际顺利完成的保证，还是口译译者职业道德与翻译专业水平的具体体现。在口译过程中，译者不但要保证对交际活动负责和尊重，而且要保持对交际双方的负责和尊重。值得注意的一点是，准确性并不意味着“模板式”的准确，如源语中的断断续续、口吃等情况，口译时不需要模仿。如果将这些信息翻译出来，是对说话者的不尊重。

二、流利原则

口译译者要遵循的另一个原则是“流利”。实际上，“流利”是建立在“准确”基础上的，即要迅速、流畅地将一方信息传递给对方。假如“准确”是笔译、口译共有的特点，那么“流利”就是口译的突出特征。

由口译的特点可知，口译的节奏是宜紧不宜松，过程是宜短不宜长。但作为交际的工具，口译就要表现出其自身的有效性，只有发挥出自身的效用，才能实现这个工具的价值。

口译的流利程度一般取决于译者对源语信息的感知与解析速度，以及用目标语编码与表达的速度。通常，口译译者对母语的感知、解析速度比对目的语的感知、解码速度要快，而用母语进行编码和表达的速度也要快于目的语。在口译场合中，口译译者并不是无限制地进行感知与解析，他们会受到时间的制约，所以必须快速反应、同步加工；但在编码与表达的阶段，他们可以控制速度。一般而言，人们将口译所花费的时间与说话者讲话时间是否大体相等来对其流利度进行衡量。如果某译者花费了双倍的时间来进行解析和表达，那么其翻译的流利度就比较差。

第三节　口译技能培养的策略

一、主语的口译策略

英语属于主语显著语言，构建在主谓轴上，主语决定了句法结构；而汉语属于语义性语言，主语的重要性相对较低，无主语的现象比比皆是。因此，在汉英转化中最重要的就是确定主语，主语如果选择恰当，句子就越译越顺;主语如果选择不恰当,句子就会越译越不顺。

(一)无主句的口译

口译无主句时,可根据上下文选择主语,也可将动词的宾语提前,如果句子用被动语态,那么还可以另选主语进行翻译。例如:

我们必须抓住机遇,迎接新的挑战。首先要积极调整出口商品结构,进一步扩大机电产品、农产品出口。

We should seize the opportunity and meet new challenges. First, we must actively adjust the structure of export commodities by further expanding export of electromechanical and agricultural products.(根据上下文)

几乎所有的书店、旅馆、入境口岸、机场和旅游景点都能看到我们的出版物。

Our publications can be found in nearly all the bookstores, hotels, ports-of-entry, airports and scenic spots.(宾语提前用被动语态)

关于西部大开发,主要有两个方面要注意,一是基础设施的建设,二是生态环境的改善。

Money is necessary to be a governor, a senator or representative.(宾语提前用被动语态)

要当州长,成为参议员,或众议员都需要花钱。

Only by unswervingly adhering to reform and opening up policies can sustained economic growth be ensured.(宾语提前用被动语态)

只有坚定不移地坚持改革开放方针才能确保经济持续不断地增长。

With regard to the development of China's west, special attention should be paid to two things. One is the construction of infrastructure and the other is the improvement of ecological system.(另选主语)

(二)有主句的口译

口译中多数句子中主语可以是译语的主语,但有一部分句子不能将源语的主语照搬过来,否则会使译语带有翻译腔,不符合语言的表达习惯。例如:

广东多雨水。

It rains a lot in Guangdong province.

他赚的钞票比我多。

He earns more money than me.

我国矿产很丰富。

China is rich in mineral resources.

人的成长都会经历一些挫折和失败。

Everyone will experience some frustration and failure in his or her growth.

我们的主要服务对象是外国在华商社和三资企业。

We mainly provide service for foreign business establishments in China and foreign-funded enterprises.

政府的宏观管理责任将会增大。

The government will shoulder more responsibility in macro-management.

中国国际汽车城的总体定位是成为亚洲最大的汽车贸易中心、博览中心、物流中心、研发中心、信息中心和服务中心。

China International Auto City is planned to be the largest auto trade, exhibition, logistics, research and development, information and service center in Asia.

举办世博会对中国的影响将是积极的。

Holding the World Expo will have a positive impact on China.

(三)其他句子中主语的口译

英语中的主语必须是代词、名词或名词性短语,而汉语的主语不一定是这些,其可以是句子、动词短语、形容词等,所以口译时应该注意对它们进行转换。例如:

小心会给你带来安全。

Caution is the parent of safety.

建立和健全社会保障体系,关系到改革、发展、稳定的全局。

The establishment and improvement of the social security system have an overall impact on the reform, development and stability.

上海投入巨资建设汽车城对整个上海的发展将取到举足轻重的作用。

Shanghai's enormous investment in the Auto City will play a vital role in the overall development of Shanghai.

当今世界出现汉语热,是因为中华民族历史悠久,有着光辉灿烂的文化。

The worldwide enthusiasm in learning Chinese is due to the long history and glorious culture of the Chinese nation.

二、谓语的口译策略

英汉语言中的谓语有着较大差异。汉语中充当谓语的角色具有开放性，几乎所有的词类和各种语言单位均可以作谓语出现，而英语中只有动词才可以作谓语。例如：

上海好地方。（名词充当谓语）

Shanghai is a good city.

上海 1 000 多平方公里。（数量词充当谓语）

Shanghai covers an area of more than 1,000 square kilometers.

上海漂亮。（形容词充当谓语）

Shanghai is beautiful.

上海在中国东部。（表示地点的介词短语充当谓语）

Shanghai is in the east of China.

上海让外国游客赞叹。（汉语中的兼语式充当谓语）

Shanghai has won the praises of foreign visitors.

另外，汉语中的谓语没有人称、数、时态的变化，而英语中这些变化均是通过谓语的变化来实现的。例如：

那里发生了强烈的地震，造成了严重的损失。

There occurred a serious earthquake which caused heavy losses.

中华文化是维系全体中国人的精神纽带，也是和平统一的一个重要基础。

Chinese culture is the spiritual tie that links all the Chinese people and is also an important basis for peaceful reunification.

此外，汉语中的谓语动词一般用主动语态，而英语中多用被动句。例如：

又一座立交桥将于明年年底建成。

Another flyover will have been built by the end of next year.

人们认为可以通过把这些新产品向西方出口一部分的方法来偿还贷款。

It is believed that loans can be repaid by exporting a portion of the new products to the west.

三、名词性结构的口译策略

名词和名词性结构在句子中主要充当主语和宾语，对口译译者来说，清楚如何翻译名词和名词性结构是极为重要的。名词一般由形容词或名词充当定语来修饰，如何翻译名词性结构在某种程度上说就是如何翻译修饰名词的定语。

英汉定语的位置存在较大差别，英语的定语只有是单个的形容词和名词时才可以放在所修饰的中心词之前。例如：

一个无可辩驳的事实

the irrefutable fact

互惠互利的合作关系

mutually beneficial cooperative relationship

除了单个的词外，其他均置于中心词之后。相反，汉语的定语不管多长都可以放在中心词之前。基于英汉定语的差异，汉英口译时要特别注意定语位置的转换。如果名词带定语，翻译时应先译中心词，定语常常译为定语从句形式，其他形式还有介词形式、不定式形式等，这些形式均置于中心词后。

(1)以介词形式放在中心词后面。例如：

亚欧国家希望获得世界和平与发展、各洲之间进行交流与合作的共同愿望

the common desire of Asian and European countries for world peace and development and for inter-continental exchanges and cooperation

以中央银行为领导，以国有商业银行为主体，各种金融机构并存，发展比较健全的金融机构组织体系

a relatively sound financial institutional system with the central banks as its leader the state commercial banks as its main body and various financial institutions existing together

具有一定规模与相当影响的比较完整的金融市场体系

a comparatively complete financial market system with a fair size and much influence

展示世界各国社会、经济、文化、科技成就和发展前景的舞台

an arena for the participating countries to display the achievements and prospects in their social, economic, cultural and technological sectors

对一个国家整体科技水平的一次全面评价

the comprehensive assessment of the overall scientific and technological level of a country

各国人民交流经验、相互学习、开展合作的盛会

a grand event where people from various countries gather together to exchange experiences, learn from one another and enter into cooperation

(2)以形容词、现在分词、过去分词形式置于中心词之后。例如：

辐射全国、影响深远的国内最大的资本市场

the largest domestic capital market radiating its profound influence across the country

有利于高新技术发展的资本市场

capital market beneficial to the new high-tech development

党中央面向新世纪所做出的重大决策

a major decision made by the central committee of the party for the new century

上海市政府制定的社会和经济发展蓝图

the blueprint drawn by Shanghai Municipal government for social and economic development

有比较优势的企业

enterprises enjoying comparative advantages

(3)以不定式形式置于中心词之后。例如：

支持联合国主持正义、维护和平、促进全球繁荣的行动

support the UN efforts to uphold justice, maintain peace and promote global prosperity

第一个举办世界博览会的发展中国家

the first developing country to host the World Exposition

坚持一个中国政策的庄严承诺

the solemn promise to adhere to the one-China policy

解决我们面临问题的关键

the key to solve the problems we are facing

中国政府和人民保护全球环境的诚意和决心

the sincerity and determination of the Chinese government and people to protect the global environment

(4)以定语从句形式放在中心词的后面。例如：

对人类整个文明和社会进步都有重大作用的基础科学研究

basic scientific research that plays a major role in the whole human civilization and social progress

那些将我们联系在一起并且强化我们关系的事务

issues that bind us and strengthen our relationship

四、动词性结构的口译策略

顾名思义，动词性结构口译就是汉语句子中的动词及修饰该动词的状语的翻译。汉语中状语的位置通常都比较固定，一般出现在句子前面或者主谓之间。例如：

经过十年的金融发展与改革，上海金融机构迅速扩展。

在平等友好的基础上，就广泛领域里的合作以及建立新的亚欧伙伴关系交换我们的意见。

对于第二个例子"在平等友好的基础上，就广泛领域里的合作以及建立新的亚欧伙伴关系"这种较长的状语就放在了主谓之间，这种现象在英语中是很少见的，甚至是不存在的。

英语中状语的位置比较灵活，可以做置于句子前面、中间或后面，放在句子中间的通常是在主谓之间，主要是单个的词，如 usually，often，just，ever，never，recently，yet，hardly，scarcely 等。如果状语是短语或分句，翻译时应该将其放到主语之前或句子之后。例如：

对扩大内需、推动国民经济持续增长、对促进各个地区协调发展都具有十分重要的意义

of great significance in expanding domestic demand，facilitating sustained growth of the national economy and promoting coordinated development of all the regions

就广泛领域里的合作以及建立新的亚欧伙伴关系交换我们的意见

exchange our views on cooperation in a wide range of areas and the establishment of new Euro-Asian partnership

在更高层次上得到全面拓展

be expanded on a higher level and in an all-round way

对形成一个新的世界格局产生积极的影响

have a positive impact on shaping a new world pattern

以她的风采、沧桑和辉煌，更以 1999 年 12 月 20 日这个不同寻常的日子吸引着全世界的目光

attract the world's attention with its elegance，vicissitude and glory，and，particularly，with the unusual day of December 20，1999

为西部经济持续、快速增长创造了有利的市场环境

create favorable market environment for the sustained rapid economic development of the west

按照自己的实际情况确定发展战略

formulate the development strategies in light of the actual conditions

在中央政府的领导下积极参与管理地方和国家事务

actively participate in administration of the state and local affairs under the leadership of the Central Government

在相互尊重和平等相待的基础上共同前进

move ahead together on the base of mutual respect and equality

在促进社会稳定和进步方面发挥更大的作用

play a greater role in promoting social stability and progress

参考文献

[1]白靖宇.文化与翻译[M].北京:中国社会科学出版社,2010.

[2]陈建平.法律文体翻译探索[M].杭州:浙江大学出版社,2007.

[3]陈俊森,樊葳葳,钟华.跨文化交际与外语教育[M].武汉:华中科技大学出版社,2006.

[4]陈坤林,何强.中西文化比较[M].北京:国防工业出版社,2010.

[5]丁大刚.旅游英语的语言特点与翻译[M].上海:上海交通大学出版社,2008.

[6]法律英语证书(LEC)全国统一考试委员会.法律英语翻译教程[M].北京:中国法制出版社,2009.

[7]范祥涛.研究生科技语篇英汉翻译教程[M].苏州:苏州大学出版社,2011.

[8]高等学校外语专业教学指导委员会英语组.高等学校英语专业英语教学大纲[M].北京:外语教学与研究出版社,2000.

[9]高华丽.翻译教学研究:理论与实践[M].杭州:浙江大学出版社,2008.

[10]何江波.英语翻译理论与实践教程[M].长沙:湖南大学出版社,2010.

[11]何少庆.英语教学策略理论与实践运用[M].杭州:浙江大学出版社,2010.

[12]何远秀.英汉常用修辞格对比研究[M].成都:西南交通大学出版社,2011.

[13]胡文仲.跨文化交际学概论[M].北京:外语教学与研究出版社,1999.

[14]黄成洲,刘丽芸.英汉翻译技巧[M].西安:西北工业大学出版社,2008.

[15]黄勇.英汉语言文化比较[M].西安:西北工业大学出版社,2007.

[16]贾玉新.跨文化交际学[M].上海:上海外语教育出版社,1997.

[17]姜增红.新编商务英汉翻译实务[M].苏州:苏州大学出版

社,2010.

[18]蒋童,钟厚涛.英语修辞与翻译[M].北京:首都师范大学出版社,2008.

[19]教育部高等教育司.大学英语课程教学要求[M].上海:上海外语教育出版社,2007.

[20]金惠康.跨文化交际翻译续编[M].北京:中国对外翻译出版公司,2003.

[21]康志峰.英语口译理论与实践技艺[M].上海:华东理工大学出版社,2007.

[22]克利福德·格尔茨著,韩莉译.文化的解释[M].上海:上海译林出版社,1999.

[23][英]雷蒙德弗·思著,费孝通译.人文类型[M].北京:华夏出版社,2002.

[24]兰萍.英汉文化互译教程[M].北京:中国人民大学出版社,2010.

[25]李建军.文化翻译论[M].上海:复旦大学出版社,2010.

[26]李建军.新编英汉翻译[M].上海:东华大学出版社,2004.

[27]李克兴.广告翻译理论与实践[M].北京:北京大学出版社,2010.

[28]利奇著,李瑞华、王彤福、杨自俭、穆国豪译.语义学[M].上海:上海外语教育出版社,1987.

[29]连淑能.英汉对比研究(增订本)[M].北京:高等教育出版社,2010.

[30]刘其中.新闻翻译教程[M].北京:中国人民大学出版社,2004.

[31]卢红梅.华夏文化与汉英翻译(第二部)[M].武汉:武汉大学出版社,2008.

[32]彭萍.实用旅游英语翻译:英汉双向[M].北京:对外经济贸易大学出版社,2010.

[33]平洪,张国扬.英语习语与英美文化[M].北京:外语教学与研究出版社,1999.

[34]普罗瑟著,何道宽译.文化对话:跨文化传播导论[M].北京:北京大学出版社,2013.

[35]单宇,严安,熊卉.科技英语学习策略与研究[M]长沙:湖南人民出版社,2009.

[36]沈银珍.多元文化与当代英语教学[M].杭州:浙江大学出版社,2006.

[37]孙英春.跨文化传播学导论[M].北京:北京大学出版社,2008.

[38]滕超,孔飞燕.英汉法律互译:理论与实践[M].杭州:浙江大学出版社,2008.

[39]田传茂.大学科技英语[M].武汉:湖北科学技术出版社,2007.

[40]汪德华.中国与英美国家习俗文化比较[M].杭州:浙江大学出版社,2011.

[41]王道庚.新编英汉法律翻译教程[M].杭州:浙江大学出版社,2006.

[42]王恩科,李昕,奉霞.文化视角与翻译实践[M].北京:国防工业出版社,2007.

[43]王宏印.英汉翻译综合教程[M].大连:辽宁师范大学出版社,2002.

[44]王卫平,潘丽蓉.英语科技文献的语言特点与翻译[M].上海:上海交通大学出版社,2009.

[45]王祥云.中西方传统文化比较[M].郑州:河南人民出版社,2006.

[46]王燕希.广告英语[M].北京:对外经济贸易大学出版社,2004.

[47]威尔斯著,祝珏、周智谟译.翻译学——问题与方法[M].北京:中国对外翻译出版社,1988.

[48]文秋芳.英语口语测试与教学[M].上海:上海外语教育出版社,1999.

[49]翁凤翔.当代国际商务英语翻译[M].上海:上海交通大学出版社,2007.

[50]吴为善,严慧仙.跨文化交际概论[M].北京:商务印书馆,2009.

[51]伍峰等.应用文体翻译:理论与实践[M].杭州:浙江大学出版社,2008.

[52]夏廷德,马志波.实用新闻英语翻译[M].北京:对外经济贸易大学出版社,2010.

[53]谢小苑.科技英语翻译技巧与实践[M].北京:国防工业出版社,2010.

[54]许钧.翻译概论[M].北京:外语教学与研究出版社,2009.

[55]闫文培.全球化语境下的中西文化及语言对比[M].北京:科学出版社,2007.

[56]闫文培.实用科技英语翻译要义[M].北京:科学出版社,2008.

[57]严明.跨文化交际理论研究[M].哈尔滨:黑龙江大学出版社,2009.

[58]阎传海,张梅娟.英汉词汇文化对比研究[M].西安:西安交通大学出版社,2008.

[59]杨贤玉.英汉翻译概论[M].武汉:中国地质大学出版社,2010.

[60]杨永和,周冬华,鲁娅辉.语用学视角下的广告语言研究[M].西安:西北工业大学出版社,2010.

[61]殷莉,韩晓玲等.英语习语与民俗文化[M].北京:北京大学出版社,2007.

[62]苑春鸣,姜丽.商务英语翻译[M].北京:外语教学与研究出版社,2013.

[63]张春柏.英汉汉英翻译教程[M].北京:高等教育出版社,2003.

[64]张干周,郭社森.科技英语翻译[M].杭州:浙江大学出版社,2015.

[65]张健.新闻翻译教程[M].上海:上海外语教育出版社,2008.

[66]张维友.英汉语词汇对比研究[M].上海:上海外语教育出版社,2010.

[67]张鑫.英语教学的理论与实践[M].北京:知识产权出版社,2012.

[68]赵萱,郑仰成.科技英语翻译[M].北京:外语教学与研究出版社,2006.

[69]钟书能.英汉翻译技巧[M].北京:对外经济贸易大学出版社,2010.

[70]祖晓梅.跨文化交际[M].北京:外语教学与研究出版社,2015.

[71]李杰玲.山与中国诗学——以六朝诗歌为中心[D].上海:上海师范大学,2011.

[72]任继尧.汉英委婉语对比研究与对外汉语教学[D].太原:山西大学,2018.

[73]汪火焰.基于跨文化交际的大学英语教学模式研究[D].武汉:华中科技大学,2012.

[74]蔡晓琳.中西饮食文化对比分析[J].经济研究导刊,2013,(6).

[75]蔡新乐.翻译哲学真的没用吗?——从皮姆的《哲学与翻译》看翻译的概念化及西方翻译思想史的重构[J].外语教学,2014,(6).

[76]陈雪芬.英汉数字的文化差异及翻译方法[J].文教资料,2007,(5).

[77]成程.中西饮食文化差异与菜肴翻译技巧分析[J].湖北函授大学学报,2018,(12).

[78]程前光,陈玉红,李连波.跨文化交际中英汉称谓语的对比翻译[J].齐齐哈尔医学院学报,2010,(6).

[79]丁婵婵.饮食文化与汉语国际推广[J].金田(励志),2012,(10).

[80]付岳梅,刘强,应世潮.跨文化交际的界定和模式[J].沈阳建筑大学学报,2011,(4).

[81]高少君.跨文化交际对英汉禁忌语的影响及其翻译策略[J].文化与探索,2016,(4).

[82]桂乾元.翻译四人谈(九)漫谈翻译种类[J].德语学习,2008,(5).

[83]桂乾元. 翻译四人谈(十)漫谈翻译种类[J]. 德语学习,2008,(6).

[84]侯贺英,陈曦. 文化体验理论对文化教学的启发[J]. 时代经贸,2012,(2).

[85]侯新民. 浅析英译汉翻译的步骤[J]. 新疆广播电视大学学报,2008,(4).

[86]胡绍廷. 英汉禁忌语和委婉语在英汉互译中的处理技巧分析[J]. 兰州交通大学学报,2013,(2).

[87]金娟. 服饰习语中的隐喻现象及翻译[J]. 湖北成人教育学院学报,2013,(3).

[88]邝君卓. 建筑专业英语翻译的特点和难点[J]. 广州建筑,1996,(1).

[89]李琳琳,丛丽. 基于文化翻译理论的中国建筑文化翻译策略探究[J]. 长春教育学院学报,2015,(20).

[90]廖七一. 翻译的重新界定与翻译批评[J]. 东方翻译,2016,(4).

[91]林景英. 建筑英语的词汇句法特征及其翻译[J]. 飞天,2011,(22).

[92]刘依红. 论旅游英语的语言特色[J]. 现代教育管理,2017,(4).

[93]沈琳琳. 传统服饰文化在大学英语翻译教学中的策略选择与翻译原则[J]. 职教通讯,2015,(21).

[94]谭载喜. 翻译比喻中西探幽[J]. 外国语,2006,(4).

[95]吴康宁. 教育的社会功能诸论评述[J]. 华中师范大学学报,1996,(3).

[96]杨仕章. 翻译界说新探[J]. 外语教学,2015,(6).

[97]张慧琴. 全球化视阈下的服饰文化翻译研究从"头"谈起[J]. 中国翻译,2012,(3).

[98]张双江. 翻译素质——译者的必要条件[J]. 吉林省教育学院学报,2013,(11).

[99]朱玉敏. 旅游英语的语言特点及翻译策略[J]. 牡丹江师范学院学报,2015,(5).

[100]Bennett,Milton J. *Basic Concepts of Intercultural Communication: Selected Readings*[M]. Boston,Intercultural Press,1998.

[101]Catford,J. C. *A Linguistic Theory of Translation*[M]. London: Oxford University Press,1965.

[102]Davis,Linell. *Doing Culture—Cross-Cultural Communication in Action*[M]. Beijing:Foreign Language Teaching and Research Press,2004.

[103]Hanvey,Robert G. *Cross-cultural Awareness*[M]. Hunan Education Press,1998.

[104]Jack C. Richards,John Platl,Heidi Piatt. *Longman Dictionary*

of Language Teaching &Applied Linguistics[M]. Beijing:Foreign Language Teaching and Research Press,2000.

[105]Lefevere,A. *Translation,Rewriting,and the Manipulation of Literary Fame*[M]. London and New York:Rouledge,1992.

[106]Newmark,P. *About Translation*[M]. Beijing:Foreign Language Teaching and Research Press,2006.

[107]Nida,E. A. & Taber,C. R. *The Theory and Practice of Translation*[M]. Shanghai:Shanghai Foreign Language Education Press,2004.

[108] S. Tingtoomey. *Communicating across Cultures* [M]. New York:The Guilford Press,1999.

[109]Samovar,L. et al. *Communication Between Cultures*. 3rd ed. [M]. Wadsworth,1998.

[110]W. B. Gudykunst. *Intercultural Communication:Introduction in W. B. Gudykunst Locations*[M]. New York:Mc Graw-Hill Higher Education,2003.

[111] Williams,Jenny & Chesterman Andrew. *The Map:A Beginner's Guide to Doing Research in Translation Studies*[M]. Shanghai:Shanghai Foreign Language Education Press,2004.